哈佛燕京学社藏
纳西东巴经谱系分类
方法研究

◎ 张春凤　著

青 年 学 术 著 作 出 版 基 金

U0331210

华东师范大学出版社
·上海·

图书在版编目（CIP）数据

哈佛燕京学社藏纳西东巴经谱系分类方法研究／张春凤著. 一上海：华东师范大学出版社,2023
华东师范大学青年学术著作出版基金
ISBN 978－7－5760－4579－6

Ⅰ.①哈… Ⅱ.①张… Ⅲ.①东巴文－古籍－谱系分类(语言学)－中国 Ⅳ.①H257

中国国家版本馆 CIP 数据核字(2023)第 245684 号

哈佛燕京学社藏纳西东巴经谱系分类方法研究

著　　者　张春凤
责任编辑　刘效礼
责任校对　刘伟敏
装帧设计　郝　钰

出版发行　华东师范大学出版社
社　　址　上海市中山北路 3663 号　邮编 200062
网　　址　www.ecnupress.com.cn
电　　话　021－60821666　行政传真 021－62572105
客服电话　021－62865537　门市(邮购)电话 021－62869887
地　　址　上海市中山北路 3663 号华东师范大学校内先锋路口
网　　店　http://hdsdcbs.tmall.com

印 刷 者　上海昌鑫龙印务有限公司
开　　本　787 毫米×1092 毫米　1/16
印　　张　27.5
字　　数　458 千字
版　　次　2025 年 4 月第 1 版
印　　次　2025 年 4 月第 1 次
书　　号　ISBN 978－7－5760－4579－6
定　　价　89.00 元

出 版 人　王　焰

本书是上海市教育委员会科研创新计划项目"冷门绝学":"德国国家图书馆藏纳西东巴经整理与研究"(项目批准号:2021－01－07－00－08－E00142)阶段性成果。

我国纳西族的东巴文献，现存经书约一千多种，两万多册，内容涉及纳西族古代天文地理、生产生活、思想哲学、军事政治、社会历史、宗教民俗、文学艺术、语言文字等诸多方面，被誉为纳西族古代社会的百科全书。经过国内外学者一百多年的努力，东巴文化研究成果丰硕，蔚为大观，已成为一门国际性的显学。

东巴文化研究要进一步发展，深入细致的分域断代研究是其主要途径之一。正如郭沫若先生在《两周金文辞大系图录考释·序文》中所言："夫彝铭之可贵在足以征史，苟时代不明，国别不明，虽有亦无可征。"其实，分域和断代并不是什么高深的理念，面对量大繁杂的材料，研究者多会萌发从时、地两个维度去进行区分和处理的念头，只是具体如何区分，问题也不那么简单。前辈学者洛克、李霖灿，曾通过经书跋语、收购记录、版本样式、文字（东巴文、哥巴文）种类等，对东巴经时代和地域的确定做过卓有成效的工作。但他们之后数十年，这项工作并没有持续展开。其原因或难点，可能主要是因为东巴经都是以手抄本传世，除少量经书跋语记有书手及时、地信息外，大部分都缺乏显性的时地标记，研究起来缺乏便于操作的抓手。我们因为有研究甲骨文、金文的经历，自然想到郭沫若先生《两周金文辞大系图录考释》厘清两周铜器年代国别的成功范例，因此设想："可以仿效郭沫若先生确定铜器断代标准器的办法，分地域选择若干有明确时间标记的东巴文献作为断代的标本。在此基础上，根据文字、书体、内容、抄写人等因素系联同类型的经书，逐步建立按时代和地域划分的文献组群，并进一步勾勒出经书、文字、语词的纵的发展演变系列和横的地域差异及联系，为下一步东巴文的断代和分域研究创造条件。"从已知到未知，从有显性标记的经书中抽绎归纳隐性标记，逐步系联逐层推广，这样，东巴经的分域断代研究应该是大有可为的。

近年来，东巴经分域断代研究取得了一些新的成果，如喻遂生关于东巴文纪年经典的系列论文、和继全《美国哈佛大学燕京图书馆馆藏东巴经跋语初考》、杨亦花《和世俊东巴研究》《"东巴什罗"字形在各地经典中的差异及其分析》、邓章应《纳西东巴文分域与断代研究》、邓章应等《纳西东巴经跋语及跋语用字研究》、周寅《纳西东巴文构形分域研究》等。但这些论著多是侧重于某一点或某个方面，对理论和方法的探讨也比较欠缺。

张春凤博士在西南大学从邓章应教授攻读硕士学位时，就对东巴经的分域断代研究有浓厚的兴趣，并表现出敏锐的洞察力，发表了《哈佛燕京图书馆藏带双红圈标记东巴经初考》《哈佛所藏东知东巴经书的分类与断代》等论文。2012 年到华东师大攻博，在王元鹿教授指导下继续进行东巴经分域断代的研究，2016 年完成博士论文《哈佛燕京学社藏纳西东巴经谱系分类方法研究》。论文经过几年修改，即将付梓，春凤博士索序于我。当年我是这篇学位论文的评审专家之一，对论文印象深刻，现再次浏览书稿，感觉此书材料来自原典，在理论上有创新，论述深入细致，例证丰富，图文并茂，提出的方法切实可行，称得上东巴文献分域断代研究的一部力作。

其一，这是第一部对东巴经分域断代的方法进行全面系统的整理和探讨的著作，有较强的理论自觉。该书注意将感性的认识理论化，将纷繁的方法条例化，将鉴定的过程程序化，这对于提升东巴经分域断代工作的科学性和有效性有重要的学术意义，该书可以看作是东巴经分域断代研究从自发阶段走向自觉阶段的标志。

其二，该书从封面鉴定、内页特征鉴定、跋语鉴定、收藏信息鉴定、特殊标记鉴定、内容鉴定、文字鉴定七个方面，全面探讨东巴经分域断代的方法。每种鉴定方法大致包含鉴定的内容和适用范围、鉴定的总体原则和具体条例、鉴定示例、方法的局限等方面的内容，论述客观平实，可操作性也较强。

其三，注意从定量分析的角度提出鉴定的方法。东巴经内容和文字的鉴定，以往主要还是凭借感性的认知。书中提出以经书内容复现率、文字长宽比率作为鉴定标准，这对于东巴经鉴定从粗疏到精细化、从描写到量化，是一种方法上的创新。

其四，书中很多内容，是作者实践的结果。作者曾到丽江进行田野调查，走访著名东巴的后裔，结合其他材料，鉴别出哈佛藏和华亭东巴所写的经书、《纳西东巴古籍译注全集》中和即贵东巴所写的经书，作者还利用特殊标记鉴别出哈佛藏东知东巴所写的100多册经书。理论和实践相结合的研究成果，丰富了本书的内容，也增强了结论的可信度。

我相信，本书的出版将会对东巴经分域断代研究，以及整个东巴文化的研究起到积极的推动作用，故乐于向同行朋友们推荐。

本来，王元鹿教授作为我国普通文字学和比较文字学的主要开创者之一和论文的指导教师，是为本书作序的最佳人选。但王先生久病未愈，终与世长辞，我作为王先生的朋友，与春凤博士在西南大学也有师生之谊，为本书写几句话义不容辞。谨以此序祈愿王元鹿教授在天之灵安息，也愿春凤博士不负师恩，砥砺前行，在东巴文化研究、比较文字学研究方面，取得更大的成绩。

附记：

2021年8月10日，王元鹿教授遽归道山，普通文字学、比较文字学界顿失一位导师，一员大将。哲人其萎，风范长存，谨以此序追悼挚友王元鹿教授。

喻遂生

首次写于2021年7月27日

后修改于2023年3月7日

于北碚

不得不说，相比起前些年东巴文研究的火热盛况，近几年东巴文研究有一点消沉。其中一个很重要的原因是东巴文研究发展到了一个瓶颈期，不管是对东巴文材料整理的广度和深度方面都需要进行突破。

东巴文材料整理的广度方面，在《纳西东巴古籍译注全集》一百卷出版后，东巴文研究掀起了一个小高潮，大量基于该全集材料所做的研究不断将东巴文研究引向深入。其后虽然也不断有新释读的东巴文社会文书刊布，但毕竟规模小，数量有限。而大量收藏在海外的东巴文文献则在研究中使用得还不多。我们觉得目前亟需加强这批文献的系统性整理。

东巴文材料整理的深度方面，近年来亦有不小的进步，最重要的是学界逐渐重视对东巴文材料进行谱系分类。因为过去将不同时代地域、书写人的材料一视同仁，放在同一平面进行研究，难以满足对东巴文深入细致研究的需求。如果能将东巴文材料整体进行分域断代，甚至将某个具体东巴抄写的东巴经全部系联起来，尽可能按时间排列，则能对东巴文的细致变化观察得更为细致。我们曾在前辈学者李霖灿先生对东巴文发展的地域分布说明、喻遂生先生对东巴经跋语研究的基础上，提出对东巴文材料按照显性信息与隐性信息进行分类，利用用字相对先后、东巴经所述地名、东巴文字符形态个性化风格、印章、特殊标记等特征系联不同东巴所写的东巴经，并依据这些分类方法尽可能对《纳西东巴古籍译注全集》中的东巴经抄写地域、时间和抄写人做了研究。

张春凤2009年跟我读硕士，与我一起从事对东巴经分域断代的研究，其间已经有了一些很好的想法。2012年到华东师范大学跟随王元鹿老师攻读博士学位，继续做东巴文的研究。没想到王老师与春凤商定的博士论文题目是对哈佛燕京学社所藏东巴经进行谱系分类方法的研究。应该说这个选题很有针对性，回应了东巴文材料整理的广度与深度问题，论文选取哈佛所藏近600卷东巴经，在材料广度上有了极大的拓展，又专门针对谱系分类进行方法的进一步总结，真是非常及时。略显可惜的是博士论文完成于2016年，但也许是春凤想精益求精，故论文一直没有出版，也未上中国知网，以致未在学术界产生应有的影响。但有弊有利，书稿也会打磨得更加精致。相信本书的出版，会极大推动海外东巴文文献的系统性整理工作。

正在修改这篇序言的时候，听到了王元鹿去世的噩耗。王老师是我和春凤共同的老师，虽然近两年长期卧床，但身体各项指标都还正常，所以我们听到这个消息觉得非常突然。回想起与王老师在一起的点点滴滴，心情悲痛难抑。王老师过去与我们聊天中曾说过还有很多工作想做而没来得及做，这些都应是我和春凤以及其他同学以后继续努力的方向。

邓章应

2021 年 8 月 21 日

（1）来自《纳西东巴古籍译注全集》中的经文，行文皆以《全集》简称，用"全集卷数-经文图片所在页码"来表示。如"《全集》2-1"，表示《纳西东巴经古籍译注全集》的第2卷第1页。

（2）来自《哈佛燕京学社藏纳西东巴经书》的经文，以《哈佛》简称，用"哈佛卷数-经文图片所在页码"来表示。如"《哈佛》1-20"，表示《哈佛燕京学社藏纳西东巴经书》第1卷第20页。

引用哈佛燕京学社图书馆网站上公布的东巴经电子版时，由于纳西东巴经的刊布顺序按照朱宝田的编号而分类，本书在引用此类东巴经时为了方便起见也使用朱宝田的分类编号。A代表祭东巴什罗经、B代表祭龙王经、C代表祭风经、D代表求寿经、E代表祭贤经、F代表祭胜利神经、G代表祭家神经、H代表替生经、I代表除秽经、J代表关死门经、K代表祭死者经、L代表占卜经、M代表零杂经等类。

（3）引用法国收藏的东巴经来自李晓亮的博士论文《西方纳西学史研究（1867—1972）》，该批经书收藏于法国巴黎东方语言文化学院图书馆，由藏学家巴克购买，行文中简称"法国东图藏"，目前法国巴黎东方语言文化学院已经将东巴经刊布在其官网上。

（4）引用德国收藏的东巴经皆来自《纳西写本目录》（第一册至第五册），该书所刊布的东巴经最初收藏在德国马尔堡国立图书馆，后由于战争原因转运到了柏林国家图书馆，行文中简称"德藏"。

（5）本书标音使用云龙国际音标输入法。洛克的《纳西语英语汉语语汇》使用的音系较为特殊，在引用时保持标音原貌。引用《全集》或其他字典所引音标时，将五度标记法改为调值数码法标示声调，其余保持不变。为了行文简洁，文中对前辈时贤的称呼一律省去"先生""女士"等敬称。

　　由于历史的原因，纳西族的文献漂洋过海流散到世界各地。据安东尼·杰克逊（Anthony Jackson）的研究[①]，美国 7 861 册，主要藏于国会图书馆、哈佛燕京图书馆以及私人博物馆；欧洲 1 492 册，其中德国马尔堡国立图书馆 1 118 册，英国赖兰兹图书馆 135 册，英联邦图书馆 108 册，英国博物馆 91 册，法国巴黎东方语言文化学院 25 册，荷兰林登民俗博物馆 15 册，英国曼彻斯特大学博物馆 1 册；中国的台北"中央"博物馆 1 221 册。另外据瑞士苏黎世大学民族学博物馆馆长奥皮兹（Michael Oppitz）教授《结成国际东巴经共享联盟的建议》（国际纳西学会《通讯》第一期）可知，西班牙私人藏 4 400 多册。[②] 根据邓彧（Duncan Poupard）的最新调查数据，美国 7 136 册，德国 1 115 册，英国 244 册，法国 38 册，荷兰 46 册，瑞典 23 册，西班牙 14 册，波兰 3 册，墨西哥 1 册。[③] 随着世界交流活动加强，不断有图书馆或者私人的经书收藏量公布，如法国远东学院 49 册，加拿大李在其收藏了 29 册等。在走向东巴经世界共享道路上，哈佛燕京图书馆走在了前列，2009 年在其官方网站创建东巴经共享平台，从而开启了哈佛藏东巴经研究的新阶段。

① Anthony Jackson. Mo-so Magical Texts, *Bulletin John Ryland Library*, 1965, 48（1）：141－174.
② 赵世红：《关于纳西古籍文献及其定级问题》，未刊稿，但关于西班牙的东巴经尚未看到其他记载，且记之。
③ Duncan Poupard. *Translation/Re-Creation: Southwest Chinese Naxi Manuscripts in the West*, Routledge, 2022：45－46.

第一节　哈佛藏东巴经书概况

哈佛燕京图书馆（Harvard-Yenching Library）1928 年建馆，原名汉和图书馆（Harvard-Yenching Chinese-Japanese Library），专藏汉文和日文典籍，隶属于哈佛燕京学社（Harvard-Yenching Institute）。1965 年改为哈佛燕京图书馆。1976 年，因资金问题，哈佛燕京图书馆成为哈佛大学图书馆（Harvard Library）的一部分，由哈佛燕京学社和哈佛大学文政学院提供资金。

哈佛燕京图书馆保存大量的中国善本典籍，对东巴经的保存与研究作出了巨大的贡献。它不仅收藏纳西族的东巴经书，还资助了包括洛克在内的学者对纳西学的研究。2009 年，哈佛燕京图书馆在其网站上公布了这批经书的照相本。此举功德无量，让保存了近一个多世纪的东巴经书得以与世界共享，让更多的学者与爱好者能够便捷地获得研究资料。这些经书的拍摄都经过了专业的处理，每页经书的曝光度基本一致。我们所能看到的网站公布的经书皆为彩色照片，较好地保存了东巴经书的原始信息。这批经书经过哈佛燕京图书馆的授权，已由中国社会科学院民族学与人类学研究所和云南省社会科学院丽江东巴文化研究院两个机构共同对其中的部分东巴经书进行了整理翻译和研究。

这里需要说明的是，由于学界对该经书所藏机构的指称不同，对于这批经书的指称也往往有所不同，有的称为哈佛燕京图书馆藏，有的称为哈佛燕京学社所藏，有的称为汉和图书馆藏，等等，其实指的都是哈佛燕京图书馆藏东巴经。本书在引用其他学者的文章或著作时，为尊重原貌不做改动。在行文时称为哈佛燕京学社藏东巴经，为方便起见简称为哈佛藏东巴经。

一、入藏经书的数量

据吴文津馆长所言：哈佛藏东巴经总共 598 册，1945 年入藏，其中洛克

（J. F. Rock）收集的有 510 册，美国前总统罗斯福之长孙昆亭·罗斯福（Quentin Roosevelt）收集的有 88 册。昆亭毕业于哈佛，是 1946 届学生。[①]哈佛燕京学社《馆长年度报告》（1945.7.1—1946.6.30）提到，当年购买经书的总经费为 5 800 美元，其中购买东巴经典 800 美元。1945 年向昆亭购买，另一批 1946 年向洛克购买。[②] 另据《裘开明年谱》记载，1944 年 11 月 13 日，哈佛大学董事会决定：除了摩梭稿本和极少数古籍之外，汉和图书馆不应购买洛克博士的其他藏书。1946 年 4 月 1 日，哈佛燕京学社的董事会通过了 1945—1946 年度预算，增加 800 美元用来购买洛克收藏的纳西经典。[③] 我们可以确定的是：1945 年哈佛燕京学社向昆亭购买了 88 册经书，1946 年购买了洛克的经书。

朱宝田编的《哈佛大学哈佛燕京图书馆藏中国纳西族象形文经典分类目录》（以下简称朱书）中也谈到哈佛经书的数量共计 598 册。另有 24 件影印件东巴经，3 幅神路图实物，17 张照片（为一套神路图）；还有 1 件底片。但据和继全重新考证，发现其中有 1 册只有编号没有经书，认为实际数量应为 597 册。在这 597 册中，有 1 册为梵文书写的册页，有 2 册是抄写在名片纸上的新抄本，且书写粗陋。所以哈佛所藏的东巴古籍实际数量应为 594 册。[④] 据哈佛燕京图书馆网站上公布的经书照相本可以看出，598 册当为实体经书，不包括照相本和卷轴画。但是 598 册经书中，有 2 册有编号但无经书，分别是 D10 和 D15，但在朱书中是有有关 D10 和 D15 两本经书的记录的。后来西南大学青年学者李晓亮在哈佛燕京学社访学，查证 D10、D15 东巴经原本存在，并无缺失，只是官网中的电子版未公布。和文所说的新抄本被证实是洛克的东巴文老师和华亭大东巴的经书。有 1 册书有梵文的经书，虽不是传统意义上的东巴经，但经文中也有东巴文字，将此归为东巴经也并无不妥。

---

① 朱宝田编：《哈佛大学哈佛燕京图书馆藏中国纳西族象形文经典分类目录·前言》，哈佛燕京图书馆，1997 年，第 I 页。

② 沈津先生博客：http://blog.sina.com.cn/s/blog_4e4a788a0100es53.html，（2016-6-1）。

③ 中国社会科学院民族学与人类学研究所、丽江市东巴文化研究院、哈佛燕京学社编：《哈佛燕京学社藏纳西东巴经书（第一卷）·编译说明》，中国社会科学出版社，2011 年，第 1—2 页。

④ 和继全：《美国哈佛大学燕京图书馆馆藏东巴经跋语初考》，《中央民族大学学报（哲学社会科学版）》2009 年第 5 期。

D10 （李晓亮摄）

D15 （李晓亮摄）

由此可知，哈佛燕京图书馆藏的实体东巴经数量为 598 册。

二、哈佛藏东巴经的内容

哈佛藏东巴经书包含十三类：祭东巴什罗、祭龙王、祭风、求寿、祭贤、祭胜利神、祭家神、替生、除秽、关死门、祭死者、占卜、零杂经。[①] 按照经书的内容可分为宗教文献和非宗教文献，这批经书中大部分为宗教文献，有部分是仪式规程。从文字种类上分，以东巴文书写的经书为主，有五册哥巴文经书和两册梵文经书。

[①] 朱宝田编：《哈佛大学哈佛燕京图书馆藏中国纳西族象形文经典分类目录·前言》，哈佛燕京图书馆，1997 年，第 I 页。

三、选材缘由

选择哈佛藏东巴经书作为本书的研究材料，是由该套经书的特点决定的。

第一，哈佛藏东巴经数量适中，有近600册经书，适合进行谱系分类。目前刊布的大宗东巴经只有《全集》和哈佛藏东巴经。《全集》拥有近900册经书，也适于谱系分类。以《全集》展开谱系分类成果较多，而哈佛藏东巴经尚未开展系统的谱系分类研究。

第二，哈佛藏东巴经书保留了经书原始的版本信息。哈佛燕京图书馆刊布的东巴经信息完整，从图片上能完整看得到封面、封二、空白页、封底，以及装订后的信息。《全集》所刊布的东巴经是黑白照片，不能看到经书的颜色，也没有封二、封底和空白页，更不能看到装订的信息。这些看似不重要的信息，在谱系分类时起着重要的作用，不可忽视。

第三，哈佛藏东巴经书的抄写者相对纯粹。洛克的东巴文教师有白沙的和诚东巴，龙蟠的和华亭、和作伟东巴。这些东巴先后陪伴在洛克左右，开始是和诚，后来选择和华亭。和华亭伴随了洛克很长时间。这批经书唯一可能改动的地方是和华亭为部分残损的经书重写了封面。和华亭去世之后是和华亭的外甥和作伟。昆亭身边没有东巴，所以他收藏的经书没有经过改动。而《全集》中的有些经书是在东巴文化研究所工作的东巴写的，如和开祥东巴、和即贵东巴、和士成东巴。他们的书法虽然美观，学问深厚，但不同地域的东巴在一起交流学习，翻译东巴经，造成了他们虽然地域不同，但书写的经书风格逐渐趋同，与他们各自所在地域的风格产生若干差异。

第四，哈佛藏东巴经版本较好，成套收集。洛克是一位著名的收藏家，共收藏了8 000多册东巴经，部分东巴经在第二次世界大战中沉没在阿拉伯海。他是那个年代收集东巴经最为出色的收藏家。哈佛藏东巴经大多由他成套向专人收集，很多经书来自一个东巴，或来自同一个地方，洛克对经书的书法和绘画技术都有很高的赞誉。昆亭收集的书，虽然品相远不如洛克的藏品，但其中也有部分精品。

第五，哈佛藏东巴经的抄写时间较早。《全集》中的经书虽也有不少有着悠久的历史，但《全集》中也收录了中华人民共和国成立后甚至新近抄写的经书。哈佛藏的东巴经书至少都是在 1944 年之前抄写的。

第二节　哈佛藏东巴经的研究史

哈佛藏东巴经的研究始于该经书的两位收集者洛克和昆亭，前者的研究至今无人超越。后来又有李霖灿、朱宝田、杰克逊、潘安石、和继全、邓章应、张春凤、李晓亮等人的研究，让越来越多的人关注哈佛藏东巴经。下面具体来论述哈佛藏东巴经的研究史。

一、洛克

洛克是研究哈佛藏东巴经的先驱，且贡献最为突出。1920 年，他辞去夏威夷大学的工作到哈佛大学，成为了一名植物标本馆馆员。1922 年，他受聘于美国农业部，以一名农业考察员身份派到中国西南考察。他先后到过中国的边远省份云南、四川、青海和甘肃，到处收集动植物标本。后来他在丽江被东巴教仪式、经书等吸引而把很多精力转向了东巴教仪式的表演解读以及东巴经的收集、整理和研究。洛克行走中国 27 年，被誉为"西方纳西学之父"。他的一些经书卖给哈佛燕京图书馆后，仍没有停止对这批东巴经的研究。洛克对哈佛藏东巴经作了如下贡献。

第一，购书、编号编目。哈佛藏东巴经洛克收集的经书为洛克陆续所收集。在和华亭、和作伟等东巴的帮助下，洛克对经书进行了研究。他首先对经书进行了编号。从哈佛燕京图书馆、美国国会图书馆等地收藏的洛克东巴经来看，洛克对东巴经作了如下编号，一类是洛克编号，另一类是分类编号。洛克编号是洛克根据购买搜集顺序编写的号码，位于经书封面内页，简称"内签"。分类编号是根据仪式内容进行分类，位于经书封面的左上角，格式是仪式名称+数字。封面内页中除了洛克编号之外，还有洛克对经书题目标注了读音。如下图所示。

A1 封面

外签

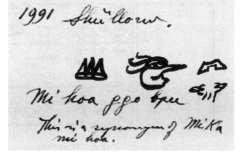

内签

洛克不仅对自己收藏的经书进行了研究，还对昆亭收集的经书进行了编号和研究。

第二，最早翻译了哈佛藏东巴经。洛克搜集经书之后，曾有计划地对这些经书进行翻译。欧洲在释读古文字时，曾采用"四行对译"的方式，洛克最早将此方法引入了东巴经的释读。后来李霖灿的《么些经典译注九种》和傅懋勣的《白蝙蝠取经记》都采用了这种翻译方法，固定成为东巴文翻译的基本模式。洛克翻译哈佛藏东巴经零散分布在他翻译的著作中，如《纳西人的祭天仪式》①《祭风仪式——纳西巫师施行消灭灵魂之法术》②《纳西族的纳加崇拜及其相关仪式》③《中国西南纳西族的开丧仪式》④。以祭署仪式 B19 经书为例，洛克翻译了整本

① Joseph F. Rock. The Mùan-bpö Ceremony of the Sacrifice to Heaven as Practiced by the Na-khi, *Monumenta Serica*, Vol. 13, 1948：1 - 160.

② Joseph F. Rock. *The Na-khi Naga Cult and Related Ceremonies*, Part 1, Istituto Italiano per il Medio ed Estremo Oriente, 1952.

③ Joseph F. Rock. *The Zhi Mä Funeral Ceremony of the Na-khi of Southwest China*, Studia Instituti Anthropos, Vol. 9, ST. Gabriel's Mission Press, 1955.

④ Joseph F. Rock. *The Na-khi Naga Cult and Related Ceremonies*, Serie Orientale Roma IV（Part I）, Instituto Italiano per il Medio ed Estremo Oriente, 1952：386 - 387.

经书，翻译格式依次为：经书页、音标、句子意义、逐字释义。在逐字释义中有时添加语法解说、文化含义、字源等。如下图所示。

— 386 —

B.19 - 9?

¹KHYU-³T'KHYU ¹SSU ¹⁴A

The fight between the Garuḍa and the Nāgarāja Ratnachūḍa

Transcription:

Page 1:

Rubr. 1: ²A-²la-²muàn̲-³shěr-²bā-²t'u-¹dzbi, ²mùṉ ²t'u ¹dü ²k'u, ²bi ²t'u ¹lä ²t'u, ¹gkü ²t'u ¹zaw ²t'u ¹dzhi.

Rubr. 2: ²Ss ¹dzu ²ngyi ³gkv, ²lv ²nggü ³dta ³gkv ²dzhi, ³dshi ¹lv ³nyü-²nyu ¹dzbi,

Rubr. 3: ²Dto-¹mba ³Shi-¹lo ²t'u ¹ddü ²szi, ²Ddv-¹p'ěr ¹Khyu-³t'khyu ²t'u ¹ddü ¹szǐ,

Rubr. 4: ¹Ssu ¹ggo ²Swue-²p'ä ²Dso-¹na-¹lo-¹ch'ï ²t'u ¹ddü ²szǐ,

Rubr. 5: ¹Ssu

Rubr. 6: ¹nä ²Bā-¹ds'ï-²szǐ ²nyi-³gkv, ³Lä-²dzho-²ghügh-²mä ¹ssï ²ddü ²gv, ¹Bbu ¹lä-²ghügh-²mä ²mä ²nyi-³gkv.

Rubr. 7: ¹Nnü ²nnü ²hǒ ²muàn̲ ³ho, ¹zhou ²ngwùa ²ddü ²ghügh ²nä.

Rubr. 8: ²Bběr

Translation:

Rubr. 1: In the beginning when everything was indistinguishable, when heaven came forth, the earth was spread out, the sun came forth (and) the moon came forth, the stars came forth (and) the planets came forth at that time,

Rubr. 2: When the trees were born (and) were able to walk, when the rocks split (and) were able to talk, when the earth and rocks moved at that time,

Rubr. 3: In the generation when ²Dto–¹mba ³Shi–²lo was born, in the generation when ²Ddv–¹p'ĕr ¹Khyu–³t'khyu was born,

Rubr. 4: In the generation when the Nāgarāja ²Dso–¹na–¹lo–³ch'i was born,

Rubr. 5: The ¹Ssu

Rubr. 6: and the people, these two, had one father and two mothers.

Rubr. 7: The domestic and wild animale did not mix, but they played and ate grass together which was good.

Rubr. 8: The guest—

Explanation and literal translation of text

Rubr. 1:

The first symbol is a tiger's head, la is a tiger, but here it stands for the entire phrase of seven words, with which the story opens. Every ¹Na–²khi manuscript commences with that phrase which literally reads: ²Ā = ancient not distinct, made that time. ²Ā has the meaning of in the beginning before there was anything there was ²Ā; it is equivalent to the Tibetan ཨ which also stands for the deity or for the Chhos–sku ཆོས་སྐུ that was before everything else (*see:* Sarat Chandra Das, *Tibet-an–English Dictionary*, p. 1341). The symbol before the tiger's head is equivalent to those found at the beginning of Tibetan books from which it has been adopted.

The first four symbols reading from the top to the bottom of the line are: ²mùan = heaven, it represents the vault of heaven; ²t'u = to come forth, it is the picture of a wooden trough read ¹t'u in the first tone, it is here used phonetically for ²t'u = to come forth; ²k'u = to spread out, it is the picture of a gate = ²k'u, used phonetically for ²k'u = to spread out; ¹dü = land, it is a picture of a piece of land, earth. The symbol ²t'u is used once but is read twice. The next three symbols from top to bottom are: ²bi = sun, it is a picture of the sun, but ²bi is the literary term for sun which otherwise is called ²nyi or ²nyi–²mä; it is the Tibetan nyi–ma ཉི་མ, ²bi is probably the ancient ¹Na–²khi name while ²nyi–²mä is a loan word from the Tibetan; ¹lä = moon, it is also an ancient term only used in the written language, in the colloquial moon is called ²hä–²mä; ²t'u = to come forth; the conjunction ¹nä = and, does not occur, the symbol ²t'u is again read twice.

第三，系统介绍了哈佛藏东巴经中的仪式。在洛克的著作中重点论述了祭祀东巴什罗、祭风、祭天等仪式，而且都提到了举行仪式需要的经书和顺序及东巴如何操作（念经、跳舞等）和所需的祭品。

第四，详细介绍了经书的信息。洛克是西方学者中记录东巴经最为详尽的，他在著作中提到了收经书的地点、收藏地点、抄写者、抄写时代，对经书的评价，甚至翻译了经书的跋语。如：

（1）介绍收经书的地点、抄写经书的东巴、该经书情况

这本经书很少见，我的东巴只有这一本或者说我只碰到过这一本。编号是 1004①（即哈佛藏 B58——笔者注），它属于东巴杨福光的父亲，他家住在丽江西部剌沙乡长水村，本书现藏哈佛，美国马萨诸塞州。这册经书没有华美的装饰，首页只有一个华丽的花边。②

（2）介绍经书所有者、抄写时代以及评价经书价值

有两本内容一样的经书，它们都收藏在哈佛。5051（即哈佛藏 B50——笔者注）属于白沙的东拉家族。这个家族以东巴闻名。三兄弟生活在明代，兄弟三人写经书都十分认真，而且每一本都装饰精美。他们经书的第一页都画有一个彩色的东巴或者神的形象，这些经书后来受到追捧，还有一些散落在丽江地区。我收购了很多，这些书几乎所有的都藏在哈佛燕京图书馆，还有 1944 年日本鱼雷击中了装载我的物品的理查德·霍维号军舰，很多东拉的经书还有我的所有的经书翻译稿、笔记和其他经书沉入大海。5051 首页有一个东巴的图像，但是没有写出他的名字。他坐在一个垫子上，膝盖翘起，手藏在袖子里。他戴了一顶大帽子，好像不是东巴戴的帽子，但是这肯定是早期的东巴形象。③

---

① 洛克对自己收藏的经书的编号。如果他提到的经书为哈佛所藏，笔者皆在后面括号内标出其对应的朱宝田编号，下同。

② Joseph F. Rock. *The Na-khi Naga Cult and Related Ceremonies*, Serie Orientale Roma, IV（Part I），Instituto Italiano per il Medio ed Estremo Oriente，1952：97.

③ Joseph F. Rock. *The Na-khi Naga Cult and Related Ceremonies*, Serie Orientale Roma, IV（Part I），Instituto Italiano per il Medio ed Estremo Oriente，1952：208. 该经书据和继全考证写于 1854 年，比洛克认为的早 12 年。1854 年为木虎年，1866 年为火虎年。

（3）介绍经书抄写者、所有者以及经书跋语

1020（即哈佛藏 B44——笔者注）这本经书属于东巴杨福光的父亲。在经书的最后一页写道："花甲木虎年第六个月的十六日（公元1866——原文注），那一天属羊，这本书的书写者是长水马鞍山下的东巴东知（他既是东巴又是巫师——原文注），写的没有错误。会读的这就是一本好书，不会读的这就是一本坏书，他们怎么说都行。"①

（4）详细介绍收书地点

611（即哈佛藏 I16——笔者注）是一本年代比较老的书，来自剌宝乡，也就是古代的宝山，金沙江峡谷里。距离丽江四天的路程。3170（即哈佛藏 I7——笔者注）来自白沙，距离丽江 15 里。②

经书的版本信息对收集者来说是举手之劳，然而对研究者而言则是宝贵的材料。洛克不仅提供了翔实可靠的基本信息，还介绍了版本流传、东巴流派形成，对经书品相的鉴定形成了一定的东巴经版本理论，让研究者少走了许多弯路。

我们以为洛克对哈佛藏东巴经研究的贡献至今无人超越。

二、昆亭·罗斯福

美国前总统罗斯福的长孙昆亭·罗斯福在哈佛东巴经研究史中是个特例。历史并没有让他成为研究东巴文或者纳西文化的专家。他热爱纳西文化，他父亲和叔叔带来的东巴经、东巴画让他对纳西族东巴文化产生了无尽的想象。1944 年，他在纳西族地区征集了 1861 册东巴经书带回美国。③ 在他写的《魔域

---

① Joseph F. Rock. *The Na-khi Naga Cult and Related Ceremonies*, Instituto Italiano per il Medio ed Estremo Oriente，1952：511.

② Joseph F. Rock. *The Na-khi Naga Cult and Related Ceremonies*, Instituto Italiano per il Medio ed Estremo Oriente，1952：670.

③ 郭大烈等主编：《丽江第二届国际东巴文化艺术节学术研讨会论文集》附录之《东巴文化百年大事记》，云南民族出版社，2005 年，第 588 页。

祭司》一文中①，谈到了搜集这批经书的历程和对东巴文的看法。笔者翻译了有关经书和东巴文的部分：

1938 年，我与我的母亲在中国度过了为时一个月的旅行时光。回到美国之后，我开始对父亲从中国西南地方买来的纳西经书感兴趣。我之后再次回到中国，深深地被这些东巴经所吸引。虽然洛克博士撰写了一些关于纳西民族和文献的文章，但据我所知，在美国只有福格博物馆和国会图书馆收藏着纳西经书。

1939 年，我再次来到中国丽江。在我父亲的一个朋友詹姆斯·安德鲁（James Andrews）的带领下开始了这次奇妙的纳西之旅。安德鲁在丽江 20 多年，掌管新教传教会。我希望能搜集到这些古老的经书。但安德鲁对搜集经书一事持消极态度，我很失望。在我的脑海里，东巴经是非常古老但又重要的文献，除了经书的记载，谁也不知道纳西民族迁徙的历史。制作经书的技艺已经失传，而且制作卷轴画需要东巴六个月才能完成。这种独特的文字，虽有几分似埃及象形文字，但东巴文更有动感与活力，更有幽默感，别具一格。第一次见到这种文字，有些像孩童的涂鸦，类似米老鼠的感觉。这个文字体系中有许多牛、马、鸟、老虎，矮小而奇异的神灵，具有鲜活的艺术风格。我非常渴望收集东巴经和卷轴画，因为它们在诵读中讲述了纳西族英雄的历史，寻找遗失物品的符咒，为死去的人或者牲畜举行的仪式，还有在仪式中吟唱的颂歌。

安德鲁说很多年前，东巴经与卷轴画稀有是因为东巴不愿出售。但安德鲁答应我一起去见一个他熟识的东巴。途经甘海子，到达玉龙雪山北部，又走了 15 分钟之后，抵达有东巴的村子，那里距离甘海子 1 英里。东巴的家是村里四五间房中的其中一处，由起居室和马厩组成，还有一个泥巴垒成的庭院。这个老东巴拿出他的经书及其他藏品。这些经书放在发霉和老鼠筑窝的阁楼里。我最终买了约 200 本

---

① Quentin Roosevelt. In the Land of the Devil Priests. *Natural History*, 1940（45）：197－209.

经书。

次日抵达一个村子，距离玉龙雪山西北部 10 英里。但东巴不在家，去拉市坝了。第二天，我们又去了这一东巴家。东巴大约 70 岁，戴着一副眼镜，留着长胡子。他给我们看了他的五佛冠、法杖和剑，跳了一段东巴舞，展现了与之完全不同的姿势。我从他那里买了一些书和法杖。由于这个东巴的卷轴画借给了其他东巴，所以得过几天才能卖给我们。安德鲁后来带着我去了文峰寺。……后来安德鲁派去丽江北部的一个同事带回来了卷轴画，至此心心念念的愿望终于达成。

当天下午，传教士带着另外 700 多本书出现了。这些书大多有 20—30 页，长约 1 英尺，宽约 4 英寸。通常用竹笔作画，使用两种不同的文字。其中一种象形文字来源不明，据说来自西藏苯教或恶魔崇拜的个人绘画。另一种是后来发明的，据说是由纳西族救世主东巴什罗的弟子哥巴发明的。

第二天早上，四个东巴来拜访我们。我们委托给我们买经书的东巴回来了，他带了几本书和几幅东巴画，但没有卷轴画。我们立即让他开始整理我此时已获得的 1 000 多本书。第二个东巴来了，带来了一张卷轴，非常精美的卷轴，我们很快就完成了交易。我不会再让卷轴进入我的视线后再次离开。第三个东巴带了大约有 300 本书。这个人还有一个铙钹和四五个彩绘五佛冠想卖掉。第四个东巴，他带来了他的长卷，但那是一本非常破旧且残缺不全的卷轴，所以我们没有买。

有些卷轴画长 40 英尺，宽 8 英寸，用于丧葬仪式，称为"赫日皮"，意思是死者的灵魂通往天堂所走的路。死者必须首先经过地狱，在那里各种丑陋的恶魔试图阻止灵魂成为父亲。如果死者运气好，罪孽很少，他可能会升入宁静而人口稠密的天堂。通常卷轴被切成两段，分为通往天堂的路和通往地狱的路。通向地狱的路是短暂而容易的，而通向天堂的路却是漫长而艰难的。纳西和天堂的渲染很像，地狱的场景似乎更接近缅甸绘画。过去，主持纳西族宗教仪式的东巴对民众掌握着强大的力量，但在基督教、佛教面前，他们的力量正在迅速衰落。

安德鲁给了我他过去几年中收集的大部分藏品，其中彝族、藏族、纳西族的藏品都很精美。有东巴做仪式时用的大海螺号角，藏族喇嘛跳魔舞时用的人股骨号角，藏族韵味异常浓郁。盒子配有饰物，通常藏人在出售银色外盒时会将它们取下。在这些彝族物品中，有一块奇怪的木板，上面充满了奇怪的文字和魔鬼的图片，据说可以将魔鬼赶出家门。民族学家直到最近才对彝族文字或宗教略有涉略，因此该板可能具有很高的科学价值。我很高兴能获得这些精美的藏品，而这些藏品通常需要我花费数年时间才能获得。

昆亭对东巴文的认识是感性的，但正是这种感性的神秘感让诸多学者愿意将毕生精力托付于此。从该文可知，昆亭于 1939 年收集了近 2 000 册的经书及其他物品。经书的地点也较为集中，主要是玉龙雪山北部和西北部的村子。昆亭认识到纳西族有两种文字，一种为东巴象形文字，另一种为哥巴文，并对东巴经书的形制以及东巴有了初步的了解。他痴迷于东巴卷轴画的搜集，并知晓卷轴画的作用。他还认识到了东巴文献的稀少且珍贵，对将濒危的纳西文化心存忧虑。可惜他英年早逝，没有机会对这些经书进行深入的研究。

三、李霖灿

李霖灿于 1956 年对哈佛藏部分经书做过整理，写有卡片 21 张，并对一些经书做了汉译，有的还附有象形文字说明。[1] 李霖灿在自己的著作中也谈及此事：

在这里还可以附带说到哈佛大学的另一批有价值的收藏，这也是昆亭罗斯福氏（Quentin Roosevelt）的采集，因为他原是哈佛大学的学生。在哈佛大学的汉和图书馆中藏有五百九十八册么些经典，内中有七十五册全是占卜的方法，当然，这中间还有若干复本。但是数目惊人，很显

---

① 朱宝田编：《哈佛大学哈佛燕京图书馆藏中国纳西族象形文经典分类目录·前言》，哈佛燕京图书馆，1997 年，第 IV 页。

然的这是一项有计划的采集。昆亭罗斯福氏一定是想作这方面的专题研究，所以才把这一类的经典都汇集在一起。可惜这位学者不幸在战争中战死，他的这项志愿就没有能实现。若把这一批资料同国会图书馆的合并应用，那不但能为么些人的占卜写成一专著巨册，使么些人这项文化表扬于世界，而且也可以代替这位美国学人完成他生前的一项素志。①

事实上，哈佛藏东巴经中的占卜经书大部分为洛克所收集。占卜经的数量超过 75 册，而昆亭并没有对占卜经进行研究。

在哈佛公布的东巴经照相版中，李霖灿的卡片仅存 3 张。从这 3 张卡片记录的内容来看，李霖灿只是简单翻阅，并翻译了部分经书题目。另外，李霖灿对这批经书的跋语有所关注："哈佛大学的五百九十八册经典中，只有三册记有年代，合二百册中才有一本。"② 后据和继全考证，有年代记载的跋语数量远远超过 3 册。以下为照相版中李霖灿的手迹：

B6

B13

四、安东尼·杰克逊与潘安石

安东尼·杰克逊是英国学者，研究领域是纳西宗教，他对纳西族的占卜、祭祀仪式所用的经书以及东巴象形文字的书写风格也有研究。③ 杰克逊的代表

---

① 李霖灿：《美国国会图书馆所藏的么些经典》，《么些研究论文集》，台北故宫博物院，1984 年，第 135 页。

② 同上书，第 138 页。

③ ［德］米歇尔·奥皮茨、［瑞士］伊丽莎白·许主编：《纳西、摩梭民族志——亲属制、仪式、象形文字·作者简介》，刘永青等译，云南大学出版社，2010 年，第 367 页。

作是他的博士论文《纳西宗教》①。他著有东巴文献的代表作《纳西仪式、索引书籍的作者以及占卜经书》（与潘安石合作）②。安东尼·杰克逊查阅了西欧、北美各大图书馆中的几千册东巴经书，是国外东巴文献研究的集大成者。他的研究材料数量可观，分类细致科学，他对东巴经的分类研究有重大的突破。杰克逊不仅提出了东巴经的分类方法，还提出了一个重要的观点：绝大多数东巴经写于1873年以后。③ 否定了洛克认为的明代东拉兄弟明确记载水鸡年经书的观点。潘安石在杰克逊的指导下研究东巴经文献，并发表了《跨文化阅读：社会人类学与纳西东巴经的解读》④《纳西经书的翻译》⑤。

杰克逊对东巴经书的分类以及东巴经书形成和抄写的年代提出了若干独到的见解。杰克逊的见解有不少臆断之处，如：他谈到东巴经有东巴年龄时，认为跋语中出现的年龄都为7的倍数。实则不然。跋语中书写的东巴的年龄是随机的，并非都是7的倍数。此类情况在哈佛藏东巴经以及《全集》中是常见的，如：

A28：木虎年三月二十八写的，东知我四十一岁那年写的，祝愿东巴长寿富贵，吉祥。⑥

C61：水鸡年六月初六写的，长水马鞍山下东巴东知写的，我六十岁那年写的。写的没有任何错误，到了读的场合，如果是会的人来读，一定会说是写得多么好的书，如果是不懂的人来读，一定会说是

① Anthony Jackson. *Na-khi Religion: An Analytical Appraisal of the Na-khi Ritual Texts*, Mouton Publishers, 1979.
② [英] 安东尼·杰克逊、潘安石著，吴瑛译：《纳西仪式、索引书籍的作者以及占卜书籍》，[德] 米歇尔·奥皮茨、[瑞士] 伊丽莎白·许主编《纳西、摩梭民族志——亲属制、仪式、象形文字》，刘永青等译，云南大学出版社，2010年，第239页。
③ [英] 安东尼·杰克逊：《纳西仪式之两个关键问题：书目及卜书》，白庚胜、和自兴主编《玉振金声探东巴——国际东巴文化艺术学术研讨会论文集》，社会科学文献出版社，2002年，第309页。
④ Anshi Pan. *Reading Between Cultures: Social Anthropology and the Interpretation of Naxi (Na-khi) Religious Texts*, University of Edinburgh, Ph. D. dissertation, 1995.
⑤ [英] 潘安石：《纳西经书的翻译》，[德] 米歇尔·奥皮茨、[瑞士] 伊丽莎白·许主编《纳西、摩梭民族志——亲属制、仪式、象形文字》，刘永青等译，云南大学出版社，2010年，第291页。
⑥ 和继全：《美国哈佛大学燕京图书馆藏东巴经跋语初考》，《中央民族大学学报（哲学社会科学版）》2009年第5期。

写得不好。①

　　K73：马鞍山下长水东知写的，写这本经书时我已经有五十四岁了，四月十五日那天写的。②

　　《全集》4－151：这本书是兄长吾嘎寇八十一岁时写下的，写好后送给了也做东巴的兄弟构沙。

　　《全集》96－236：这本书是三月十日写的。是花甲中属土的牛年那年写的。人生到四十岁时所写。愿东巴长寿，卜师安康！愿祖孙相传万代，愿后辈能产生高明的东巴和高明的卜师。大吉大利了。

　　另外，杰克逊在文章中推断多拉（即东拉）与多芝（即东知）处于同一时代，此说证据不足。总体来说，杰克逊的著作中有多处错误，但他对哈佛藏东巴经研究的贡献不可忽视。他在研究材料的使用方面值得肯定，研究方法值得借鉴，但他的考证和结论亟待甄别。

五、朱宝田

　　朱宝田供职于云南省博物馆，1995 年以亚洲艺术顾问的身份赴美调查美国国会图书馆和哈佛燕京图书馆所藏昆亭·罗斯福家族收藏的纳西艺术品和纳西经书。在 1995 年至 1996 年期间，他为美国国会图书馆和哈佛燕京图书馆各写了一本纳西东巴经目录。哈佛燕京图书馆的目录是《哈佛大学哈佛燕京图书馆藏中国纳西族象形文经典分类目录》，1997 年由哈佛燕京图书馆出版。他对哈佛藏东巴经做了如下工作。

　　第一，对 598 册经书进行了分类研究。依据洛克和昆亭的经书及相关材料，按照内容分为十三类：祭东巴什罗、祭龙王、祭风、求寿、祭贤、祭胜利神、祭家神、替生、除秽、关死门、祭死者、占卜、零杂经等类。

① 和继全：《美国哈佛大学燕京图书馆馆藏东巴经跋语初考》，《中央民族大学学报（哲学社会科学版）》2009 年第 5 期。
② 和继全：《美国哈佛大学燕京图书馆馆藏东巴经跋语初考》，《中央民族大学学报（哲学社会科学版）》2009 年第 5 期。

第二，对经书的名字进行了翻译，标注了标题的纳西语读音，对内容进行了概括，测量了经书的尺寸等。如右图所示。

第三，附录了哈佛燕京图书馆的原编号检索，洛克的经书编号检索，有纪年之象形文经典表。

然而该书错误也较多，本书除了引用该书的尺寸和编号之外，其余不予采纳。

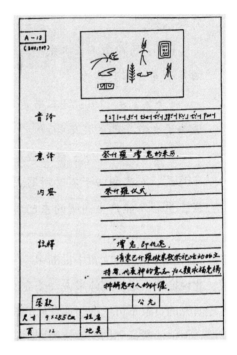

六、和继全

2007年，和继全在哈佛燕京图书馆翻阅了馆藏的所有经书。2009年，他发表了《美国哈佛大学燕京图书馆馆藏东巴经跋语初考》。该文对哈佛藏东巴经进行了除了版本目录之外的真正意义上的研究，他结合历史文献和田野调查，翻译了23则跋语，详细考证出了抄写这批经书的其中3位东巴：长水村东巴东知、白沙东巴和鸿、大东竹林村东巴和学礼，使哈佛藏东巴经的概况真正在国人面前展露了一角，同时对后来国内的哈佛东巴经研究起到了开创性的作用。

和继全还注意到了哈佛藏东巴经中有4本藏语音读的经书，为《全集》所无，分别是：A4《二十二地燃油灯》［$ŋ̩i^{33}tsi^{21}ŋ̩i^{33}dy^{21}mbæ^{33}mi^{33}t ʂ̩^{55}$］，A5《向高劳燃灯经》［$ŋga^{33}la^{21}mbæ^{33}mi^{33}t ʂ̩^{55}$］，A9《加阿明威灵经》［$a^{33}mi^{21}dzər^{21}t sæ^{55}$］，B44《萨达余主》［$sa^{21}da^{55}y^{21}tsŋ^{33}$］。另外，他还发现了祭祀噶玛噶举派甚为重视的神灵玛哈嘎拉神的经书M34，是用东巴文翻译的佛经《祭玛哈嘎拉》。[①]

和继全对哈佛东巴经研究方法上主要有两大贡献：一是文献与田野调查相结合进行跋语研究，考证出了多位东巴；二是注意并研究了多民族聚居状态下的语言接触和文字接触问题。

---

① 和继全：《纳西东巴古籍藏语音读经典初探》，《西藏大学学报（社会科学版）》2013年第2期。

七、《哈佛燕京学社藏纳西东巴经书》

2011 年开始，中国社会科学出版社陆续出版了《哈佛燕京学社藏纳西东巴经书》，至今为止出版了九卷。[①] 黄行在序言中谈到了哈佛燕京图书馆与中国社会科学院民族学与人类学研究所、丽江市东巴文化研究院共同进行翻译的情况：

> 2001 年李霖灿哲嗣李在其来华，在纳西语言文字学术讨论会上与孙宏开表达希望国内把哈佛藏东巴经书翻译的愿望。在他的斡旋下，2005 年，李在其与中国社会科学院关于与哈佛燕京学社合作，共同刊布、整理、翻译、编校等意见达成共识，并得到哈佛燕京学社响应。2006 年 11 月，中国社会科学院与哈佛签署合作协议。2008 年，中国社会科学院民族学与人类学研究所申请重大课题《哈佛燕京学社藏纳西东巴经译注》。同年 8 月与丽江市东巴文化研究院达成意见：由东巴文化研究院释读经书，民族学与人类学研究所负责筹措经费、文献校注、提要英译、排版和联系出版。最终成果计划分 10 册出版。[②]

东巴文化研究院在主持翻译哈佛藏东巴经时，主要采取两种方法：一是请东巴进行释读；二是对照《全集》进行翻译。《哈佛燕京学社藏纳西东巴经书（第一卷）》的前言中指出："幸好我们还有一份关键的参考资料，这就是十年前出版的《纳西东巴古籍译注全集》，这部巨著可以说是已经仙逝的十位东巴给我们留下的学识和智慧的结晶。纳西古书均经历辗转传抄，同一种经书往往有好几种内容基本相同的本子，因而我们只要查找《纳西东巴古籍译注全集》，检出在老东巴帮助下已获解读的经书，两相对照，就能比较方便地译出哈佛燕

---

① 中国社会科学院民族学与人类学研究所、丽江市东巴文化研究院、哈佛燕京学社编：《哈佛燕京学社藏纳西东巴经书》第一至四卷，中国社会科学出版社，2011—2012 年。

中国社会科学院民族学与人类学研究所、丽江市东巴文化研究院、哈佛燕京学社编：《哈佛燕京学社藏纳西东巴经书》第五、六卷，中国社会科学出版社，2018 年。

中国社会科学院民族学与人类学研究所、丽江市东巴文化研究院、哈佛燕京学社编：《哈佛燕京学社藏纳西东巴经书》第七至九卷，中国社会科学出版社，2021—2022 年。

② 中国社会科学院民族学与人类学研究所、丽江市东巴文化研究院、哈佛燕京学社编：《哈佛燕京学社藏纳西东巴经书（第一卷）·序》，中国社会科学出版社，2011 年，第 2 页。

京学社的多数藏本。至于不同抄本中的异文和内容的增删，我们依靠纳西学者的经验，在全面理解经书的条件下亦不能解决。……'孤本'，无法通过同类经书比勘来实施解读，对于这类经书有时不得不付诸'存疑'。"①

该前言透露了几个重要信息：第一，《全集》没有包含纳西族所有的东巴经；第二，相同内容的哈佛藏东巴经的翻译主要通过对照《全集》完成；第三，无法完全翻译哈佛藏东巴经。

这九卷《哈佛》，是对哈佛藏东巴经相对最为基础和重要的整理。但由于存在对照《全集》并未完全请东巴释读的情况，且现在东巴的学识水平不如以前的东巴，所以从翻译学的角度来看，其准确度和成就不如《全集》。

八、邓章应、张春凤

2013 年，邓章应、张春凤发表了《哈佛燕京图书馆藏带双红圈标记东巴经初考》②，对哈佛燕京图书馆所藏带特殊标记——双红圈的经书进行了初步整理和研究，得出了这批经书的抄写者为丽江黄山长水的东知东巴的结论。邓章应、张春凤通过特殊标记、跋语、装帧、用色习惯、字迹、开头和句间标记等对没有双红圈的经书也进行了判断和系联，从而推断出了东知东巴的其他经书。

张春凤还发表了《哈佛所藏东知东巴经书的分类与断代》③，主要通过对哈佛所藏东知的经书风格进行分类，再根据有确切纪年的经书与类别进行对照，对东知其他的经书进行了断代。从东知的个案研究窥测，对东巴经书进行进一步细致的断代是完全有可能的。通过对东巴文书写艺术风格的研究，不仅可以推动东巴文书写艺术研究的发展，还可以对东巴经断代起到一定的作用。

在对哈佛藏东巴经全面整理的基础上，张春凤于 2016 年发表了《哈佛燕

---

① 中国社会科学院民族学与人类学研究所、丽江市东巴文化研究院、哈佛燕京学社编：《哈佛燕京学社藏纳西东巴经书（第一卷）·前言》，中国社会科学出版社，2011 年，第1—2 页。
② 邓章应、张春凤：《哈佛燕京图书馆藏带双红圈标记东巴经初考》，《文献》2013 年第 3 期。
③ 张春凤：《哈佛所藏东知东巴经书的分类与断代》，邓章应主编《学行堂语言文字论丛》（第二辑），四川大学出版社，2012 年。

京学社藏纳西东巴经两册"崭新"经书考》①，该文考证了这两册看似"崭新"的经书的抄写者是和华亭，抄写时间大约在 1928 年至 1936 年期间，也应当算作古籍。

九、李晓亮、喻遂生等

2013 年李晓亮、喻遂生发表了《洛克论著对哈佛东巴经整理翻译的价值和意义》，该文认为哈佛大学哈佛燕京图书馆所藏东巴经大多数是由洛克收购来的，目前中国社会科学院民族学与人类学研究所、丽江市东巴文化研究院与哈佛燕京学社合作正在对这批经书进行整理、翻译。而洛克在半个世纪以前就对这批经书多有论述，因此必须加强对洛克论著的研究，可以少走许多弯路。② 同年李晓亮发表了《哈佛大学燕京学社图书馆藏中国纳西东巴文献的价值和意义》，该文从历史学、文献学、文字学等方面论述了哈佛燕京学社藏东巴经书的价值和意义。③ 2015 年李晓亮、张显成发表了《哈佛大学燕京学社图书馆藏和鸿东巴经抄本研究》一文，该文通过释读跋语等方法鉴定出哈佛燕京所藏和鸿抄写的经书。④

总体来看，哈佛藏东巴经的研究极为曲折。入藏哈佛之后，半个多世纪以来对这批经书的研究都很少。尽管开拓者为后来者提供了无尽的空间，但同时也给后来者带来了很多困惑，还有很多工作要做：完成准确的编目和内容提要；完全翻译；按照体系深入研究等。哈佛藏东巴经是东巴经中的瑰宝，它的地位与研究程度是不相匹配的。笔者愿尽绵薄之力，在哈佛藏东巴经谱系分类研究的基础上提炼出东巴经谱系分类的方法，为未来探索东巴经的层次性和演变提供线索。

① 张春凤：《哈佛燕京学社藏纳西东巴经两册"崭新"经书考》，《文献》2016 年第 3 期。
② 李晓亮、喻遂生：《洛克论著对哈佛东巴经整理翻译的价值和意义》，《中西文化交流学报》（*Journal of Sino-western Communications*），2013 年 7 月。
③ 李晓亮：《哈佛大学燕京学社图书馆藏中国纳西东巴文献的价值和意义》，《重庆第二师范学院学报》2013 年第 4 期。
④ 李晓亮、张显成：《哈佛大学燕京学社图书馆藏和鸿东巴经抄本研究》，《中南民族大学学报（人文社会科学版）》2015 年第 1 期。

第三节　与谱系分类相关的一些问题

一、谱系分类的定义

谱系原指家谱，是按照家族个体追溯祖先下溯子嗣的族谱。本书的谱系通过鉴定东巴个体抄写的东巴经，从而勾稽出东巴个体和群体经书的演变发展轨迹。谱系分类指的是按照东巴个体之间的关系对东巴经书进行分类。

东巴经有多种分类方法，可以根据仪式内容来分，也可根据地域来分。根据内容来分，可以了解仪式的流程和各个细节。按照地域来分，可以了解各个地域的东巴经风格。谱系分类则是一种更精细的分类，它以东巴个体抄写的东巴经为基础，先形成一个小地域（村子）的谱系，再系联到大地域（区）成一个谱系，最后形成整个东巴经的谱系。

二、东巴经谱系分类的研究现状

谱系分类的思想最初来源于东巴经的分域断代研究。洛克几乎在所有的著作中都谈到了其所收集的东巴经版本目录信息，他很早就注意到了经书的抄写时间和经书所在的地点。李霖灿是第一个明确提出东巴经有四大类型的学者，他在《论么些经典之版本》一文中就依据纳西族迁徙路线的顺序，按照从北至南再至西的方向将东巴经典的分布地域划作四区：第一区为若喀，主要村落名字为洛吉、苏支、药迷、上下海罗等；第二区为中甸县（现云南省香格里拉市）的白地六村和丽江县的剌宝（现云南省丽江市宝山乡）东山二区；第三区以丽江城附近为大本营；第四区为丽江之西，因为么些人迁到了丽江之后就改向西方的维西一带发展。[①] 这就是后来我们所熟知的第一区若喀经、第二区白

---

① 李霖灿：《论么些经典之版本》，《么些研究论文集》，台北故宫博物院，1984年，第101—111页。

地经、第三区丽江经、第四区鲁甸经的说法。

在分域断代方面，喻遂生较早注意到了这一重要课题，他在《纳西东巴古籍整理与研究刍议》①中谈到了东巴文研究的未来发展趋势：东巴字的分域研究、断代研究和汉古文字及相关少数民族古文字的比较研究等。随后，他又在《纳汉文化交流和纳西东巴字的历史层次》②中对个别东巴字产生的时间进行了考订，在《〈纳西东巴古籍译注全集〉纪年经典述要》等系列文章中对《全集》中的纪年经典进行了梳理，呼吁要对东巴经、东巴文进行层次性的研究。

王元鹿《由若喀字与鲁甸字看纳西东巴文字流播中的发展——兼论这一研究对文字史与普通文字学研究的意义》③通过不同地域之间文字的比较研究得出了东巴文发展有不同时期的结论。

第一篇真正意义上进行谱系分类的文章是杨亦花的《和世俊东巴研究》《和文质东巴研究》，④她在文中介绍了和世俊、和文质两位东巴的生平，运用跋语和印章、笔迹等方法鉴定了《全集》中两位东巴所抄写的经书，为谱系分类开创了范式。

在此之后，涌现出了一批对东巴经个案研究的文章：东知⑤、和乌尤⑥、和即贵⑦、和鸿⑧等一系列东巴经个案研究。

邓章应的《纳西东巴文分域与断代研究》是第一本东巴经谱系分类的专著。该文利用用字相对先后、东巴经所述地名、东巴文字符形态个性化风格、印章、特殊标记等特征鉴定了东发、和瑞发、和云章、和凤书等东巴经书的归

① 喻遂生：《纳西东巴古籍整理与研究刍议》，全国古籍整理研讨会议论文，1998年8月。后载于《纳西东巴文研究丛稿》，巴蜀书社，2003年，第19页。
② 喻遂生：《纳汉文化交流和纳西东巴字的历史层次》，《纳西东巴文研究丛稿》，巴蜀书社，2003年，第307—312页。
③ 王元鹿：《由若喀字与鲁甸字看纳西东巴文字流播中的发展——兼论这一研究对文字史与普通文字学研究的意义》，《华东师范大学学报（哲学社会科学版）》2001年第5期。
④ 杨亦花：《和世俊东巴研究》，《丽江师范高等专科学校学报》2009年第3期；《和文质东巴研究》，《丽江师范高等专科学校学报》2009年第4期。
⑤ 邓章应、张春凤：《哈佛燕京图书馆藏带双红圈标记东巴经初考》，《文献》2013年第3期。
⑥ 郑长丽：《和乌尤东巴研究》，《华西语文学刊》（第五辑），四川文艺出版社，2011年。
⑦ 张春凤：《〈东巴古籍译注全集〉中和即贵东巴经书研究》，《比较文字学研究》（第二辑），西南师范大学出版社，2017年，55—70页。
⑧ 李晓亮、张显成：《哈佛大学燕京学社图书馆藏和鸿东巴经抄本研究》，《中南民族大学学报（人文社会科学版）》2015年第1期。

属。邓书中还提出了许多有价值的鉴定经书的理论。[①]

李晓亮的《纳西东巴文分域与断代研究中一些瓶颈问题的思考》一文，在分域与断代思潮下重新思考了一些存在的问题，并提出了在这些问题研究过程中遇到的瓶颈，呼吁要充分占有材料，提高跋语的解读能力，深入细致地进行田野调查，判断东巴文文字发展的序列需要注意材料选择的同时还要建立在定量统计的基础之上，等等有建设性的意见和建议。[②]

在分域断代的思潮中，笔者选择了一个基本途径——谱系分类，以鉴定方法为线索进行谱系分类研究。

三、谱系分类的必要性和重要性

目前，东巴文的分域与断代研究已经成为迫在眉睫的问题。

东巴文究竟是如何发展的？在每个时代如何演变？其规律又如何？这些问题困扰了研究者许久，至今尚未解决。以往的研究都是从理论上去推断，按照正常文字发展的规律（沿袭汉字发展规律）推断东巴文的发展。但这样的研究多有臆断，什么是正常文字发展的规律？为什么要按照这个规律才能推断出文字的规律？这是值得反思的问题。其实，这种研究本身存在问题，东巴文的发展规律并不一定与汉字的发展规律吻合。但这些疑难问题的解决必须借助于东巴文的断代研究。只有明确了东巴经的抄写时代，才能真正科学地揭示出东巴文的发展规律。

分类与断代是目前文字学界的热门话题。分类断代的理论在甲骨文研究中已经比较成熟，分类与断代的关系也已经明确。在甲骨文中，先分类后断代的思想被学者们普遍接受。分类是手段，断代是目的。在东巴文中也是如此，经书中标明明确时间的情况少之又少，东巴的生卒年是解决东巴文抄写时代的重要突破口。谱系分类后确立每个东巴所属的经书，根据东巴的生卒年来确定该东巴抄写经书的时代。

---

① 邓章应：《纳西东巴文分域与断代研究》，人民出版社，2013年。
② 李晓亮：《纳西东巴文分域与断代研究中一些瓶颈问题的思考》，《西南学刊》2014年第1期。

谱系分类对东巴文、东巴经的研究具有重要的作用，表现在以下五个方面。

1. 谱系分类可以明晰东巴经的归属。

2. 通过谱系分类可以探究一个东巴所写经书的规律。

3. 通过谱系分类可以明确东巴流派之间的传承与演变。

4. 通过谱系分类可以更充分地进行分地域研究。

5. 谱系分类可以促进东巴经的断代研究。

只要确定了一个东巴书写的经书，根据田野调查或者文献记载就可以了解到该东巴的生卒年，从而判定这批经书的抄写时代。当然也有年代过久，无从考证东巴生卒年的情况。从目前来说，除了那些明确标明经书时代的经书，想要促进余下经书的断代，谱系分类无疑是一种最便捷最有效的方法。

东巴经的谱系分类研究有许多方法，但从目前的研究来看，许多都是感性认识，并没有形成系统的理论。本书拟通过以哈佛藏东巴经为主的文献研究，以及前人的研究成果，总结出有关东巴经谱系分类的方法条例，更加有效地促进谱系分类研究，从而促进东巴经分域与断代的深入研究。

四、谱系分类的可行性

科技进步后，学者可以通过测定纸张的方式来确定抄写年代了，但该方法目前尚未在东巴文献研究中展开，主要原因是成本过高，而且测出来的时间也未必精确。因此，谱系分类是目前最为经济也最为便捷的方式，它的优势体现在以下三个方面。

第一，容易操作。我们可以从一个东巴的经书研究类推到一类东巴的经书，最后整体研究所有东巴的经书。这种由个体到整体的研究方式比较容易把握。

第二，一个东巴的经书风格相对稳定。东巴经在时间和地域两个因素的影响下，固化成了一定的地域风格，形成了不同的书写流派，这些流派的风格具有相对的稳固性和典型性，因此也给谱系分类提供了可能性。

第三，东巴经的谱系分类有了一定的基础。前辈时贤已经整理出了很多经书，并对其进行了深入的个案研究，他们为系统的谱系分类奠定了坚实的基础。

第四节　研究思路、理论方法和研究步骤

一、研究思路

　　尽管哈佛藏东巴经的数量对于研究哈佛藏东巴经的谱系来说已经相对可观，但对于谱系分类方法研究来说，还是略显单薄。因此，本书在立足于哈佛藏东巴经的基础上，辅以《全集》及其他刊布的东巴经来阐述谱系分类的方法。

　　在本书的布局安排上，根据纳西东巴经书的特征，按照从显性到隐性，从易到难的逻辑关系来布局全书。在论述七种方法时，每章都有固定的布局，若该方法前人研究较多，该章会出现单独一节阐述该方法的研究述评及理论。若该方法前人研究较少或者没有人提出，那么其少量的研究成果会分布在该章的理论部分。

　　全书安排具体如下。

　　第一部分是绪论。绪论部分首先交代哈佛藏东巴经的基本概况，其次是哈佛藏东巴经的研究史。然后是谱系分类的相关问题，最后是研究思路、理论方法和研究步骤。

　　第一章是封面鉴定法。本章首先介绍东巴经封面形制的概况。其次评述了封面鉴定法已有成果的得失，然后是对七种鉴定法分别示例。最后重点论述了封面鉴定法的总体原则、具体条例以及局限。

　　第二章是内页特征鉴定法。本章首先介绍东巴经内页特征的基本概况。然后根据内页特征，将内页特征鉴定法具体细化为版式设计鉴定法、插图鉴定法、边框鉴定法、起首符号和分隔符号鉴定法。接着通过示例，验证内页特征鉴定法的合理性。最后总结出内页特征鉴定法的总体原则、具体条例以及局限。

　　第三章是跋语鉴定法。本章全面整理哈佛藏东巴经跋语，并通过哈佛藏东巴经的跋语示例，说明了跋语鉴定法的合理性。本章总结出了跋语鉴定法的具体适用范围和局限。

第四章是收藏信息鉴定法。本章论述了收藏信息鉴定法概况，其次以经书中的收藏信息为依据，利用哈佛藏东巴经及其他经书示例验证了收藏信息鉴定法的有效性。最后总结收藏信息鉴定法的具体条例和适用范围。

第五章是特殊标记鉴定法。本章首先对东巴经中的各种特殊标记进行了概述，将特殊标记划分为印章、签名、记号和编号。接下来通过东巴经书中的具体示例，验证了利用上述四种特殊标记鉴定的合理性。最后总结得出了每种特殊标记鉴定法的使用方法和适用范围。

第六章是内容鉴定法。本章首先交代了东巴经的内容特征，根据东巴经的普遍性和特殊性特征，将内容鉴定法具体划分为特殊性鉴定法、地名鉴定法、重复鉴定法。接着通过大量举证说明了内容鉴定法的实用性。最后重点说明了内容鉴定法的具体条例和适用范围。

第七章是文字鉴定法。本章介绍了东巴文的书写概况，根据东巴经的书写特点，文字鉴定法具体可划分为文字类型鉴定法和字形鉴定法，利用经书示例验证了文字鉴定法的可行性，并由此归纳出文字鉴定法的总体原则、具体条例以及局限。

结论。本章总结东巴经书的一般规律，然后比较七种方法的优点和缺点，最后提出研究谱系分类方法的一般原则。

最后一部分是专题研究，附录为哈佛藏东巴经基本信息表。

二、理论与方法

本书为研究方法的理论性研究，这里的理论与方法包含了两层含义：一是谱系的分类方法；二是指导谱系分类方法的方法。

我们首先来论述东巴经谱系分类理论和方法的第一层含义。东巴经的谱系分类是用考古学中的类型学科学理论体系结合东巴经书的实际情况而形成的理论研究。

考古类型学，是在考古学研究中通过物质属性的整理和分类来辨明遗物、遗迹等人工物的变化过程或年代先后关系的一种方法体系。这种方法论的特色在于，在对个别的人工物进行分类时，首先从个别的资料所持的个性中提炼出共同的特征，通过它的标准化归纳成所谓"类型"（或"型式"）的分类单位，然后把如此取得的每一个基本类型按照"变化是连续发生的"这一条考古学的原则进行排列，辨明其变迁过程或年代关系等。①

结合东巴经的实际情况就是，先根据跋语等明确性的特征确定抄写者。根据已知的东巴经归纳出该东巴典型的封面特征、特殊标记、书体风格等，再根据这些典型特征系联出该东巴典型与次典型的特征。最后根据诸多特征对每本经书进行分类，确定其归属。

其次，我们来论述东巴经谱系分类理论和方法的第二层含义。指导谱系分类方法的理论是科学主义。朱晓农对科学主义有过精彩的论述：科学是一种思维方式，以及在此思维方式指导下的行为方式。其背后包括一元论的本体观、理性精神（服从理性而非服从权威）、假设—演绎—检验的方法论以及与此相关的认识论（可靠知识建立在用此方法得到的认识上）——这些就是我所说的"科学主义"的内涵。② 本文的研究建立在一元论的指导下，先对确定的经书进行特征提取，形成典型特征。然后用该方法对剩余的经书进行演绎，从而检验该方法的适用性。同时又辅以《全集》经书中的部分特征，不断完善该方法。

在哈佛藏东巴经谱系分类中用到了如下方法。

1. 文献考察法

本书以哈佛燕京学社东巴经、《全集》收录的东巴经等为原材料，对其进行全面文献特征分析和文字特征分析，从而获得相关经书鉴定规律。

2. 田野调查法

哈佛藏东巴经的抄写者去古未远，他们的后人还可能在世，因此，可以通过对他们后人的拜访，了解、推断抄写经书的东巴的生卒年信息，以及买卖经书的情况等。

研究哈佛藏东巴经谱系分类的方法时还运用了演绎法。本文对已经形成的理论进行概括评价，以经书作为实例进行验证，探究其适用的范围。

---

① 崎川隆：《宾组甲骨文字体分类研究》，上海人民出版社，2011年，第22页。
② 朱晓农：《方法：语言学的灵魂》，北京大学出版社，2008年，第6页。

三、研究步骤

本书主要按照如下步骤进行研究。

1. 全面梳理哈佛藏东巴经，确定每本经书的归属，具体步骤如下所示。

（1）建立哈佛藏东巴经版本检索数据库，初步呈现每本经书的版本信息、收藏者、洛克编号、朱宝田编号、跋语等。

（2）根据不同的信息特征将东巴经进行初步的分类。

（3）提取不同的信息特征，建立一个全面的东巴经版本特征数据库。

（4）系联哈佛藏东巴经版本检索数据库，形成既有基本信息，又包含分类研究特征信息的数据库。

2. 以特征信息为线索，梳理东巴经谱系分类的主要方法。

3. 将东巴经谱系分类法的理论与实践呈现于文中，并讨论该方法的适用范围和局限。

封面鉴定法是指利用封面特征对经书鉴定的方法。封面特征包含了封面的书写行款、标题框样式、标题文字是否涂色，封面是否有彩色的装饰物等特征，还包括装订时封面上的打孔的个数和装订的针数、装订经书的线是否显露以及封面装帧的形式和装订顺序。

封面鉴定法是最为直观的一种方式，它对封面特征个性明显的经书鉴定起着重要的作用。东巴在书写东巴经的过程中，形成了自己独特的风格，或华丽或简约，每个地域有不同的风格，有彩色装饰或者无彩色装饰，这些对我们进行经书分类都是很有裨益的。

第一节　东巴经封面形制概况

每一本经书都应有封面，封面不仅起着保护经书的作用，同时它还有着装饰以及书写经书标题，标明经书内容的功能。李霖灿曾谈到东巴经封面的特点：

这种贝叶经的细长格式，和纳西象形文字配合，真是相得益彰美不胜收。尤其是经典封面的设计把这种艺术气氛发挥到了极致。在双线矩形之中的是用东巴文字写的经典名称，什么巫师的形相，龙王鬼神的名目和鸟兽鱼虫的森罗万象，排列得万物各得其所各得其情。矩形方框之外，以对称的缨络飘带披拂两旁，上方则是法器净水瓶、伞盖、花、连胜、双鱼等重要法宝。[1]

---

[1] 李霖灿：《东巴经典艺术论》，郭大烈、杨世光主编《东巴文化论》，云南人民出版社，1991 年，第 558 页。

从李霖灿的描述中，可以看出东巴经的封面包含很多内容，远远超出了保护功能。下面简略介绍东巴经书封面的形制。

一、东巴经的封面大小及形状

根据东巴经的长宽比例来分，可分作矩形东巴经和方形东巴经。除了一些占卜经是方形以外，其余都是矩形东巴经。矩形东巴经的规格约为 30 厘米×10 厘米，方形东巴经规格约为 10 厘米×10 厘米。每个东巴书写的经书尺寸略有差异，同一东巴不同批次的经书也略有不同。

二、封面书写类型

根据标题书写的形式分，东巴经封面主要分为横写式和竖写式。和力民认为东巴经竖写式是较早的一种形式，而横写式是比较晚的一种形式。①

A4　横写式

A17　竖写式

———————————

① 和力民：《东巴文文献学讲义》，未刊稿。

三、标题框

一本经书的封面多有标题，在书写标题之前往往先画好标题框。标题框的构成每个区域各有特点。一般来说横写式中使用矩形标题框，多数情况下为双线矩形框，如上图 A4 所示，也有单线框或者带有纹饰的标题框，如下图所示。矩形框是否标准则要取决于东巴的个性，A4 是标准的矩形框。在横写式中，书写标题有使用圆形框的，如 E6 所示，但这种情况较少。有不使用标题框的例子，如 M22 所示。有用彩色绵纸装饰并绘以吉祥物、飘带的，还有虽有标题，但无标题框的情况，如法国远东学院藏东巴经中的 5 号经书。

E6　圆形标题框

M22　无边框

法国远东学院藏 5 号经书①

---

① 和力民：《法国远东学院东巴经藏书书目简编》，《长江文明》2010 年第 3 期。

带有花纹的边框①

四、封面装饰

封面装饰包括吉祥物、飘带、绵纸装饰、涂色等。封面是书写经书花费时间最多的地方，除了标题框之外，有些经书会在标题框上端或者上下端画上飘带，在标题框上端中间画上双鱼、如意结、白海螺、净水瓶等吉祥物。一般来说，标题框正中间只有一个吉祥物，这些吉祥物来源于藏传佛教中的八宝、法器等，如 A4。吉祥物也有两个或者三个甚至六个的，如 C53 的封面是两个对称的海螺，A17 标题框正上方有三个吉祥物，正中间是如意结，两边各一朵莲花，H5 有六个吉祥物，依次为墨玉、梅花、太阳、莲花、银和金。

更讲究的经书，则会对封面进行额外加工，粘贴上彩色的轻薄绵纸，用不同的颜色对封面进行重新的区域划分，如上文中的 A4、E6。有些经书还会对封面进行涂色，有时是将标题框、飘带等涂色，有时是将文字涂色，有时两者都会涂色。

C53 封面　两个海螺吉祥物

---

① 杨亦花：《俄亚机才高土东巴研究》，赵心愚主编《纳西学研究》（第一辑），民族出版社，2015 年，第 327 页。

H5 封面　六个吉祥物

五、打孔与装订

在装饰封面之前，如果先打孔装订，这样制作出来的东巴经布局则更为从容美观。东巴经的装订有两种形式，一种是左侧装订，另一种是上端装订。上端装订的经书，多为占卜类经书。在装订之前，需用锥子在经书上打孔，不同的东巴会在装订的区域打上不同数量的孔。然后根据自己的喜好，用棉线或者麻线进行不同方式的装订。即使打了数量相等的孔，不同的东巴也有不同的装订方式。

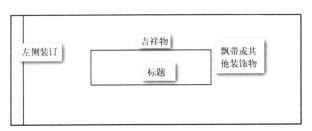

矩形东巴经封面样式　　　　**方形东巴经封面样式**

L3　上端装订

正是因为经书封面包含了如此多的内容以及个性化的特征，所以为经书鉴定提供了无限的可能性。

第二节　封面鉴定法理论概述

东巴经封面鉴定法是一个不断形成的过程。以前，东巴就用此方法来判断是哪里的经书，这对东巴来说是常识性的问题。一些学者也注意到了封面特征的重要性。如李霖灿对经书的封面颇为关注：凡是着色的经典，多半都是写得好的那种，不然，也是自己所偏爱的那一部分或运用得最多的本子。[1] 他将这种着色经典命名为"彩绘本"。

把封面鉴定法正式引入到东巴经书鉴定并形成一定理论的，是杰克逊和潘安石的《纳西仪式、索引书籍的作者以及占卜书籍》。[2] 该文使用的材料是 4 000 多本东巴经，这些经书来自大英图书馆，伦敦的印度事务所图书馆，曼彻斯特约翰·罗兰图书馆，柏林国家图书馆，华盛顿特区国会图书馆，波士顿哈佛燕京图书馆等。杰克逊谈到了方法以及具体的操作方式，这是东巴经封面纹饰鉴定法的雏形。杰克逊对此方法也颇为满意，认为是"首创性地提出"[3]。以下为杰克逊的方法：

> 在某种程度上，我们用于分析不同作者风格尚欠准确性，该方法包括研究文献标题和首页的图片复制件……首先，我们识别了写作首页的不同风格，然后试图将它们与上述东巴流派相结合：标题设置风格或者绘画模式相似的文本被归为一类；第二，我们用一特定模式区别不同作者：绘画风格一致的文本被假定为由同一东巴写作；第三，我们将个体东巴写作的文本与纳西社会历史上闻名的东巴群体相联系。[4]

---

① 李霖灿：《么些经典的艺术论》，《么些研究论文集》，台北故宫博物院，1984 年，第 427—428 页。

② ［英］安东尼·杰克逊、潘安石著，吴瑛译：《纳西仪式、索引书籍的作者以及占卜书籍》，［德］米歇尔·奥皮茨、［瑞士］伊丽莎白·许主编《纳西、摩梭民族志——亲属制、仪式、象形文字》，刘永青等译，云南大学出版社，2010 年，第 239 页。

③ ［英］安东尼·杰克逊、潘安石著，吴瑛译：《纳西仪式、索引书籍的作者以及占卜书籍》，［德］米歇尔·奥皮茨、［瑞士］伊丽莎白·许主编《纳西、摩梭民族志——亲属制、仪式、象形文字》，刘永青等译，云南大学出版社，2010 年，第 239 页。

④ ［英］安东尼·杰克逊、潘安石著，吴瑛译：《纳西仪式、索引书籍的作者以及占卜书籍》，［德］米歇尔·奥皮茨、［瑞士］伊丽莎白·许主编《纳西、摩梭民族志——亲属制、仪式、象形文字》，刘永青等译，云南大学出版社，2010 年，第 243—244 页。

杰克逊把大约 4 000 本经书封面分类并确立了东巴流派的特定模式,将绘画风格一致的设定为同一作者,再与历史上的东巴群体相联系。这里必须肯定的是杰克逊所用材料之广。所占有的材料越广泛,划分的类型可能性就越多。他把经书分为 A、B、C、D、E 五大类型,从他论述中可知 A、B、C、D、E 五类并不对应地域或者流派,而是依据他们所认知的写作风格而认定。该文中还提到在五大类当中再细分其他类型,如 A 类型中分为 A1、A2、A3……A27,A1 下分为 A1a、A1b、A1c。这样细分的缘由是这一类型的风格很相似并形成书写的风尚,但他们依旧认为是由不同的东巴所誊写。这种先分大类后分小类再细分到个别东巴的系统分类法值得肯定。

杰克逊与潘安石尽管使用了许多东巴经作为材料,但是划分的大类与流派不统一,五类之间的写作风格也没有具体展示,容易造成读者使用方法上的困难。另外值得商榷的是,杰克逊将推断出的东巴与历史上著名东巴相联系的做法并不可取,因为经书当中的东巴有可能文献中没有记载,而文献中记载的东巴并不一定出现在这大约 4 000 本经书中。这种推断造成了许多失误,如该文认定的经书中东巴和合寿是和鸿,把东拉兄弟也认定为和鸿。① 哈佛藏东巴经中出现的东拉兄弟和和鸿,虽然都是白沙人,但两种书写风格截然不同。

造成这种不足的原因在于该文的作者虽然精通纳西仪式和西方学者的东巴文献研究成果,但缺少对原生文化的理解,缺乏实地的田野调查。

邓章应、张春凤《哈佛燕京图书馆藏带双红圈标记东巴经初考》一文也运用到了封面纹饰鉴定法。②

该文提到的操作方式是:"哈佛藏经书中有一部分存在显著特殊标记——双红圈,带有此特殊标记的经书可以视为一个系列进行整理,确定其书写人,并根据带双红圈标记经书的其他特点,鉴别与这一系列经书同类的经书。"这里的"其他特点"主要指经书封面特征。该文根据特殊标记双红圈和跋语确定了丽江黄山乡长水村东知东巴经书封面的典型特征,并从封面装饰风格、封面颜色、标题书写情况、标题框及相关装饰四个方面来论述。③

---

① [英]安东尼·杰克逊、潘安石著,吴瑛译:《纳西仪式、索引书籍的作者以及占卜书籍》,[德]米歇尔·奥皮茨、[瑞士]伊丽莎白·许主编《纳西、摩梭民族志——亲属制、仪式、象形文字》,刘永青等译,云南大学出版社,2010 年,第 251 页。
② 邓章应、张春凤:《哈佛燕京图书馆藏带双红圈标记东巴经初考》,《文献》2013 年第 3 期。
③ 邓章应、张春凤:《哈佛燕京图书馆藏带双红圈标记东巴经初考》,《文献》2013 年第 3 期。

《纳西仪式、索引书籍的作者以及占卜书籍》和《哈佛燕京图书馆藏带双红圈标记东巴经初考》都对东巴经书封面特征进行了研究，但思路并不完全一致，都有一定的可取之处和不足。综合两篇文章的优点，可以提炼出一个相对合理的方案：在相对封闭的材料中，第一，确定流派，就是依据前辈学者确定的三大地域特征进行划分；第二，分组别，把相似或相近的归属为一组；第三，通过其他信息鉴定细分或者合并为一个东巴的经书。也就是根据封面特征由系列至组别最后到一个东巴的经书的分类方式。

第三节　封面鉴定法示例

哈佛燕京图书馆网站公布的东巴经电子版尽可能地保留了经书的原貌，色彩和其余的版本信息也得到了较好的展示。不可否认，照片拍摄极有可能存在色差，但其曝光度基本一致，颜色的相对深浅得以保留。哈佛燕京图书馆对东巴经书原貌较完整的保留和展示是本章得以撰写的前提条件。

本节根据封面造型、标题框、飘带、贴纸颜色、绵纸装饰形式、吉祥物、封面装帧形式和装订顺序七种最为明显的标准来区分哈佛藏经书。哈佛藏东巴经并非都具备上述七种特点，但都至少具备其中的两种特征。

一、根据封面造型鉴定

封面造型如上一节所介绍的，有横写式和竖写式两种样式，哈佛藏东巴经大部分为横写式经书。在横写式中，标题框、飘带、吉祥物的不同组合形成了不同的风格。竖写式经书，分为有标题框和无标题框，在标题框的上面和下面常有图案装饰，而且有常见的固定图案。

以往，学者们认为白地经多为竖写式，而且封面较为朴素，很少有彩色的贴纸或者涂色。诚然。但此条标准其实并不完全适用。在丽江坝区也有竖写式的经书，而宝山、鸣音区域，也有横写式的经书。分析完哈佛藏东巴经、

《全集》2-1　　　　《全集》4-193　　　　《全集》4-211　　　　《全集》4-421

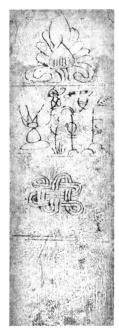

《全集》6-1　　　　《全集》6-49　　　　《全集》21-225　　　　《全集》22-191

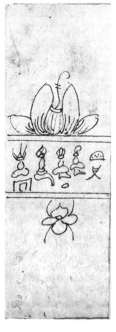

《全集》以及陆续刊布的其他东巴经，我们发现，宝鸣、白地区域竖写式的经书中，有一种固定的造型模式，这种固定模式是相对可靠的鉴定条例。这种固定的模式是封面中间为标题框，标题框内书写标题，并不添加其他像起首符号一类的符号。在标题框的上端，有时上下端都绘有吉祥物，而这些吉祥物通常为莲花、海螺、宝物、火焰等。最为重要的是，这些吉祥物较其他地域而言，所占面积较大。在所有吉祥物中，莲花和海螺似乎是宝鸣区域内东巴们最喜欢画的图案，如《全集》2-1，《全集》4-193，《全集》4-211，《全集》4-421，《全集》6-1，《全集》6-49，《全集》21-225，《全集》22-191 所示。即便东巴们画的都是莲花，但每个东巴又有自己的特色，莲花造型各异，这往往也成为鉴定经书的显著特征。

在哈佛藏竖写式经书中，有一批经书标题框上端所绘都是饱满的莲花，在莲花具体细节上虽有差异，然而花瓣的形状极其一致，有些经书的莲花上还绘有花蕊，这个花蕊造型，是由一根曲线外加三条短横线构成的，如 G7、G12、K36、K64、L41 所示。在标题框的下端还绘有封闭式的祥云，曲线圆润，所画图案占满经书的左右部分，不留余地。

| G7 | G11 | G12 | G15 |

| K36 | K64 | L41 |

　　还有另一组例封面内容相似，但并非同一风格，如 B23、D45、E1、F6、G5、G8、G16、I10、K26、K30、K75、L90、M3、M26 所示。封面中，标题

| B23 | D45 | E1 | F6 |

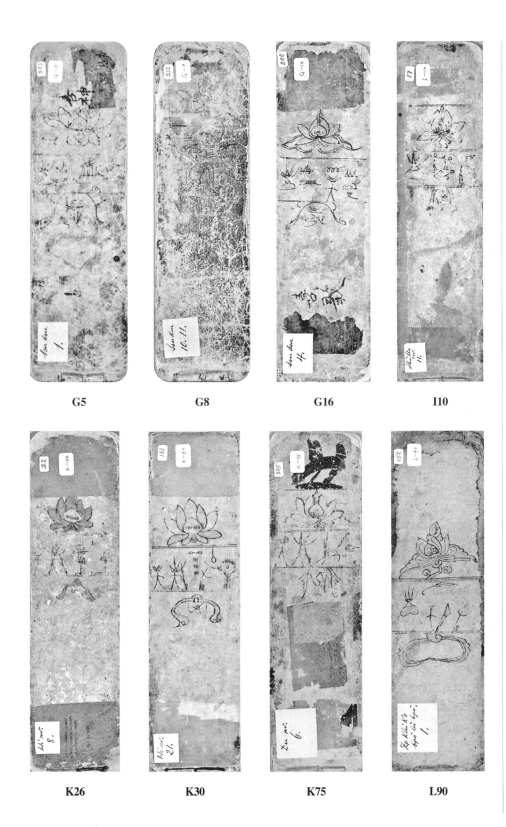

G5　　　　　　G8　　　　　　G16　　　　　　I10

K26　　　　　　K30　　　　　　K75　　　　　　L90

M3   **M26**

框居中，标题框上端多为莲花，莲花造型精致。相比上一组，这一组的莲花不太圆润丰满，所绘都是开放的莲花，有几片花瓣已经绽放，只有少数几瓣还未完全绽开，作者对莲瓣和花蕊的细部特征描绘都比较精致。在标题框的下端绘有两个珊瑚，组成似飘带的形状，在两个珊瑚中间书写了藏文或东巴文。

这批经书封面装饰饶有趣味，不仅不朴素，还很花哨。不仅将文字、图案涂色，有几本经书还有橘红色的绵纸装饰，一改白地风格，颇有丽江坝区彩绘本的风格。不过有彩色绵纸装饰或涂色只是表面现象，认真比对封面造型还是保留了白地经封面的风格。

横写式的经书，以标题框为基准，除标题框外分为无装饰和有装饰两种。除了标题框外，有装饰的还可分为上端有装饰、上下端有装饰、左右有装饰、四周有装饰四种类型。如下图所示，A2 为除了标题框外无装饰，是很简约的造型。D14 为传统的上端有装饰造型，吉祥物位于中间，飘带下垂于标题框的上端。L36 在标题框的四周布满祥云，并非飘带装饰造型。区分这些不同的造型，可为下一步鉴定理清脉络。

根据封面造型的特点，我们可以区分出一些特殊的经书。下面以哈佛藏经书中造型独特的若喀经书、封面带有梵文的经书以及封面带有跋语的经书为例。

A2　标题框外无装饰

D14　标题框外上端有装饰

L36　标题框四周有装饰

（一）造型独特的若喀经书

　　M29 的封面造型没有吉祥物，两侧为主要构图区域，装饰为结绳形状，造型独特，较为罕见。李霖灿认为这是若喀经书，他编写的《么些象形文字字典》的若喀字都来源于此经书。在哈佛的所有经书中只有这一册为此造型，同时也只有这一本是若喀经书，所以这一本单独为一类。

　　《全集》中也有一些经书的封面很特别，如《全集》45－63 所示，经书的主体是一个东巴，标题书于侧边。有绵纸装饰，无飘带、标题框等其他装饰。

M29　左右为主的装饰

《全集》45－63

（二）封面带有梵文的经书

　　严格意义上来说，M32 不是东巴经书。这本经书内容虽以梵文书写，属于梵文经书，但在封面上却出现了东巴文，是东巴所使用的经书，故此处也算在分类之内。哈佛藏东巴经梵文经书不止一册，但封面造型奇特的也只有这一册。封面上面除了上文字符之外，还有六角星的造型，左侧绘有降魔杵，右边是一个道教符号。

M32

（三）封面带有跋语的经书

　　法国巴黎东方语言文化学院图书馆藏的东巴经中一批经书的封面比较奇特，封面的内容与一般经书的封面不同。大部分经书的标题框内只书写经书标题，有些还会添加卷数。而下文所举的经书封面主体更像是跋语，书写格式大部分都是干支纪年+作者+经书标题或内容或卷数。如6号经书的封面内容是"火兔年鲁措东巴写完。十八属羊日写完的。送垛鬼"[1]；7号经书的封面内容是"花甲铁牛年写的，秽的出处和来历·上册"[2]。这些经书中，有几册经书封面贴有绵纸装饰，在这些绵纸上还能看到汉字。这些绵纸装饰围绕着文字的外围，有时位于经书两侧，有时上下左右都贴有绵纸。只有11号、17号和20号经书绘有吉祥物图案，但甚为草率，无飘带等其他装饰。李晓亮博士论文中判定这些经书来自同一个地方，所言甚是。

法国东图藏**6**号经书

法国东图藏**7**号经书

---

[1] 李晓亮：《西方纳西学史研究（1867—1972）》，西南大学博士学位论文，2014年，第83—89页。此处法国巴黎东方语言文化学院图书馆藏的东巴经引自该博士学位论文，同时也见于法国巴黎东方语言文化学院官网。

[2] 同上注。

法国东图藏 8 号经书

法国东图藏 11 号经书

法国东图藏 15 号经书

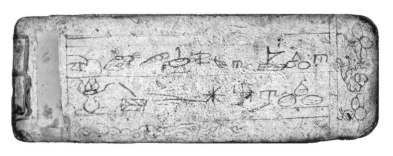

法国东图藏 17 号经

法国东图藏 20 号经书

二、根据标题框鉴定

在横写式的经书中，一般常见的标题框为矩形标题框，上文中所举的封面中大部分都是这种情况。也有一些为圆形标题框以及较为罕见的方形标题框（如 K48）和不规则标题框（如 L78）。在竖写式的经书中，一般在经书的中间用线条划分出一块区域，利用经书左右两端的边缘组成标题框。在哈佛藏东巴经中，竖写式经书除了没有标题框的类型之外，就是经书 A17 的封面样式。

K48　方形、矩形标题框

L78　不规则标题框

在哈佛藏东巴经中，方形标题框和不规则标题框都只有一例，难以自成一类，故这两种情况不作为分类标准。但圆形标题框有一定数量，可作为分类的一个标准，但并非将所有哈佛藏东巴经标题框是圆形框的都归在一起，还要根据以下两种情况进一步分类。

（一）标准圆形标题框的情况

标题框是标准圆形的经书，其标题框是标准的圆形，有的标题文字涂有红、黄、绿三色，而且经书封面没有粘贴其他装饰物。根据这三个特征，我们将 B8、B14、B16、B25、B30、B41、B50、B53、B55、B66、B69、B70、B72共 13 册划分为一类，称之为圈类。

B8

B14

B16

B25

B30

　　这 13 本经书都是标准的圆形标题框，标题框上端画有不同的吉祥物和四根飘带，封面所展现的色彩也基本一致，使用红、黄、绿三色。

（二）装饰物只出现在上端的情况

　　在哈佛藏经书中，有一批经书的装饰物都在标题框的上端，造成不平衡的状态，如下图 C23、C27、C34、C37、C38、C42、C72、C82 可将其划分成一类。

C23

C27

C34

C37

C38

C42

C72

C82

　　在《全集》中，也有一批经书的装饰物只出现在标题框的上端，如下图《全集》17－69、《全集》17－173所示，装饰物包括吉祥物和祥云，一同位于标题框上端的框内，很是规范。

《全集》17－69

《全集》17－173

三、根据飘带鉴定

在有装饰飘带的经书中，飘带的形状、数量和朝向不尽相同。有些东巴画飘带也有自己独特的风格。在叙述装饰物只出现在上端的情况时，所举例子中，所有的飘带都在标题框的上端，飘带的主要方向朝上。在东巴经中，更多的情况是飘带下垂，使整个封面看起来布局丰满，匀称。根据哈佛藏东巴经的特点，我们分离出 3 飘带、祥云造型的飘带以及飘带上方带有两个相对的小飘带三种情况。

（一）3 飘带

3 飘带是指飘带中带有 3 的飘带。在我们整理的经书中，有一批经书的飘带是双层 3 的形状，如下图所示：

B12

B12 的飘带分为朝上飘带和朝下飘带，朝上的飘带向内侧收卷，并带有 3 的形状，给人摇曳飘逸、丰腴招展的感觉。同时具备这些条件的有飘带的经书共 18 册，分别是 B10、B12、B15、B21、B27、B35、B36、B46、B52、B54、B56、B62、B63、E4、E8、K2、K4、K22。这 18 册经书中，尽管有些封面贴有彩色绵纸，或者吉祥物和飘带涂色，但以 3 飘带为主要特征可以将这些经书集结在一起。再仔细观察，我们可以发现更多的共同特点，可以判定它们是一类经书：贴有彩色绵纸的经书和涂色的经书使用的色彩是红色和淡蓝色；贴有红色绵纸的经书，它们粘贴的区域基本一致；绘有吉祥物净水瓶的经书，其净水瓶的造型和特点也极其一致。**3**飘带在哈佛藏东巴经中是较为特殊的一类，所以根据这个特点判断，有一定的可行性。

B10

B21

B27

K2

K4

K22

（二）祥云造型的飘带

在哈佛藏东巴经中，有一类经书的飘带造型是由两根飘带组成的封闭图案，祥云图案  点缀着飘带。这种形制的飘带比上述几种已经有了较大的变化，它失去了飘带的飘逸，取而代之的是封闭图案的丰满，飘带图形连同小的祥云图案构成了一个更大的云朵的图案，如 G7 所示。具备这一特征的经书共有 34 本，其中占卜经书占了主体，它们分别是 G7、G11、G12、K36、K64、L3、L7、L14、L18、L19、L20、L25、L31、L34、L35、L36、L41、L45、L46、L47、L53、L55、L58、L65、L66、L68、L69、L90、L76、L78、L79、L81、L85、L86。

G7

G11

L3

L25

（三）飘带上方带有两个相对的小飘带

哈佛藏东巴经中，有一批经书封面有六根飘带，四根朝上，两根朝下。上面的四根飘带均匀分布在两侧，并以对称形式分布在封面中，朝下的飘带覆盖过左侧的标题框。这一类飘带的弯曲度较大，绘制精良，如 A3 所示。具备这种条件的经书共有 144 册，分别是 A3、A4、A7、A9、A11、A12、A14、A15、A19、A21、A23、A24、A25、A26、A27、A28、A31、A32、A33、A34、A35、A36、A37、A41、A42、A43、B2、B20、B24、B31、B32、B39、B44、B47、B48、B49、B51、B58 等。限于篇幅，此处不一一列举。以下只列举不同色彩和形式的飘带上方带有两个相对的小飘带的情况：K71虽然封面粘贴了彩色的绵纸，但是它的飘带的结构和类型与A3完全一致，属于精致型。B2封面粘贴了彩色绵纸，飘带的弯曲程度与A3、K71不同，但其六根飘带中，四根朝上，两边相对，另外两根朝下的风格大体未变。D41和E6与前面所述的飘带的细节又稍稍不同，它们的飘带形状似花苞状，但也是四根朝上，两边相对，另外两根朝下的风格也大体未变。而且E6圆形标题框的设计也没有影响这类飘带的形式。这个特征在哈佛藏东巴经的大量经书中存在，说明书写这类经书的东巴偏爱这种形式，并固定运用在自己的经书中，而非偶然运用。

A3

K71

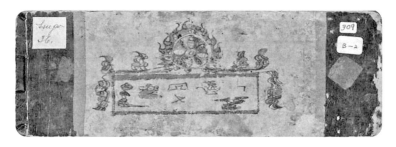

B2

D41

E6

四、根据贴纸颜色鉴定

一般来说，丽江坝地区出现的经书多为彩色经书，也就是李霖灿所说的"彩绘本"。它们有两种情况，一种是封面粘贴了彩色的绵纸，另一种是在封面或正文的东巴文上涂了颜色。由于纳西族地区地理环境相对闭塞，自造东巴纸，不容易买到彩色绵纸和彩色颜料，颜料和彩纸对东巴来说都是很珍贵的物品。因此一个东巴所使用的彩纸颜色可能有所变化，但至少可以肯定在一批经书中使用的是相同颜色的彩纸。

在哈佛藏东巴经中，有相当数量的经书涂有颜色，我们可以根据颜色来鉴定经书的归属。总体而言，这些彩绘本所使用的颜色相对比较固定，主流的颜色有红色和绿色，还有蓝色、褐色等。以褐色系列的经书为例，这里的褐色指的是粘贴的绵纸的颜色为黄褐色，也就使得整个经书的整体呈现出褐色。虽然经过岁月的侵蚀，有些经书沾染了黑色的污渍，但还是可以看出其颜色基调是一致的褐色。这些经书分别是 C2、M5、M6、M7、M17、M18、M19、M21。这些经书的飘带都由四根组成，两根朝上，两根朝下，上下对称，左右对称。

除此之外，带有吉祥物净水瓶的经书如 M5、M6、M17、M18、M20、M21 周边还绘有祥云。部分经书的封面涂有其他颜色，主要是淡粉色、淡青色、淡黄色。这些证据都可以证明这八本经书是同一类经书。

C2

M5

M6

M17

M20

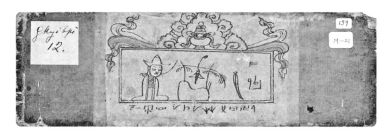

M21

五、根据绵纸装饰形式鉴定

东巴经中的绵纸颜色是彩色的，粘贴于经书封面的两侧，绵纸粘贴的区域占了封面的一半。绵纸的装饰使得整本经书有了活力。有些东巴还有更精细的做法：在粘贴有彩色绵纸的矩形区域再粘贴一层剪成菱形或梅花形状的彩色小绵纸。有些还不只如此，粘贴完两层之后再粘贴一层。这些彩色绵纸的花色，有些是东巴自己剪裁的，有些则是彩纸本身带有的一些花纹。根据这些绵纸装饰方式的独特性，也可以用来鉴定经书。比如笔者观察东知东巴的经书，发现他偏好在粘贴完矩形绵纸之后，再在矩形绵纸部分粘贴菱形彩色小绵纸，如下图所示。

K31 单侧粘贴一张菱形绵纸的经书封面

K50　单侧粘贴三张菱形绵纸的经书封面

《全集》19－37　带有梅花形状绵纸装饰的经书封面（和凤书）

在哈佛藏东巴经中，还有镂空花纹的绵纸装饰的经书，这类经书的封面粘贴的绵纸是镂空的花纹，而且统一位于左侧，花纹的形状为莲花花瓣，花瓣的下面左右都有两根细线，绵纸的颜色统一为绿色。这一类经书分别是H1、H2、H4、H8、H10、H11、H21、H22、H23、H24、H26、H27 共 12 本。它们的飘

H2

H4

带特征为：四根飘带，其中两根朝上、两根朝下，呈对称状；飘带的颜色为红绿相间。这些特征都说明这 12 本经书为一类。

H8

H10

H11

六、根据吉祥物鉴定

吉祥物一般位于封面标题框的正中央。许多东巴选择佛教中的八宝等宝物作为吉祥物，在吉祥物的选择上基本大同小异。但每个东巴选择吉祥物的数量、吉祥物的具体造型有自己的特色。我们在哈佛藏东巴经中还发现有不少经书的封面上绘有单线圈形的太阳图案，这种吉祥物的造型算是特别的了。也有的东巴特别喜欢在封面上绘以莲花图案，其造型也较为独特。

（一）以单线圈形的太阳为例

　　吉祥物是单线圈太阳形状的经书有 D3、D4、D5、D14、D19、D21、D35、D36、D37、D39、D50、D52、D54、D57、D61、D62、D65，共 17 本。除了太阳之外，太阳下面的底座是丝带装饰。这类经书所用的绵纸颜色有褐色、翠绿色和墨绿色。

D3

D14

D50

（二）以莲花为例

这里说的莲花，其造型和一般的莲花稍有不同。它的特殊性在于莲花花瓣中的其中两瓣朝上，花瓣相对，无论花瓣数量多寡，都不改变朝上的造型。这些经书有 D6、D7、D9、D12、D28、D30、D46、D47、D64、D66、M4，共11 本。

D7

D12

D47

七、根据封面装帧形式和装订顺序鉴定

东巴在制作和书写东巴经书时，有自己的习惯。在哈佛藏东巴经中，可以发现大部分的东巴先装饰封面，后进行装订，绳子裸露。也有一些东巴喜欢先装订，后贴绵纸进行装饰。先装订后装饰的一个好处是看不到钻孔和绳子，经书更为美观，如A18、A22、A29、A40所示。从封面中的装订位置可以看出绳子鼓出的区域。下图所示的经书可以看出先装订后装饰的顺序，加上整体造型，贴纸颜色，

A18

A22

A29

A40

飘带方向、数量等因素，可以判定这四本经书为同一位东巴所写。

第四节 小 结

一、封面一般特征

东巴经的封面特征明显。根据东巴经标题框的长宽比例区分，可分为矩形东巴经和方形东巴经。除了一些占卜经书封面是方形标题框以外，其余都是矩形东巴经。根据东巴经封面标题书写的形式分，主要分为横写式东巴经和竖写式东巴经。

多数东巴经书有标题，在书写标题之前往往先画好标题框。标题框的构成每个区域各有特点。一般来说横写式经书中使用矩形标题框，多数情况下为双线矩形框，也有圆形标题框或者不规则标题框等。竖写式的经书中，常用矩形标题框，只画出标题框的上端和下端。

封面装饰包括吉祥物、飘带、绵纸装饰、涂色等。除了标题框之外，有些经书会在标题框上端或者上下端都画上飘带，在标题框上端中间画上双鱼、如意结、白海螺、净水瓶等吉祥物。一般来说，标题框正中间只有一个吉祥物，这些吉祥物来源于藏传佛教中的八宝、法器等。有些经书会对封面进行额外加工，粘贴上彩色的轻薄绵纸，用不同的颜色对封面进行区域划分。有些经书还会对封面进行涂色，有时是将标题框、飘带等涂色，有时是将文字涂色，有时两者都会涂色。

封面的另一个重要部分是装订。东巴经的装订有两种形式，一种是左侧装订，另一种是上端装订。上端装订的经书，多为占卜类经书。不同的东巴在装订时打孔的数量和用线的穿引方式不同。

二、方法小结

正是东巴经封面的丰富特征，为东巴经的谱系分类鉴定提供许多方法。为了能更好地使用该种方法，本节从总体原则、具体条例以及局限性三个方面来论述该方法的具体操作与得失。

（一）总体原则

1. 先观颜色

色彩容易引人瞩目，相同的颜色可通过系联将其归为一类。因此拿到一本经书后，先看经书的颜色。这个颜色指绵纸的颜色和封面的涂色，包括：颜色的有无，颜色的种类，同类色系的不同色彩；纸张的颜色；是否有沾染脏污等。这些问题都需要鉴定者做到心中有数。

2. 再观造型风格

造型风格指的是区分封面为横写式或竖写式。若为横写式，再观整体风格。标题框、贴纸或飘带等装饰将封面划分成了几个区域。整个装饰的区域划分较为均衡，标题框与飘带、吉祥物等所在位置居中，这是一种风格。标题框和飘带等装饰撑满整个页面，又是一种风格。第一种风格多为丽江坝区的特征，第二种则可能是鲁甸或白地的经书风格。

3. 细微处见分晓

前面两个步骤了解了经书封面的宏观特征，第三步需要寻找细节。这些细节包括：标题框的有无、标题框的形状；飘带的有无、飘带的数量、飘带的造型、飘带的朝向；吉祥物的有无、吉祥物的造型；绵纸的有无、绵纸的颜色、绵纸的形状、绵纸的贴法；是否还有别的图案、标记、文字；等等。封面细节越相似说明封面鉴定的可靠性越高。

4. 寻找特别之处

一组范围内的经书中，往往有它们不同于其他组别的特殊之处。抓住经书封面的特殊之处，会让鉴定事半功倍。

（二）具体条例

1. 封面造型

东巴经书要区分横写式和竖写式，可以通过分析封面造型，确定封面造型的风格来鉴定。竖写式经书封面常用莲花、海螺的固定风格，可率先由此特征判断。横写式的经书封面包含标准线条的标题框、飘带、吉祥物和绵纸装饰等。但有些经书会完全打破这个模式，用一些奇怪的符号或者非东巴文的文字来书写经书，因此，可将它们单列出来。

2. 标题框

标题框可分为矩形标题框、方形标题框、圆形标题框和不规则标题框。除了矩形标题框之外，其余都属于小众类型。使用方形标题框、圆形标题框和不规则标题框装饰封面的东巴人数较少，而且在该东巴所书写的经书中也只占少数。除了标题框的形状，我们还要观察这些标题框是否采用工具作画。采用工具画的标题框线条均匀规整，徒手画的则相反。徒手画的标题框，它的随意性让标题框更具有特点，也更容易以此特征鉴定经书。总之，根据标题框鉴定经书时需注意形状和是否使用工具。

3. 飘带

飘带一般出现在横写式的经书中。飘带的形状、数量、朝向、弯曲程度、总体所在位置都成为鉴定的关键。有些会画飘带的高手则将飘带绘制得飘逸如风，弯曲度宛如婉转的水纹。不擅此道的东巴会将飘带绘制得比较呆板，显示不出它的飘逸来。飘带的绘制不能依靠工具，因此其特别彰显个性，所以飘带造型也成为诸多标准中最容易鉴定的一种方法。

4. 颜色

这里的颜色包括粘贴于经书封面绵纸的颜色和封面标题框中涂的颜色。粘贴绵纸的色彩奠定了该本经书的主色调，通过再对吉祥物、飘带等上色，整本经书显得非常华美。每个东巴都有其特定的用色习惯，根据这个特点可以整理出一些用色习惯一致的经书。

5. 绵纸装饰

绵纸装饰在封面制作中是比较简单的工序。它一般粘贴的区域有四块，在每侧标题框以外的区域各有两块粘贴区域，一大一小将经书的区域划分得很清晰。大的区域位于经书外侧，小区域位于大区域边上。许多东巴在粘贴绵纸的过程中，除了用色较为固定之外，一般对小区域的宽窄程度有自己的特点，有些喜欢宽的长条，有些喜欢窄的长条。这个小区域的长条的宽窄程度也是判定的一个重要特点。另外粘贴完这些之后，有些经书还有更多的装饰，如在大区域粘贴菱形、花形等绵纸。有些粘贴两层，有些则通过大小不同的图案不断叠加，但粘贴的层数和图案容易区分和鉴别。

6. 吉祥物

吉祥物在封面中的位置最为固定，但吉祥物的数量、内容和外圈的装饰等细节才是此鉴定法的重点。从数量上来说，一个、两个、多个吉祥物的情况都较为常见。吉祥物的内容主要是佛教中的八宝、法器等，但有些东巴就喜欢画固定的吉祥物，甚至是造型特别的吉祥物。有些东巴还喜欢在吉祥物外圈添加火焰的形状或者花纹图案加以装饰。这些个性化的特征也是鉴定同一类经书的理据。

7. 钻孔、装订与装订顺序

装订的针数、所用绳子的材质和颜色，是鉴定经书为同一类的理据之一。其次还要看具体的穿线方式。最后看装订顺序，确定先装饰还是先装订。

对于封面造型复杂、内容繁多，形成固定色彩的经书而言，封面鉴定法无疑是最为直观、便捷、有效的方法。

（三）局限性

哈佛藏东巴经中，也有不少经书的封面造型简单，没有颜色装饰，没有插画，有时甚至没有封面。在遇到这些经书时，封面鉴定法就无法施展。所以，封面鉴定法有它的局限性，比如以下这些情况。

1. 有些经书没有封面，有些经书有封面但无内容

经历时代更迭，经书的辗转传抄以及收藏家的转手，许多东巴经的封面已经遗失，甚至经书封底等重要构件也遗失了。L22 的情况便是如此，经书的右侧有些残缺并且没有封面。有些经书如 G4 虽然有封面，但上面什么内容都没有，导致以上所有鉴定方法和条例都不适合这类经书的鉴定。

L22　无封面，直接为正文内容

G4　有封面无内容

2. 经书的封面与经书内容并非出自一人之手

经书封面脱落，经书落入他人之手后，有些收藏者会对它进行修补。哈佛藏东巴经洛克收集的经书中，有些经书的封面崭新，与古朴的经书内页风格相

去甚远。如 K65 经书，如果利用封面特征对其进行分类就会导致错误的结果。所以，在使用封面鉴定法之前，首先需确保经书封面与经书内容出自同一人之手。

K65 封面

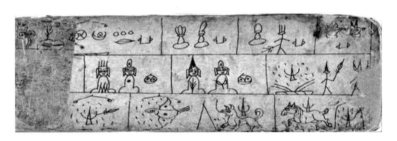

K65 正文第 1 页

3. 对颜色过度依赖

除了丽江坝地区的经书，其他地区经书涂色较少，也很少在封面粘贴绵纸。在这种情况下，封面颜色鉴定变得举步维艰。哈佛藏东巴经只有一部分彩色的经书，除了这一部分可以让封面鉴定法得到有效运用外，其余很难做出准确判定。

4. 对竖写式经书的鉴定并不理想

竖写式的经书由于布局的缘故，比横写式的经书缺少很多内容。在哈佛藏东巴经中，竖写式的经书封面有部分没有彩色绵纸和涂色，呈现出单一的纸张原色，没有飘带、插画，其他图案也较少。总体而言，竖写式的经书封面简洁，样式较为简单，总体风格古朴，上述鉴定方法并不完全适用。

以上所说的封面鉴定法的优缺点，都是由封面和纹饰图案的特殊性造成的。封面内容相对于经书正文而言只能表明经书的使用场合、主题，其主要承载的是保护经书的功能。而在封面和经书其他部分进行装饰体现的是东巴的审美追求。因此，虽然经书封面的颜色、祥云、飘带、莲花等各种装饰物，并不赋予每本经书都具备以上特征，但对于具备这些特征的经书而言，这些特殊性成了鉴定的突破口。

内页特征鉴定法是根据东巴经的内页的布局特征来鉴定的方法。东巴经的内页特征包括内页的整体规划、插画、边框、起首符号和分隔符号等内容。

第一节　东巴经的内页特征概况

翻开东巴经书的封面，就是东巴经的内页。除了封面可以装饰之外，经书正文首页是东巴们愿意费力的地方。在内页特征中，包括以下几个方面：设计、预留空白、画界栏、画插图、书写，在书写过程中东巴会添加起首符号和分隔符号。

一、分区设计与界栏

在书写东巴经之前，东巴首先要对经书进行规划，哪些地方要留空白，哪些地方要打边框，空白留几处，何处开始书写，这些都需要事前安排好。每个区域的东巴经风格不同，东巴的喜好也不同，造成了内页特征的不同。根据繁简程度，可分为简朴型和繁复型。简朴的内页特征简单，东巴用特制尺子打格，平均将经书分为三栏、四栏、五栏，但东巴经以三栏为主要形式，此处以三栏为例。这种特殊的尺子的高度就是一栏的高度，使用起来非常方便；如果没有这种特制的尺子，可用锥子和一般尺子替代。先用一般尺子测量好纸张的宽度，平均分成三等分，用锥子分别在纸张两端的等分处做好记号，最后用竹笔画上界栏。内页特征复杂的情况，比如需要在页面中预留插图的位置，有时插画在页面左侧如 A30，有时在页面右侧如 C18，有时页面两侧都有插图，偶尔也有插图居于页面中间的情况如《全集》99－3。除了插图以外，有的东巴还会在书写经书的范围内添加边框。

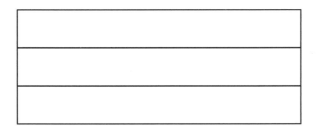

简朴型首页

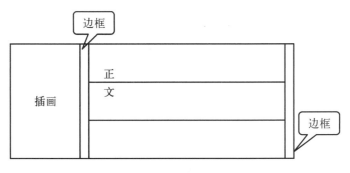

繁复型首页

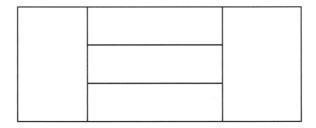

繁复型首页

A30　首页　插图在左端，先画好栏线再画插图的情况

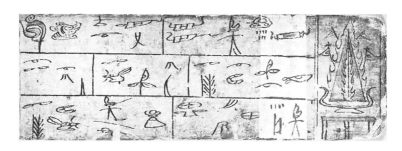

C18 插图在右端

《全集》99‑3 插图居中

二、插图

有些经书中含有插图，它们往往出现在封面、正文的首页，也有在扉页、经书内部和封底的情况。较常见的出现在扉页、正文的首页和经书的结尾页。

有些插图非常精致，颜色层次感分明，勾线细腻；有些则较为草率，为即兴之作甚至涂鸦之作。插图内容大多为吉祥物、神灵鬼怪、东巴、法器等。有些经书在末尾部分是画谱，常常绘有系统的神像、鬼怪、祭祀分布图等。

经书中的插图，与经书内容相比，其地位微乎其微；与封面装饰相比，也显得微不足道。然而它的存在不可小觑，除了精美的装饰外，插图还起到提示经书内容，渲染主题的作用。有些经书的插图是与内容紧密相关的，如经书 D46 标题是《白蝙蝠取经记》，内容讲的是白蝙蝠和吸风鹰一起上天向女神盘孜萨美

D46 正文第 1 页插图

取经，但盘孜萨美女神不轻易传经，白蝙蝠用它的智慧和勇敢最终说服了女神，取回了经书。这本经书的插图在经书正文的第 1 页，描绘的是白蝙蝠骑在吸风鹰的背上一起上天去取经的场景。

　　哈佛藏东巴经中，有些经书有插图，有些没有。封面装饰精细的经书可能有精致的插画。也有经书有很多插图，而且均匀分布在经书正文中的情况。还有预留了插图的空间但未画的情况。下图所示的 F6 是竖写式封面，除了正常的纹饰吉祥物如意结之外，上端还绘有龙的图案；H1 经书的插图位于正文第 1 页，为精致型的插图。图案为坐于莲花座上的东巴，着紫色长袍，但紫色深浅不一，而衣服的褶皱精细，与人物融为一体，属于工笔式画法。A2 所在扉页的插图则较为随意，为坐着即将合掌的东巴。这幅插图不仅没有涂色，绘制的线

B2　首页　预留了空白未画插图

F6　封面插图

H1　正文第 1 页

A2　扉页

A4　正文第 3 页

B61　封底页

条也显得有些粗陋。A4 的插图位于正文第 3 页，风格有别于前述两种，虽没有上色，但线条比较圆润工整。B61 的插图位于封底页，为净水瓶和龙的图案，无色彩，线条较粗，虽不及 H1 精细，但也活灵活现。

三、边框

有些经书绘有边框，这些边框有些简单，只用双竖线表示，如上图所示 H1 正文第 1 页，该页面中用两条竖线中间涂抹黄色来表示边框；也有用水波状的边框，这种情况也较为常见，如下图 A7 首页所示，该页面有 3 条边框，两条双竖线中间夹杂着水波纹，双竖线涂成红色，水波纹涂成青绿色，起到了界线明朗的作用。

A7　首页

四、起首符号和分隔符号

东巴经在书写的时候，篇章开头或者段落开始都有一个特殊符号，被称为起首符号。东巴经中的起首符号与藏文经典中的起首符号有相似之处。不同的地域、不同的东巴所使用的起首符号有自己的特色。有时，同一个东巴在不同的经书中会使用不同的起首符号，但常用种类有限。有些东巴在抄写经书时喜欢使用一种起首符号，以此作为鉴定依据更为简便，鉴定时只要把带有相同起首符号的归为一类即可。常用的起首符号是 D36、B69、G11 以及《全集》第 11卷第 131 页中的起首符号，其符号原型由祥云和垂条组成，可添加或改变其他元素而形成不同的起首符号，也有一些特殊符号，如 D61 中使用了藏文符号。

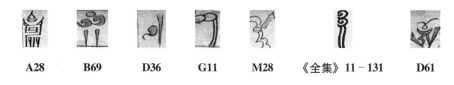

A28　　　B69　　　D36　　　G11　　　M28　　《全集》11－131　　D61

东巴经中的分隔符号，主要有单竖线、双竖线、圆圈、边框等。常见的分隔符号是竖线，单竖线一般表示一句话说完，双竖线表示一段经文完毕，如上图 A7 所示。分隔符也有其他形式，如法国东图藏 8 号经书用单竖线表示一句话完毕，边框表示一段话完毕。A5 则是使用红色的小圆圈表示一句话；A8 采用双竖线表示一句话，A39 第 1 页采用空格来区分一句话，第 2 页使用 ｝分隔符号；《全集》第 43 卷第 176 页使用了 ╪ 表示分隔符号，《全集》第 4 卷第 59 页用了涂色的分隔符号。若一个东巴常使用特殊的分隔符号，他的经书就容易鉴定。在哈佛藏东巴经中，使用特殊分隔符号的经书很少。

法国东图藏 8 号经书　单竖线、边框分隔符号

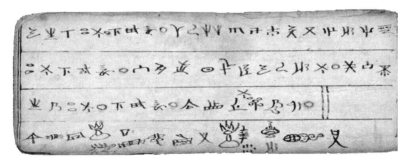

A5 尾页　圆圈分隔符号

A8 尾页　双竖线分隔符号

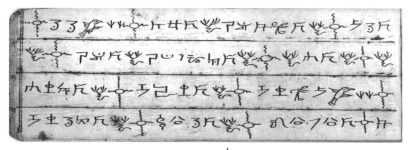

A39 第 1 页　空格分隔符号

A39 第 2 页　分隔符号

《全集》43－176　分隔符号

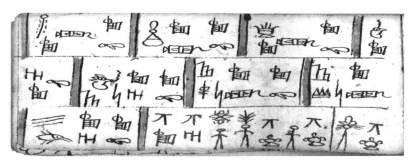

《全集》4－59　涂色的分隔符号

第二节　内页特征鉴定法示例

内页特征鉴定法可具体分为根据首页版式鉴定，根据插图鉴定，根据边框鉴定，根据起首符号鉴定四个部分。

一、根据首页版式鉴定

喜欢把经书装饰得精致的东巴，在经书首页的设计上也往往形成了自己的特色。但这种特征作为鉴定的一种方式，只是参照。在每个地域的东巴经中，所有的版式种类不多，所以不足以根据版式去确定单个东巴的经书归属。然而在其他证据确凿的情况下，可作尝试，以 G3《迎素神》为例，该经书的封面由和华亭东巴所换，插图已经模糊不清，但经书的内容能揭示出一些线索：首先在迎接神灵的路线上，可确定最后一站地名是 ![字] ![字]，即为 $[\mathrm{w}^{33}\mathrm{k}^{\mathrm{h}}\mathrm{o}^{21}]$ 长水村；再根据其首页版式，边框宽度、造型，水波纹的弯曲度，可判定是东知东巴所写。

G3 首页

二、根据插图鉴定

插图在内页特征中是最为重要的部分，所占空间最大。插图画风与文字和封面装饰的风格相似。在哈佛藏东巴经中，封面装饰与插图、边框等之间的精美程度是成正比的。一般来说，封面装饰越丰富细致，其插图就会越精美，文字也会越精致。但文字精致的经书其封面、插图不一定精美。带有插图的经书中，插图一般只出现在一处或者两处，也有少量的经书中配有很多插图，如

K78 中不同的插图

K78经书中就有19幅插图，每幅插图都是坐于莲花座上的佛像，但每座佛像神态各异，通过不同的手势和手持不同的法宝使图案发生变化。下面选取几例。

每个区域东巴经中的插图各有特点，有些已形成了明显的地域风格。正文首页的插图最能显示出地域特色。下面所举和文质和和世俊东巴的经书中，插图的特色很明显：圆润饱满，布局紧凑，几乎不留余地；勾线较粗，善用双线勾画；尽管每本经书所绘的东巴造型姿态各异，但有些地方保留了特色，如帽子与头部接触的地方、耳朵、手臂弯曲处，衣服和裙裾都保持了相同的画法。

《全集》6－155　和文质的经书

《全集》8－195　和文质的经书

《全集》12－3　和文质的经书

《全集》14－72　和文质的经书

《东巴文化艺术》第 65 页　和世俊的经书

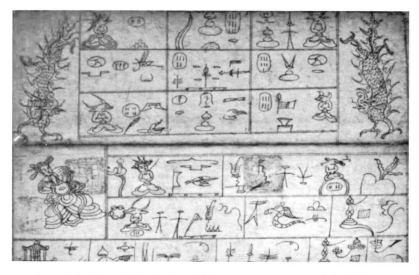

《东巴文化艺术》第 65 页，又见《全集》99－5、99－6　和长命的经书

而和长命的经书插图特色，与之差别很大，具体表现在勾线和造型上，他所绘的插图线条精细，图案造型细长。

有些不同经书，会使用相同的插图，如果所使用的图形和色彩完全一致，就可判定为一人所写，如下图所示。E6 和 E11 所绘图形都是东巴左手持剑，右手持板铃，左脚上提，右脚着地的姿态，所用颜色也相同。

E6 E11

还有一些经书的插图，风格接近，可通过勾线、用色、不同插图中相同部位的细节处理情况等来判断经书的归属。下面以细勾线工笔风格的插图和粗勾线工笔风格的插图为例，说说插图鉴定法。

（一）细勾线工笔风格的插图

在哈佛藏东巴经的所有插图中，笔者被一类插图深深吸引，这一类经书的绘画技术在哈佛藏东巴经中最为精湛。从绘画的表现力来说，这些插图动感十足，将人物和动物、神灵等展现得活灵活现；从用色上来说，是所有经书中色彩最为丰富的，其中的浓淡处理效果得当；从细节上来说，这些插图采用细勾线描绘，将人物衣服褶皱、山岚等描绘得很有立体感。而且正文首页的边框和起始符号都涂了色彩，非常精美。这类插图笔画勾勒细腻，物体写实，可认定为工笔画风。这些绘画的内容可以分为人物、神和动植物。

第一类：人物类。哈佛藏东巴经中共有 23 幅人物画，其中 22 幅为东巴画像，1 幅为武士图，人物的脸部都比较丰满圆润。东巴画像中，人物头上戴有宽大的白色毡帽。洛克认为，这是东巴的早期形象。杰克逊也谈道："1830 年以前的经师——吕波头戴白毡帽而非佛冠。"[1] 他们或坐或站，或露脚或不露脚，姿势各异。每张画像中的东巴都有或粗或细胡须，而且都是三撇，东巴的

---

① ［英］安东尼·杰克逊：《纳西仪式之两个关键问题：书目及卜书》，白庚胜、和自兴主编《玉振金声探东巴——国际东巴文化艺术学术研讨会论文集》，社会科学文献出版社，2002 年，第 313 页。

神情也都端庄严肃。东巴的服饰统一为斜襟，袖口宽大，腰间系着腰带，穿着黑色的毡靴。这与典型的纳西族服饰相去甚远，应当是汉人的服饰。清代改土归流之后，纳西族本土文化接受了汉文化，汉族的文化包括服饰也影响了纳西族。

B8   B14   B25   B30

B50   B72   B41   C2

H1   H2   H4   H10

H11   H20   H21   H22

H23   H26   M5   M17

M18   M19   M21

  第二类：神类。 哈佛藏东巴经中的 D64、M6、M20、H27 所画的神都是优麻战神，左手持枪右手拿刀，刀置于头顶，即将镇压妖怪的动作。稍有不同的是 H27 画出了即将被镇压的妖怪。在这四幅画中 M6 和 M20 的色调非常接近。

| D64 | M6 | M20 | H27 |

第三类：动植物类。B55 是一只准备啼叫的公鸡，鸡冠鲜红，羽毛鲜绿，单脚着地，立于山坡。B69 是一朵莲花，莲花上面有藏文字母。C81 是一条蛇缠绕着净水瓶。H24 是一条蛇缠绕着一把倒置的宝剑。I3 是白蝙蝠骑着吸风鹰去取经。I7 是莲花上放着一个净水瓶，这个净水瓶的形状与 I12 完全一致，两幅图的用色也一致，只是大小不同。

| B55 | B69 | C81 |

| H24 | I3 | I7 |

以上所提到的33册经书的画风是比较接近甚至是一致的。这类华丽的画风出现在丽江坝地区，但如此精湛的画技在东巴经中较为罕见。

（二）粗勾线工笔风格的插图

粗勾线插图在画风上与上一组细勾线插图虽同属于工笔画画风，但勾线却大相径庭。粗勾线插图的勾线粗，在用色上没有明显的浓淡处理，不及上一组细勾线插图鲜亮。其中的人物类所画的东巴中，每个东巴所戴的大毡帽与上一组形状不同，具体表现在帽檐的长度和弯曲程度上，此组粗勾线插图中东巴的帽檐较短小。东巴盘腿的画法也与上一组不同，但这一类插图中东巴盘腿的画法是一致的。

| D4 | D12 | D14 | D32 |

| D46 | D50 | D53 | D62 |

三、根据边框鉴定

东巴经中的边框可简单至一条线，也可复杂到画满很多纹饰。常见的边框有单线条、双线条、双线条添加色彩、双线条内添加纹饰几种。下面以一组华丽的带有细勾线工笔画法的边框以及水波纹边框为例。

（一）细勾线工笔画法的边框

在哈佛藏东巴经以及《全集》中的东巴经中，常见的边框是简单的单线条或双线条，鲜有复杂的边框，更不用说带有图案绘制细腻的边框。这一组细勾线工笔画法的边框可以用华丽来形容，其数量在哈佛藏经书中是极为罕见的。B16、B53、B66、B70、I12虽不及上文所提细勾线工笔插画所占空间大，但也可以称得上细致精美，在勾线和上色上尤为用心，尤其是B16和B53，其花纹图案特别华丽，色彩层次分明。

| B16 | B53 | B66 | B70 | I12 |

（二）水波纹的红绿边框

有一类经书的边框出现在正文首页第一栏的位置，它们的形状像水的波纹，两边表示界线的竖线画得比较随意，水波纹上涂着浅蓝色或红色的颜料。B10、B12、B15、B21、B36、B40、B46、B52、B54、B62、B63 这 11 本经书中，边框比一般经书的边框略粗大一些，涂的颜色与封面的颜色一致。这些边框的形状和色彩都很接近，可判断它们为同一类经书。

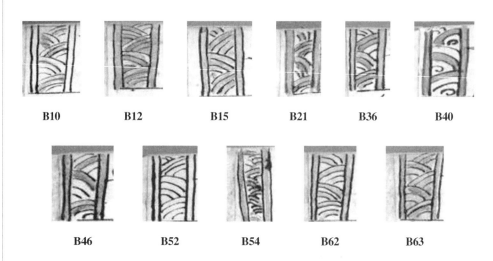

| B10 | B12 | B15 | B21 | B36 | B40 |

| B46 | B52 | B54 | B62 | B63 |

四、根据起首符号鉴定

东巴经中的起首符号尽管来源于藏族经书，但被借入东巴经之后东巴对其做了一些改变。有些东巴根据自己的喜好和审美将起首符号写得很有特色，在原型"祥云+垂条"的模式上，有时会增加元素，如再添加祥云和垂条，或者变化祥云的形状，或者将祥云更换成其他图案；有时也会减少元素，通常是减去祥云，只剩下垂条。在用彩色装饰东巴经的地区的经书中，其起首符号通常也会涂上颜色，有些还会用勾线笔进行勾画装饰。

（一）勾线双垂条祥云起首符号

在哈佛藏东巴经中，有一组起首符号非常别致。它由"日/月+祥云+垂条"的内容构成，如表 1 所示。根据祥云上端的物体不同，分为日、日月、月和其他四个部分。这些起首符号都有两朵祥云和两个垂条，祥云弯曲处圆润婉转，尾部朝上，细长悠远；垂条似楔形，上粗下细，垂直于界栏。每个起首符号，都有颜色填充，最后用细线勾画。这种精致的起首符号在经书中少见。

表1 勾线双垂条起首符号

日	B53	B69	H2	H11	H22	H24
	H26	H27	I26	M21	M19	
日月	A25	B14	B16	B30	B41	B50
	B70	H4	H8	H10	H21	H23
	H25	I3	I7	I8	I12	I14
	I15	I23	K51			
月	C2	H1	I21	M5	M6	
其他	M7	M17	M18	M20		

（二）单垂条祥云起首符号

在哈佛藏东巴经中，更多的是没有涂色的起首符号。有些东巴喜欢经常变换着使用起首符号，但也有固定使用的几种。有些东巴则只喜欢用一种起首符号，从他的经书里可以看到起首符号使用的稳定性，如 G11 、G12 、G15 、K36 、K64 、L3 、L7 、L14 。这种起首符号似直角结绳，垂条部分垂直于界栏，结绳部分都有一个结。

还有一组形态比较稳定的起首符号，如表 2 所示。这些起首符号都由一朵祥云和一个垂条组成。这种祥云的造型犹如硕大的水滴，垂条部分不与界栏垂直，有点像飘带的形状。根据这些相同的特征，我们可以把这些经书归为一类。

表 2　单垂条祥云起首符号

C29	C49	C52	C57	C58	C62	C75	D3
D4	D7	D8	D12	D14	D20	D21	D26
D27	D30	D35	D36	D37	D38	D43	D46
D48	D50	D51	D52	D53	D54	D58	D59

第三节 小 结

一、内页一般特征

在内页特征中，包括设计、预留空白、画界栏、画插画、书写，在书写过程中添加起首符号和分隔符号。

在书写东巴经之前，东巴首先要对经书进行规划设计。根据繁简程度，可分为简朴型和繁复型。简朴的内页特征简单，只需用尺打格分栏，平均将经书分为三栏、四栏、五栏，但东巴经以三栏为主要形式。内页特征复杂的，可能会在页面中预留插画位置，插画通常位于页面左侧，有时也在右侧、居中或者两侧皆有。

插画通常出现在封面、正文的首页，也有在扉页、正文内部和封底的情况。较多的情况是出现在封面、正文的首页和封底。插图内容大多为吉祥物、神灵鬼怪、东巴、法器等。有些经书在末尾部分是画谱，常常绘有系统的神像、鬼怪、祭祀分布图等。

边框作为区分经书内页区域的组成部分，有些较为简单的只用双竖线表示，也有较为复杂的绘有各类花纹的边框。篇章开头或者段落开始都有一个特殊符号，被称为起首符号。起首符号大多来源于藏族经书，在东巴的书写中又有发展。主体内容是垂条与祥云的组合。也有些特殊的起首符号，是用藏文字符表示的。作为区分句子的分隔符号常见的有单竖线、双竖线、圆圈、边框等。

二、方法小结

（一）总体原则

内页特征鉴定法的顺序是先观版式，再观插图，最后寻找起首符号和分隔符号。该方法在使用时的总体原则是：先观风格，确定风格特征；再分析内页特征中的组成部分，把所有的组成部分逐一分解，分解至可描述甚至可测量的程度；最后抓住固定风格、主要特征、特殊细节对经书进行鉴定。

（二）具体条例

1. 设计版式

在利用设计版式鉴定经书时，首先观察经书正文首页的布局，如插图的安排。目前，就哈佛藏东巴经而言，插图的位置和经书特点的关系尚未找到确凿的证据，原因在于哈佛藏东巴经书中带有插图的经书不多。但笔者并没有忽视这个问题，作了示例。其次，鉴定时还需注意边框所在的区域，如界栏把页面分成几栏等问题。

2. 插图

在利用插图鉴定经书时，明确插图位置之后，要确定插图的风格。假如插图在经书正文的首页则要引起注意。插图风格大体可分为饱满型、瘦长型、居中型三类。另外，插图所使用的颜色、颜色的种类、是否勾线，绘画的技巧，是否完全上色，人物表情，所佩戴饰物，所画的内容等细微的问题，都将成为鉴定的关键。插图与封面造型和其他纹饰不同，它是东巴能自由发挥的地带，是东巴展现绘画技艺的阵地，也是东巴画的组成部分。有时，经书中会出现涂鸦式的画作，鉴定者要引起注意。这些随性之作，正是经书的个性标签，往往成为经书鉴定的一大利器。

3. 边框

边框在东巴经书中属于最微小的部分，但边框也有竖线的数量、竖线中添加的花纹、竖线中填充的颜色等的差别。这些差别又形成了东巴独具特色的特征。在利用边框进行鉴定时，首先要观察边框造型，看边框内是否还有纹饰；若有纹饰，则需分析纹饰的组成部分。纹饰多半是花纹、斜线纹、曲线纹，水波纹等。有些经书即便所绘的都是水波纹，但其弯曲的程度以及圆点的大小也可以成为鉴定时参考的标准。然后还要测量边框的宽度，有些东巴喜欢用又宽又粗的边框，有些则喜用细长的边框。另外还需注意的是，边框是否借助工具而画的问题，有些东巴较为随意，有徒手画边框的情况。徒手画的边框不太整齐，稍显粗糙，但更容易识别。

4. 起首符号与分隔符号

在利用起首符号鉴定的时候，首先得分析起首符号的组成部分。再根据组成部分的特征去分析，如祥云的造型、祥云的弯曲程度，垂条的造型、垂条是否弯曲，是否有颜色填充，是否有勾线，等等。分隔符号大体比较单一，普遍为单线分隔符和双线分隔符，但也有一些很有特色的分隔符。当遇到有特色的分隔符号时，要单独列为一类。有些特例，往往是同一个东巴所为。

（三）局限

内页特征鉴定法有它的局限，即很难作为一种独立的鉴定方法，判断时需有其他鉴定方法配合。

1. 内页特征往往比较简单

内页特征鉴定法适用于内页内容复杂的经书。遇到只有界栏，没有插图、没有边框、起首符号和分隔符号很大众化的经书，这种方法就无法施展。

2. 插图更依赖于颜色

插图常配有颜色，颜色的添加可以为鉴定提供指南。反之，如遇到黑白版的经书，可资鉴定的依据就会大打折扣。因为黑白版的经书无法揭示用色的种类、浓淡，勾线的细节处理等。

跋语鉴定法是指利用跋语中的时间、地点、人名等信息来鉴定的方法。东巴在抄写经书时，除了书写正文外，往往还在经书末页增添自己的信息或感想等，通常我们称之为跋语。对东巴经跋语的综合研究发现，这类信息不仅在经书末页出现，有时也在经书的封面、扉页甚至经书的中间出现。所以，《纳西东巴经跋语及跋语用字研究》一书对东巴经跋语定义为："东巴在经文正文外书写的记述性文字和感叹性文字，经书跋语的内容一般是说明经书的时间、地点；东巴的村名、人名；写经时的年龄及相关情况，表达良好的祝愿等。"①

第一节　跋语鉴定法研究述评

跋语是研究文献的起点，它交代了文献本身的信息，为文献的鉴定提供有利条件。跋语鉴定法是所有鉴定法中优先使用的方法，它可以为鉴定者拨开层层迷雾，确立时空坐标，再现人物事件。因此，历来学者很重视跋语的释读与研究。

喻遂生在《纳西东巴经跋语及跋语用字研究·序》中指出："李霖灿先生是东巴文应用性文献和跋语研究的先驱。"② 其实不然。据文献记载，法国探险家亨利·奥尔良（Henri Orleans）最先翻译过一则写在东巴经封面的跋语：

① 邓章应、郑长丽：《纳西东巴经跋语及跋语用字研究》，人民出版社，2013 年，第 2 页。
② 邓章应、郑长丽：《纳西东巴经跋语及跋语用字研究》，人民出版社，2013 年，第 1 页。

兔年二月三日。埃莫森——巫师的签名。①

《云南游记——从东京湾到印度》刊布的第一本东巴经的封面（复制件）②

洛克在东巴文献研究中很重视跋语释读，并利用跋语鉴定经书的抄写年代。他曾对哈佛藏东巴经 B44 进行翻译并断定时代：

> 这本经书属于东巴杨福光的父亲，经书的最后一页用简明的象形文字记录了确切的年代："补托"虎年（A. D. 1866）六月十六日，那日属羊。这本经书是长水马鞍山脚下的东巴东知（他既是东巴也是"吕波"）写的。会吟唱经书的人会认为是本好书，如果不会吟唱会认为是本坏书。他们怎么说都行。③

洛克在《纳西写本目录》中对经书版本信息的描述，除了经书的新旧、标题翻译等之外，特别交代了跋语信息。有些经书没有跋语，他就在该经书简介处标明"这本经书无跋语"。以下选取几则洛克翻译的跋语，以及他断定经书的年代。

> 这本经书 Hs. Or. 1393（洛克编号 4083）的书法和插图都非常精美。根据经书最后一页用中文书写的文字可知，这本经书属于丽江西南刺缥里中村的老东巴和合寿。经书写于道光拾贰年捌月的一个吉日（大约是 1832 年 7 月）。"实是"指正确的意思。④

---

① ［法］亨利·奥尔良：《云南游记——从东京湾到印度》，龙云译，云南人民出版社，2001 年。转引自李晓亮：《西方纳西学史研究（1867—1972）》，西南大学博士学位论文，2014 年，第 50 页。
② 原件现藏于法国巴黎东方语言文化学院图书馆。转引自李晓亮：《西方纳西学史研究（1867—1972）》，西南大学博士学位论文，2014 年，第 27 页。
③ Joseph F. Rock & Klaus Ludwig Janert. *Na-khi Manuscripts*, Part I, Steiner. 1965：511.
④ Joseph F. Rock & Klaus Ludwig Janert. *Na-khi Manuscripts*, Part I, Steiner. 1965：156.

K. Or. 449（洛克编号 8268）是老经书 Hs. Or. 599（洛克编号 8268）的重抄本，超过半数已经翻译。这本书写于本世纪，它的跋语显示是丽江北部五台中和村。跋语是用哥巴文写的。[1]

在洛克搜集的经书中，他对明代东拉兄弟的经书赞不绝口。他曾谈到一本至今以来最早的经书："中国明代的白沙有三兄弟一家，三兄弟中的东拉的后代叫和国柱，1930 年他还健在。三兄弟都是东巴，而且个个精于书写东巴经。他们写的一本经书的时间是第七个水鸡年，8 月 14 日，那天是 ^{1}Zü-^{2}hä 星（二十八星宿中的第 15 颗星）当值。这个时间等于 1573 年 9 月 17 日，或者明朝万历元年 8 月 14 日，'我 27 岁时写的'。"[2] 这册经书并不在哈佛燕京图书馆，洛克在书中也没有附录该经书的跋语原文，目前尚不能完全肯定这则跋语的真实性。但从洛克搜集的诸多东拉兄弟的经书来看，东拉兄弟是存在可信的。假如属实，这比李霖灿先生认为的最早经书"康熙七年"要早 95 年，是首次发现的明代抄本。洛克在跋语研究中的地位举足轻重，他记录的跋语最为广泛，他也是最早利用跋语鉴定经书年代的人。

1956 年，李霖灿在整理美国国会图书馆馆藏东巴经时，总结了东巴经中皇帝年号的写法，并通过一则跋语鉴定了"康熙七年"是他见到所有经书中最早的经书纪年，并认为"国会图书馆拥有世界第一早的么些经典"。[3] 洛克与李霖灿发现"最早经书"的悬案尚未得到圆满解决，但全世界所藏东巴经几万册，只有研究完所有的经书才可以断定哪本是现存最早的经书，否则结论都有些欠妥。李霖灿是系统整理皇帝纪年书写方式的第一人，启发了许多后辈学者对经书断代研究的重视。

喻遂生在跋语研究方面颇有建树，建立了全面系统研究跋语的范式，引领了跋语研究的热潮。他谈道：东巴是东巴文化的主要创造者和传承者，但其生平事迹，往往史无记载，口碑材料又不太准确。经书中的跋语纪年，实是东巴自己留下的第一手史料，对于经书断代、东巴生平和东巴文化史的研究，都有

---

[1] Joseph F. Rock & Klaus Ludwig Janert. *Na-khi Manuscripts*, Part I, Steiner. 1965：68.
[2] 转引自李晓亮：《西方纳西学史研究（1867—1972）》，西南大学博士学位论文，2014 年，第 207 页。
[3] 李霖灿：《美国国会图书馆所藏的么些经典》，《么些研究论文集》，台北故宫博物院，1984 年，第
　　147—148 页。

重要的意义，应该引起我们重视。① 他在《纳西东巴经跋语及跋语用字研究·序》中再次谈到了跋语的重要性："大凡对神灵的虔诚、对经艺的追求、对生活和子孙的祈愿、抄写经书的艰辛、经书的经济价值、经书的传承、东巴的年龄里籍、抄书时的一些历史事件，在跋语中都有反映。经书跋语是东巴心灵的窗户，是东巴自己留下的真实史料，有的跋语对于确定写本的时代有决定性的作用。"他陆续发表了《〈纳西东巴古籍译注全集〉纪年经典述要》②《〈纳西东巴古籍译注全集〉中的年号纪年经典》③《〈纳西东巴古籍译注全集〉中的花甲纪年经典》④《〈纳西东巴古籍译注全集〉中的年龄纪年经典》⑤《东巴生年校订四则》⑥，第一次以《全集》一百卷为研究材料，系统整理了经书跋语：总结出了跋语中的年号纪年、花甲纪年、年龄纪年三种纪年的方式，推动了经书分区域和断代研究；利用前人的研究成果，对跋语翻译进行校订；通过跋语对东巴生平研究进行校订。喻遂生最早提出通过对东巴系联东巴经，对经书进行分域断代的思想，着重强调了跋语的重要性，揭示了跋语研究的重要材料——《全集》。

2009 年，和继全发表《美国哈佛大学燕京图书馆馆藏东巴经跋语初考》⑦ 一文，这是继洛克之后首次系统整理哈佛藏东巴经跋语。2010 年，他的《李霖灿"当今最早的么些经典版本"商榷——美国会图书馆"康熙七年"东巴经成书时间考》⑧ 一文，重新鉴定了该经书的跋语，认为这本经书抄写年代不是"康熙七年"而是"咸丰元年"。他对跋语研究的贡献主要体现在：重视释读和使用第一手材料，并对原文跋语进行翻译；跋语研究与田野调查相结合，解决了经书中的

---

① 喻遂生：《〈纳西东巴古籍译注全集〉中的年龄纪年经典》，《纳西东巴文研究丛稿（第二辑）》，巴蜀书社，2008 年，第 343 页。

② 喻遂生：《〈纳西东巴古籍译注全集〉纪年经典述要》，《纳西东巴文研究丛稿（第二辑）》，巴蜀书社，2008 年，第 275 页。

③ 喻遂生：《〈纳西东巴古籍译注全集〉中的年号纪年经典》，《纳西东巴文研究丛稿（第二辑）》，巴蜀书社，2008 年，第 288 页。

④ 喻遂生：《〈纳西东巴古籍译注全集〉中的花甲纪年经典》，《纳西东巴文研究丛稿（第二辑）》，巴蜀书社，2008 年，第 302 页。

⑤ 喻遂生：《〈纳西东巴古籍译注全集〉中的年龄纪年经典》，《纳西东巴文研究丛稿（第二辑）》，巴蜀书社，2008 年，第 325 页。

⑥ 喻遂生：《东巴生年校订四则》，《纳西东巴文研究丛稿（第二辑）》，巴蜀书社，2008 年，第 344 页。

⑦ 和继全：《美国哈佛大学燕京图书馆馆藏东巴经跋语初考》，《中央民族大学学报（哲学社会科学版）》2009 年第 5 期。

⑧ 和继全：《李霖灿"当今最早的么些经典版本"商榷——美国会图书馆"康熙七年"东巴经成书时间考》，《民间文化论坛》2010 年第 2 期。

重大问题。《美国哈佛大学燕京图书馆馆藏东巴经跋语初考》一文的发表揭开了国内研究哈佛藏东巴经的序幕，把研究材料从《全集》转向国外收藏的经书。

2009 年，杨亦花的《和世俊东巴研究》《和文质东巴研究》[①] 通过全面梳理两个东巴的跋语等方法来鉴定经书，第一次将单个东巴作为研究对象，通过对有跋语经书的特征系联其余没有跋语而属于该东巴的经书。之后单个东巴经书的鉴定都以此为范式。

郑长丽的《〈纳西东巴古籍译注全集〉跋语研究》[②] 第一次全面系统地整理了《全集》中的跋语，并从大地域中细分出小地域，按照东巴个体来编排跋语，对《全集》中有跋语的经书进行了全面梳理，得出了不同地域的经书跋语的特点。

邓章应、郑长丽的《纳西东巴经跋语及跋语用字研究》将目前已经翻译的所有东巴经跋语囊括于内。邓章应的《纳西东巴文分域与断代》探讨了分域断代的标准，将跋语信息作为东巴经地域判断标准的显性标准。

李晓亮在《西方纳西学史研究（1867—1972）》中通过翻译哈佛藏东巴经跋语材料，确认出了一些新的地名。

总的来说，学者们越来越重视跋语的重要作用，并在这一研究领域内取得了重大成果。

第二节　哈佛藏东巴经跋语概况[③]

一、跋语的数量及位置

和继全对哈佛藏东巴经跋语进行了统计，发现大约每 7 本经典中就有一本写

---

① 杨亦花：《和世俊东巴研究》，《丽江师范高等专科学校学报》2009 年第 3 期；《和文质东巴研究》，《丽江师范高等专科学校学报》2009 年第 4 期。

② 郑长丽：《〈纳西东巴古籍译注全集〉跋语研究》，西南大学硕士学位论文，2012 年。

③ 本节中，有关跋语的翻译引用如下：若标注"和"，则为和继全翻译，引自《美国哈佛大学燕京图书馆馆藏东巴经跋语初考》一文；若标注"李"，则为李晓亮翻译，引自《西方纳西学史研究（1867—1972）》一文；若无标注，则为笔者翻译；若引自中国社会科学院民族学与人类学研究所、丽江市东巴文化研究院、哈佛燕京学社合编的《哈佛燕京学社藏纳西东巴经书》，则笔者添加脚注标注。

有跋语，约占 14.2%。① 笔者也梳理了哈佛藏东巴经跋语，发现 598 册经书中有 110 册经书有跋语，约占总量的 18.3%，统计所得比例比和文略高。原因在于笔者与和继全对跋语的认定规则不同，以及和继全当时著文时间有限，统计可能不太精确，而现在哈佛藏东巴经已经在网站上公布，笔者可以下载并仔细统计计算。

哈佛藏东巴经跋语由东巴文、哥巴文和汉字三种文字书写，有些出现在封面、封二、经书中间，更多的跋语出现在经书末尾。

二、哈佛藏东巴经跋语的内容

哈佛藏东巴经的跋语主要记录了时间、地点、人物和事件等内容。

（一）记录时间的跋语

在哈佛藏东巴经跋语中有四种记录时间的方式，分别是干支纪年、皇朝纪年和年龄纪年。下面分别举例。

1. 用干支记录时间的跋语

例 1：

C82

汉译：干支火兔年阿嘎村头的经书。

例 2：

M14

① 和继全：《美国哈佛大学燕京图书馆藏东巴经跋语初考》，《中央民族大学学报（哲学社会科学版）》2009 年第 5 期。

汉译：干支火猪年八月二十七日写的。念的时候不要有差错。（李）

2. 用皇朝纪年记录时间的跋语

例1：

L92

汉文：光绪廿八年，大在夫子著。

例2：

B62

汉文：光绪叁（年）。

3. 用年龄记录时间的跋语

汉译：村头拉若初叶嘎寨兔年生的和鸿六十一岁那年写的。延寿仪式求寿求生长孙。愿长寿富足，我也寿长日永。后代的孙子孙女延续幸福。（李）

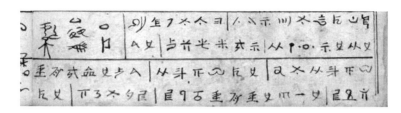

D43

4. 生肖记录时间的跋语

L36

汉译： 属鸡那一年写的。

（二）记录地点的跋语

在哈佛藏东巴经中，记录地点的跋语可以分为两类，一是山名，二是村庄。哈佛藏东巴经跋语主要来自丽江坝和大东两大区域，也有一些来自白地、大具等地。

1. 记录白沙的跋语

（1）有白沙玉湖村的跋语

C69

汉译： 人生二十一岁那年写的，坞鲁科的东力……（李）

张按： "坞鲁科" 就是现在的玉湖村。

（2）有白沙古本村（也翻译为村头）的跋语

D9

汉译： 花甲土兔年出生的男子写的。八月二十日写的。村头拉若初的叶嘎寨和鸿我五十八岁写的。不满意的地方肯定有，但愿一切都会过去。名声也不会失去。愿祭司长寿。（李）

（3）有白沙玉龙村的跋语

M15

汉文： 光玉龙小村文选氏笔。

2. 有黄山乡的跋语

（1）有黄山乡长水村的跋语

例1：

C33

汉译： 水鸡年六月二十八日写，长水马鞍山下东巴东知写的。（和）

例2：

M27

汉译： 长水马鞍山下东巴东芳的经书。愿祭司长寿富足。（李）

（2）有黄山乡五台东园村的跋语

M9

汉译： 初柯督的东发写的。是写给坞吕肯（庆云村）的东其东巴师傅的。不兴说有没有的话。愿祭司长寿富足。（李）

（3）有黄山乡五台中和村的跋语

K48

汉译： 五台拉秋坞（中和村）的经书。

（4）有黄山乡五台中济村附近的跋语

C42

汉译： 这本书是中济海刷噶郭村的，书不是很难懂，但要慢慢回想。嘎村的。

3. 有金山乡的跋语

（1）有金山乡布美局的跋语

C27

汉译：是布美局的经书。

（2）有金山乡米濡村的跋语

I34

汉译：是好地方米濡村的经书。（李）
张按：米濡村，今金山漾西行政村。

（3）金山乡美自增村的跋语

A5

汉译：美自增的东赞东巴写的，愿东巴长寿富足啊。（李）
张按：美自增，今金山贵峰行政村。

4. 有七河乡补库的跋语

A16

汉译：水猪年写的，补库的东得写的。以后可能有会说的，但又会读吗？
（李）

张按：补库是丽江七河乡的村名。

5. 有大东乡竹林村的跋语

例1：

G11

汉译：修曲山恩郭地崖坡脚前高地穆达勒补德的东巴东昂，花甲属木那年写的。

例2：

G4

汉译：是住在修曲山恩郭地的（东巴）写的，是五行属火的一个兔年写的……

6. 有大具乡的跋语

G14

汉译：大具头台石头寨母猪山下写的，写于二十六年（岁）三月。（和）

B83

汉译：住在高地可佩古修曲山脚下吉祥地，恩东补东巴写的。木牛年正月初四写完的。二十六岁那年写的。祝愿东巴日永，卜师寿长！

7. 有白地的跋语

K8

汉译：是白地的规程，猴年那年写的，三十七岁那年写的。（和）

（三）记录人物的跋语

在哈佛藏东巴经中，跋语记录的人物有书写者和被抄写者。

1. 记录书写者的跋语

例1：

C50　和式贡书本

例2：

C44　和玉光书本

例3：

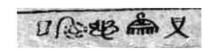

K73

汉译：是东知写的。

2. 记录收藏者的跋语

K60　木福光

张按：这本经书是他父亲东知抄写的，木福光是该经书的收藏者。

3. 记录被抄写者的跋语

M16

汉译：这本经书是达鲁村东吉家抄来的……（李）

（四）记录事件的跋语

1. 记录战争的跋语

B24

汉译：木牛年十一月二十二日，长水东知写的。是杨玉科攻占鹤庆的那年写的。（和）

2. 记录天文现象的跋语

（1）记录发生日食的跋语

D23

汉译：二月初一蛇时发生日食。是属鼠年属狗那天写的书。①

（2）记录星宿当值的跋语

D63

---

① 中国社会科学院民族学与人类学研究所、丽江市东巴文化研究院、哈佛燕京学社合编：《哈佛燕京学社藏纳西东巴经书》（第四卷），中国社会科学出版社，2012年，第331页。

汉译： 光绪三年属牛那年写的。七月初七，蕊尾星当值那天写的……（李）

3. 记录做仪式的跋语

D35

汉译： 白沙村头的我在玉湖举行大祭风仪式时写的，心中波澜起伏，想起很多事情。山上的银花是雪山的面子，海中的鸟是大海的面子，人活在世上，只是一句名声，说不尽的世事啊。（和）

正是跋语记录了这些丰富而有效的版本信息，为经书鉴定提供了可能。

第三节　跋语鉴定法示例

跋语鉴定法主要根据跋语中的地名、纪年、签名以及与这三者相关的综合信息来判定经书。

一、根据地名跋语系联来鉴定

有些经书的跋语，记录了同一地名，而且书写形式和布局基本一致，就可判定为同一人书写。

例1：

C27

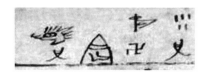

M23

C27 和 M23 的跋语可翻译为"是布美局山脚下的经书"。布美局是一个地名，两册经书都写作 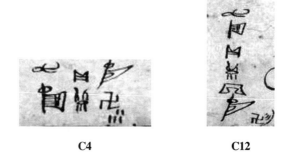，可判定为同一人所写。

例2：

C4   C12

C4 和 C12 可翻译为"阿嘎村头的经书"，记录了同一个地名阿嘎村头，都写作 ，可判定为同一人所写。

例3：

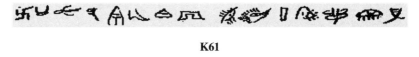

K61

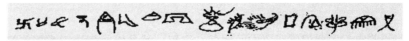

C33

K73

K61、C33、K73 都可翻译为"长水马鞍山脚下的东巴东知写的"，记录了同一个地名 （长水村），位于 （马鞍山脚下）。

二、根据纪年跋语系联来鉴定

纪年的方式有干支纪年、生肖纪年、事件纪年等。其中在跋语中较好判定的是干支纪年。

例1：

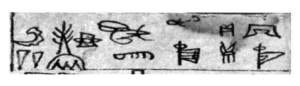

C37

C82

C37 和 C82 的跋语都可翻译为花甲火鼠年阿嘎村头的经书。其中花甲火鼠年的书写形式都是 ，其字形和文字局部都一致，可判定为同一人抄写。

例2：

B8

I3

B8 可翻译为："花甲木狗年八月十七日写的……" I3 可翻译为："花甲羊年五月二十四日写的，猪日那天写的……" B8 与 I3 在记录干支时稍有差异，从 I3 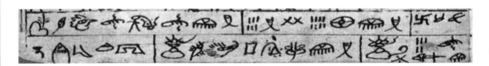"补托"中可以看出，在书写 ⌒ 时，内有想写而未写的情况。干支是用五行和十二生肖搭配记录的，只有当五行中属木时，可以用 来表示花甲属木那一年。

另外，还可从句子的顺序来判断这两册经书为同一人所写。B8 的跋语中有祝福语延年益寿，即 ，其与 I3 是同一种写法。而且从字形上来看，东巴文东巴的造型、握笔的姿势、经书都是完全一样的。其后的一个字"饭"的字形上添加延长线，写法也基本相同，表示长寿富足。

三、根据签名跋语系联来鉴定

在跋语中，有时会出现抄写者的名字，而这个签名往往具有稳定的特征，如下图。

C33

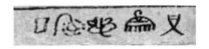

K73

C33、K73 的跋语中都出现签名 （东知），可将两册经书鉴定为 所写。

四、根据有综合信息的跋语来鉴定

东巴在书写跋语时，常有较为稳定的句式，有时甚至在不同的经书中出现相同的跋语。根据这些相同或相似的句式、书写顺序，可以推断出经书的归属。

下面以东昂东巴的经书为例说明。

哈佛藏东巴经中，有些经书的跋语句式和内容基本一致，如下图所示。这些跋语所显示的地点都是 （修曲山）、（恩郭地），也就是大东乡竹林村。签名是（东昂）。以往常见的记录干支的跋语，干支部分往往在跋语的起始部分，而以下几则跋语都是先交代东巴所在的地域、抄写者，再写干支纪年，最后是祝福语。根据 G11、G12、L20、L46、L76 的跋语，可以鉴定出这几册经书为大东乡竹林村东昂东巴所写。

G11　跋语

释义： 修曲山〔çə^{33}tçʰy^{21}dzy^{21}〕恩郭地〔ɯ^{33}ko^{21}lɯ^{33}〕崖石坡脚〔æ^{21}lv^{33}to^{55}kʰɯ^{33}tʰv^{55}〕高地穆达勒补德的东巴东昂〔lɯ^{33}ʑua^{21}mɯ^{55}da^{55}lɯ^{33}bv^{33}dɯ^{21}to^{33}ɯ^{33}〕写的〔nɯ^{33}pər^{55}me^{55}〕。花甲属木那年写的。

G12　跋语

释义： 这册经书是崖石坡脚高地穆达勒补德的东巴东昂写的。是花甲属于阴的铁羊年写的。祝愿东巴长寿，卜师富足。

L20　跋语

释义： 这册经书是在花甲木鼠年的正月写的，是东昂写的。祝愿东巴长寿，卜师富足。

L46 跋语

释义： 竹林村的东昂写于水兔年十二月，当年九宫数由"一"当值。祝愿东巴寿长，卜师日久。①

L76 跋语

释义： 这册经书是崖石坡脚高地的东巴东昂写的。是花甲铁牛年写的。

跋语由抄写者所写，所记录的信息是第一手材料，是最为直接的材料，也是最为可信的信息。

第四节 小 结

跋语鉴定法是经书鉴定中最优先使用的方法，它的优点体现在准确率高、信息丰富，可直接鉴定出抄写者和抄写时间等。

一、跋语概况

经书跋语的内容一般是记录了经书的时间、地点；东巴的村名、人名；写

---

① 和继全：《美国哈佛大学燕京图书馆藏东巴经跋语初考》，《中央民族大学学报（哲学社会科学版）》2009 年第 5 期。

经时的年龄及相关情况等、收藏者对经书的描写和记录，包括收集时间、收集地点、收藏时间、收藏地点、有关抄写者的情况、经书的尺寸等信息。

东巴经跋语的研究成果丰富，亨利·奥尔良、洛克、李霖灿、喻遂生、杨亦花、邓章应、郑长丽、李晓亮等人都研究过跋语，作出了重要贡献。哈佛藏东巴经有 110 册经书有跋语，约占总量的 18.3%。这些跋语由东巴文、哥巴文和汉字三种文字书写，有些出现在封面、封二、经书中间，更多的跋语出现在经书末尾。哈佛藏东巴经的跋语主要记录了时间、地点、人物和事件等内容。在哈佛藏东巴经跋语中有四种记录时间的方式，分别是干支纪年、皇朝纪年和年龄纪年。记录地点的跋语可以分为两类，一是山名，二是村庄。哈佛藏东巴经跋语显示主要来自丽江坝和大东两大区域，分别是：白沙玉湖村、古本村、玉龙村，黄山乡长水村、五台东园村、五台中和村、五台中济村附近，金山、七河补库村、米濡乐村、美自增，大东乡竹林村，也有一些来自大具乡、白地，等等。哈佛藏东巴经跋语还记录了战争、天文现象如发生日食、某星宿当值等，还记录了东巴做仪式等事件。

二、方法小结

（一）总体原则

使用跋语鉴定法，首先要找第一手材料跋语，释读材料，寻找到时间、地点、抄写者等较容易发现的信息。若已有人翻译跋语，那么首先要对跋语进行甄别，然后再找收藏信息，比如该经书的收藏时间、收藏地点、抄写者、买卖情况等信息。

（二）具体条例

（1）穷尽性地寻找跋语。跋语一般位于经书末尾，有时也在封面、封二，甚至经书中间。无论哪种情况，都要仔细寻觅。

（2）根据一定的类型分别寻找跋语。先找签名，再找地名，纪年方式次之，最后再找相同的句式，相似的句子顺序等。

（3）寻找前人有关这些跋语的释义或研究。

（4）若有释义，先进行甄别。若无，可根据跋语的一般句型，尝试翻译。

（三）局限性

跋语鉴定法是最为直接的鉴定方法，虽然在使用上体现出了极其便利的优越性，但具体实践过程中还存在以下问题：

1. 跋语信息有限

（1）跋语数量有限

关于跋语的数量，学者们有过统计。李霖灿通过对美国国会图书馆馆藏东巴经的统计，认为"平均计算起来每五十本经典中就摊到一本有纪年的"。[①] 邓章应、郑长丽对《全集》897 册经书进行过统计，认为有 377 册经书写有跋语，占总数的 42%。[②] 和继全对哈佛藏东巴经跋语进行统计，发现大约每 7 本经典中就有一本写有跋语，约占 14.2%。[③] 笔者也梳理了哈佛藏东巴经跋语，在 598 册经书中发现 110 多册经书有跋语，约占总量的 18.3%，比例比和继全的统计略高。到目前为止，《全集》跋语所占比例较高，但也没有达到半数。也就是说，大部分的经书没有跋语。

（2）有些跋语并没有更多的有效信息

理想的跋语能交代时间、地点、抄写者三种重要信息，但事实上，三者皆有的情况少之又少。更有甚者，跋语既不交代时间、地点，也不交代抄写者。或者交代了时间也无法考证出是哪一年写的。跋语的数量有限，有效信息也有限，这就给我们的鉴定带来了困难。如：

---

① 李霖灿：《美国国会图书馆所藏的么些经典》，《么些研究论文集》，台北故官博物院，1984 年，第137 页。

② 邓章应、郑长丽：《纳西东巴经跋语及跋语用字研究》，人民出版社，2013 年，第 25 页。

③ 和继全：《美国哈佛大学燕京图书馆藏东巴经跋语初考》，《中央民族大学学报（哲学社会科学版）》2009 年第 5 期。

L12

汉译： 占卜巴格方位的经书。

这则跋语只记录了经书的用途，没有抄写的时间、地点、抄写者等方面更有效的信息。

2. 跋语的释读来自众人之手，需甄别

跋语对鉴定经书的地域归属尤为重要，因此，翻译校定跋语是首要任务。哈佛藏东巴经的跋语虽然在洛克、和继全、李晓亮、东巴研究院等个人和机构的努力下翻译了部分跋语，但存在同一本经书跋语翻译大相径庭的情况，因此，亟待对已翻译的跋语进行对比校勘。剩余的没有翻译的跋语也亟待翻译。如：

B24　跋语

和继全在《美国哈佛大学燕京图书馆馆藏东巴经跋语初考》中，翻译过这则跋语：

> 木牛年十一月二十二日，长水东知写的。是杨玉科攻占鹤庆的那年写的。

《哈佛》翻译了这则跋语：

> 天干，属木，牛年的农历十一月二十二日写的，是恩颗的东支写

的，是余依空白族地区城被攻破那年写的，城是农历十一月初二攻破的。世间不知死了多少人。愿东巴延年益寿。①

这两篇文章对这则跋语的翻译差距较大，主要体现在对地名和人名的翻译上。，和文采用了意译，译为了长水村；另一家采用了音译，译为了恩颗。，和文翻译为人名"杨玉科"，另一家音译为了余依空。，和文翻译为鹤庆，另一家翻译为白族地区。比较来看，和继全的翻译更妥帖，从跋语中展现了杨玉科攻打鹤庆这个历史事件，可以推断出经书的抄写时间，内容上也更符合抄写者的原意。不足是未翻译完整。另一家的翻译虽然完整，但令人有些费解，也无从鉴定出经书的准确抄写时间。

B44 跋语

B44 的跋语有多人翻译，其中洛克首当其冲，他先解释了这本经书的来源："1020 这本经书属于东巴杨福光的父亲。在经书的最后一页写道：'花甲虎年（1866）第六个月的十六日，那一天属羊，这本书的书写者是长水马鞍山下的东巴东知，写得没有错误。会读的这就是一本好书，不会读的这就是一本坏书，他们怎么说都行。'"（《纳西族的纳加崇拜及其相关仪式》，第 511 页）。和继全也翻译过这则跋语：B44 号："木虎年五月十六属羊日写的，长水马鞍山下东巴东知写的，写得没有任何错误，到了读的场合，如果是会读的人来读，一定

---

① 中国社会科学院民族学与人类学研究所、丽江市东巴文化研究院、哈佛燕京学社合编：《哈佛燕京学社藏纳西东巴经书》（第二卷），中国社会科学出版社，2012 年，第 467 页。

会说是写得多么好的书，如果是不懂的人来读，一定会说是写得不好。"《哈佛》中的翻译是："天干，属木，虎年农历六月十六日，羊日的一天写的，是恩颗马鞍山山麓下的高明东巴东支写的，没有差错。如果需要读到它的话，会读的人会说，是多么好的一本经书，不懂的人来读的话，就会说，是多么不好的一本经书。"① 从内容上来看，三者的翻译都基本达意，但在译文的句式上，水平不一。若后来者能参看前人的翻译，也可少走许多弯路。

D3 跋语

D3 这则跋语和继全曾翻译为："白沙村头和鸿写的。八月初六日写的，雪山上没有千丈高的树，村中间没有活百岁的人。举行延寿仪式，可以让人延年益寿。懂的人看到这本书，会放在心上，不懂的人看到会不以为然。我会的这几句，说给别人了，我不会的那几句，没有地方可以学。男儿活一世，会把名声留于后世。"《哈佛》翻译为："崩史村头的和虎写的书，是八月十五写的。在雪山松林带，不长千肘高的树。在广大的村庄里，没有活到百岁的人。世间大地上，做'延寿仪式'，是作仪式后可延年益寿。内行之人看了，会装在心头，外行人看了，则会不知所曰。我所知道的两三句，已经教给别人了。而不懂的两三句，却无处求教了。好男儿去世了，名声要留于后世。"② 从内容上看，两则译文都能达意，各有千秋。前者把地名意译，更能让读者明白；后者的优点在于译文优美。

---

① 中国社会科学院民族学与人类学研究所、丽江市东巴文化研究院、哈佛燕京学社合编：《哈佛燕京学社藏纳西东巴经书》（第三卷），中国社会科学出版社，2012 年，第 71—72 页。

② 中国社会科学院民族学与人类学研究所、丽江市东巴文化研究院、哈佛燕京学社合编：《哈佛燕京学社藏纳西东巴经书》（第四卷），中国社会科学出版社，2012 年，第 259 页。

D9　跋语

D9 的跋语，《哈佛》翻译为："这册经书是盘勒滞梅萨的嫩不塔写的。写了么有可能漂亮，有可能不漂亮；有可能好看，有可能不好看。做比说要快，嘴上说的与手上做的要铭记在心。怎么写就怎么好看，这是心爱之人说的话。识得山名，但不越此山，这是相处和睦，互相帮助之人说的话。太好，太漂亮了，潦草就不好看了。东巴萨嘎插应好好地铭记在心上。后面是板铃了，请跟我来学吧！就像说来容易做到难一样，就像答应容易深入难一样，要慢慢思量。"[①] 李晓亮也曾翻译过这则跋语的哥巴文部分："花甲土兔年出生的男子写的。八月二十日写的。村头拉若初的叶嘎和鸿我五十八岁写的。不满意的地方肯定有，但愿一切都会过去。名声也不会失去。愿祭司长寿。"[②] 从翻译的内容上来说，两者的差别较大，前者的译文可以算作错译，该句的句式是跋语中的常见句式，属于干支纪年，可翻译为"花甲土兔年"。李晓亮的翻译大体正确，他成功鉴定出是白沙和鸿的经书，不足的是其翻译中也有部分让人费解。

综上，翻译跋语之前，先找到所有前人的研究成果很有必要。然后再比较几者之间的优点与不足，根据自己对跋语常用句式的认识，找出最为合适的句式，最后才进行翻译。有些跋语很难翻译，尤其是哥巴文跋语。在遇到难题时，音译处理，不失为一个好方法，可以让后人在借鉴的同时，斟酌出更好的翻译。

3. 跋语书写者与经书抄写者信息不对称

跋语中还会出现跋语的书写者与经书抄写者信息不对称的情况，具体表现

---

① 中国社会科学院民族学与人类学研究所、丽江市东巴文化研究院、哈佛燕京学社合编：《哈佛燕京学社藏纳西东巴经书》（第一卷），中国社会科学出版社，2011 年，第 414 页。
② 李晓亮：《西方纳西学史研究（1867—1972）》，西南大学博士学位论文，2014 年，第 277 页。

在经书的跋语作者不止一人，有时联名书写，有时一人书写却出现几种不同的签名。

（1）跋语的作者不止一人的情况

《全集》有一本经书有几则跋语，跋语的作者不止一人：

> 这本古籍，是格特舟地方的洋吉阿叔的书。望好好保管，否则眼灵的人会来偷走的。这一本书，是好地方托罗村的老爷爷梭补余登，乳名又叫东孜的孙子东智来写的。写于民国三十八年。当年属牛，是在闰月七月十六日写成的。也就是刚刚解放，改换新朝代的那一年写的。当时的那种新局面，是从来没见过的。愿人们长寿又延年。要认真学习本书，要学要问才能很好掌握。书写此书时，虽说手指不太灵活，字迹笔画写得不是很好，但所写的却没有半点的差错。
>
> 一定要认真学习，不要不认真，不以为然地对待。凡纳西儿女，原本兴怎样做就要怎样做，不要丢失传统、丢失规矩，一定要认真去按规矩行事。又再次抄写该书者是居住于阿什佐、崩世好地方，拉久恒茨大牧场前面的大东巴东恒。是东恒东巴临摹原书写成的。写于一九九四年，于九月二十日写完，虽说手指不太灵活，字写得不是很好，但写的不会有差错。请慢慢地看吧。有不会和不懂的，就去向懂的人问，向懂的人学习去吧。愿长寿延年。（《全集》1－293、1－294、1－296、1－297、1－298）

这本经书的跋语前半部分是梭补余登的孙子东智写的，后来东恒东巴（和开祥）在重新抄写这本经书时，把母本的跋语也抄了进去。遇到这种情况，辨别较为容易，只要仔细阅读跋语，对照经书的原文字迹，就能准确判断。

（2）联名书写的情况

一些东巴经书中会出现几个人的名字，而这几个名字是并列书写的。《全集》中收录的和世俊东巴的经书，跋语部分有些写有他的法名"梭补余登、东仔"，有些在其法名之后再加上其孙子和文质的法名"余登、普支登梭"。如下面几则跋语：

> 是托鲁村东巴梭补余登、东仔的经书，祝东巴延年益寿。(《全集》
> 11-93)

> 好地方阿什仲托鲁村阿什白雪山务汝盘山麓的东巴梭补余登、东
> 仔写的，是有五十二岁那年写的。放在儿孙面前了，慢慢学习吧。祝延
> 年益寿。愿后代从吉祥的地方诞生，像五宝花朵一样！(《全集》11-
> 126)

此类情况比较棘手，需要对两人的经书进行研究，尤其是字迹上的深度研
究，判断出两人书写的不同之处，才可判断该经书的具体书写者。

(3) 签名不止一种写法的情况

一个东巴往往有多个名字，有法名、乳名、学名等。在经书里常用法名，
有时也会用到其他的名字。有时也会出现同一个法名不同写法的情况。如下
所示：

K24

C31

K24、C31 两则经书的跋语签名，其形式有两种，分别是 、，
通过封面、字迹等其他证据发现同属于长水村的东巴东知。遇到此类情况，首
先要仔细阅读跋语，对跋语进行深入了解。若不同的签名为同一人，会出现一
些其他相同的信息，比如地名、祝福语等。上文所举例子中，都提到了长水马
鞍山的地名。其次，对相同的信息可以做字迹比对。在信息相同的情况下，字
迹比对更为有效。

收藏信息鉴定法是指利用收藏者对经书的描写和记录，包括收集或收藏时间、收集或收藏地点、有关抄写者的情况、经书的尺寸等信息来鉴定经书的方法。

第一节　收藏信息鉴定法概况

收藏信息是东巴文研究中容易被忽视的一个领域。原因在于这些收藏信息较为分散，不成系统，也不起眼。收藏信息主要分布在四个地方：一是集中在版本目录学书籍中，二是散见于翻译经书的书籍中，三是载于田野调查的论文中，四是记录在收藏者的日记等作品中。

一、版本目录学书籍中的经书信息

版本目录学书籍中记录的经书信息，往往包括经书标题、内容提要、经书尺寸或者是收购地点、收藏地点等。下面着重介绍几本这样的著作。

（一）《纳西写本目录》（*Na-khi Manuscripts*）

这套书共有 5 册，其中第 1 册、第 2 册由洛克与雅纳特共同编写，英文版本，1965 年在德国威斯巴登出版社出版；第 3 册至第 5 册由雅纳特一人编写，德文版本，1975—1980 年期间由德国威斯巴登出版社陆续出版。

《纳西写本目录》（第 1、2 册）包含了四个部分：纳西族东巴教仪式分类；根据仪式分类对德国马尔堡国立图书馆所藏东巴经书进行的描写分析；经书复本展示以及索引。其中的版本信息都汇集在第二部分，作者按照东巴文标题、所藏地编号和洛克编号、标题释义、版本信息描述、内容提要、跋语释读的内容编排对马尔堡图书馆所藏经书进行了编目研究。在对经书版本进行描述时，写出了收集地点、抄写的东巴、经书的品相等相关信息。下面举两例：

例 1：Hs. Or. 1403（洛克编号 4159），这是三本经书中最好的一册，它的书法精美，在经书的首页绘有一个小巧的板铃。这本经书没有跋语。但它属于丽江西南中村的东巴和合寿，经书时代可追溯到 1832 年。①

例 2：在德国马尔堡国立图书馆发现了一本和华亭抄本，编号是 Hs. Or. 1382，即 R2772。洛克对这本经书有这样的描述：在葬礼上为女性唱的挽歌，有关于苦难的起源。这本不是原始的纳西手抄本，是我的东巴经师和华亭抄写的，他来自丽江西部扬子江河谷的"故南瓦"。由于没有抄写底本，和华亭根据记忆写成的，写于 1933 年。②

在洛克去世的背景下，雅纳特独立完成了《纳西写本目录》（第 3—5 册）的编写。从第 3 册开始，编排方式基本沿袭了第 1 册和第 2 册的风格，按照仪式分类对余下的东巴经进行分类编目，较为遗憾的是在对每本经书进行描述时，只包含了所藏地编号、洛克编号，标题的纳西语释读以及可参考的文献。每条记录都非常简约，缺了很多重要的版本信息。

(二)《中国少数民族原始宗教经籍汇编·东巴经卷》

该书于 2009 年由中央民族大学出版社出版。它根据流传在纳西族地区的传统东巴教仪式及使用的经籍内容加以整理汇编而成，绝大部分资料来源于《全集》100 卷、《纳西族东巴教仪式资料汇编》和丽江市玉龙纳西族自治县鲁甸乡新主村东巴和开祥的口述记录。其内容按照东巴教仪式编排，每个仪式中都包含仪式简介和经籍选录。在经籍选录部分包含导读、经文两大部分。导读部分

---

① Joseph F. Rock & Klaus Ludwig Janert. *Na-khi Manuscripts*, Part I, Steiner. 1965：130.
② Joseph F. Rock & Klaus Ludwig Janert. *Na-khi Manuscripts*, Part I, Steiner. 1965：174.

包括对经书标题的解释，经书版本信息，经书主要内容介绍等。以祭天仪式中第一函经书《祭天·远祖回归记》为例：

该经籍纳西语全称是 $mɯ^{33}py^{21}$ · $tsʰo^{21}bər^{33}sa^{55}$。其中"$mɯ^{33}$"是"天"之意，"py^{21}"的本意是"诵"，因纳西东巴教的祭祀活动以"诵经籍"为主，故凡祭祀也称为"吟诵"，它也就有"举行仪式，做祭祀"等引申义。故"$mɯ^{33}py^{21}$"即"祭天"或"祭天仪式"。"$tsʰo^{21}$"的意思是"人"或者"人类"，它的汉语译音成"崇"，也暗指纳西传说中的始祖"崇忍利恩"。"$bər^{33}$"的本意是"迁徙"，"sa^{55}"的本意是"降临"或"迎接"。本经籍按其名之意及内容意译为"远祖回归记"。该经籍有 50 页。是丽江鲁甸乡新主地方的经书。

本经籍是举行祭天仪式中的主要读本，仪式在举行生献（即将牺牲宰杀后完整地供奉在祭坛前）时诵读或吟唱。主要讲述纳西先祖崇忍利恩与天神、地祇的女儿——衬恒褒白相恋结婚，后夫妻双双为复兴已灭绝了人烟的大地，告辞天庭，下凡人间，到大地上创家立业、繁衍子孙的故事。描绘了崇忍利恩和衬恒褒白从天上返回人间行程中的艰难和创业的不易；及他俩因婚后久不生育、后代不健康等原因，又不断派遣使者返回天庭，请求天神地祇解困等过程，讲述了纳西族的由来及纳西年年要隆重祭祀天地的缘由。

本经籍包括以下的内容：

1. 给牺牲除秽。2. 逐一赞颂天、地、柏三位祭祀对象。3. 讲述人类的产生、祭天的来历。4. 驱灾、镇压灾祸鬼。5. 祈求众神灵赐福保佑。（第 4 页）

根据笔者对该书的了解，大部分经籍选录的导读部分都包含了对经书版本信息的描述。虽然这些描述较为简易，一般只交代经书页数和经书的归属地，但是对东巴经的谱系分类具有较大的参考价值，是我们鉴定经书前的必读指南。

目录学的著作还有朱宝田的《哈佛大学哈佛燕京图书馆藏中国纳西族象形

文经典分类目录》和《美国国会图书馆藏纳西象形文经典分类目录》，其中前者 1997 年由哈佛燕京图书馆出版，后者刊布在美国国会图书馆网站上。可惜这两本书错误较多，可供参考的只有尺寸等信息。

二、译释的书籍

在翻译经书过程中，译者往往会在翻译前介绍经书的来历，内容提要等，下面选取几例重要的译释著作。

（一）《么些经典译注九种》

该书由李霖灿先生编译，1978 年由台湾省编译馆中华丛书编审委员会出版，一共收录了九本经书。书中在每本经书开头交代了经书的基本信息，包括经书抄写者的地域，抄写者，经书的尺寸，经书收藏地点以及收藏号。

> 《洪水的故事》，也可以说是么些族的《创世纪》，在不同的法仪中都用到它，是一册很重要的经典。原经典长二十八公分，宽十公分，厚约八公分，现藏译者手中的私人藏品编号是 P. 18。——这册经典是我在丽江长水乡大"多巴"和泗泉那里买来的，据说是东山一带的写本，看其写法，这项判断大概正确。（第 23 页）

> 这一册（《多巴神罗的身世》）经典是属于超度多巴那一套法仪里面的，我所收集到那六十四册的《超度多巴夫妇经典》中它占十二册的位置。原经典长九公分又九公厘，宽二十九公分又八公厘。在"中央"博物院的藏品登记编号是 J. W. 1270－33。……原经典的所有人名叫多子，这是他做多巴的名号；在书尾有他用标音字的记名。他是丽江县鲁甸乡打米杵村的人，所以这册经典的读音是以打米杵村的多巴为准的。据说这一部书都是他亲自一手抄成的，很舍不得卖给别人，所以我应该在这里特别地对这位现存多巴道谢一声。（第 125 页）

这（《都萨峨突的故事》）是么些巫师所用经典中《祭龙王经》的一册，在我经手所收的那五十册《祭龙王经》中它占第九册的位置。在"中央"博物院的藏品编号是 J. W. 1361－33。原大小是长九公分，宽二十九公分。

这一册经典的翻译过程是如此。民国二十八年我到了丽江，在上吉村和士贵老"多巴"家见到这册经典，多谢周炼心兄的指点和通译，使我发现这是一篇有文学价值的么些故事。……后来便受了中央博物院的聘请，在鲁甸区考察时在和文质大多巴家又见到这本经典，我便请他一字一音地用象形字记下来他们的读法。三十年冬天我同和才君回到了李庄，在中央研究院历史语言研究所内请张琨来记音。和才君是么些人，所读的是大多巴和文质审定的记录，所以那时张琨先生一再劝我先把经典翻译出来，说这是极宝贵的一部分资料。张先生的意思我心中极为赞同，所以一编完了《么些象形文字字典》和《么些标音文字字典》之后，我便立刻来着手翻译经典。想不到的是等翻译这一册经典时，又临时出了一点小问题。原来和文质所依据的那册经典我们没有带来，所以虽有读音记录却找不到原来速记式的古本经典。我们收到这一本呢，又和他的读法不完全符合。因为么些经典都是各自手抄各自口传的，所以很难有两册经典是真正完全相同的样子。（当然故事的主要情节是差不多的）。这样一来，一切又要从头做起，我便请和才君以多巴身份把现在这一册经典诵念一遍……（第 163 页）

（二）《丽江么些象形文〈古事记〉研究》[①]

该书由傅懋勣翻译，和芳释读，武昌华中大学出版，出版时间为中华民国三十七年，即 1948 年。在该书的第 7 页记载了经书尺寸、地域以及经书内容：

这本经典长 245 公厘，宽 98 公厘，用竹笔蘸墨写在一种厚纸上。

① 傅懋勣：《丽江么些象形文〈古事记〉研究》，武昌华中大学，1948 年，第 7 页。

这种经书纸两面都写字，字画很清楚；连封面一共有十六张。同一种经典往往因师弟授受或用途不同而有差别，本书以拜吕古村写本为据，而参考了另外在除秽法事上用的两个本子，称乙本丙本；因篇幅所限，我并没把所有的差异都写出来。这本经典的内容，大致有八部分：(1) 天地日月星辰山谷木石的出现，(2)"真"和"作"化生白蛋和黑蛋，因而又生善恶两类，(3) 灵山的建立，(4) 人类最早的祖先世代，(5) 洪水的故事，(6) 措战勒额上天和蔡荷包玻蜜恋爱的故事，(7) 二人恋爱成功由天宫下至丽江拜吕古村所经过的路线，(8) 请神逐鬼，求寿祈福。正因其内容不限定"人类的迁徙"，所以名为"古事记"。……经文依照原文大小描摹，只少数字数迁就篇幅凑近了一些，写小了一些。

(三)《纳西东巴经古籍译注全集》

该书由东巴文化研究所编译，云南人民出版社于 1999—2000 年出版，共 100 卷，收录 897 册东巴经。《全集》中记录的版本信息较少，一般都出现在翻译经书的内容提要中。如第 29 卷第 24 页提要：这本经书现已找不到古本。这是大东巴和士诚书写下来的。经书现藏东巴文化研究所。

翻译经书的著作较多，还有洛克的《纳西文献研究》（*Studies in Na-khi Literature*）、《纳西族的纳加崇拜及其相关仪式》（*The Na-khi Naga Cult and Related Ceremonies*）、《日喜部落及他们的宗教文献》（*The Zher-khin Tribe and their Religious Literature*）等。这些著作中，都在经书翻译开始前介绍了经书收集的地点，抄经人、经书尺寸等相关信息。

三、一些有田野调查的硕博论文

近些年，一些田野调查的硕博论文出现，刊布东巴经典时都会出现相关的版本信息。

（一）钟耀萍：《纳西族汝卡东巴文研究》

《纳西族汝卡东巴文研究》一文对纳西族的汝卡东巴经作了详细的田野调查，其中刊布汝卡经书目录，消灾经书32本，请神经书5本，打卦、占星、算日子经书8本，丧葬经书54本，共99本，多为古本。[1] 她还为一些经书写了内容提要：

> 东坝日树湾《人终有一死经》此经书用纸箱底层的垫纸书写，竖长11厘米，横宽29厘米，除封面后14页，有跋语。为习尚洪东巴书写，亦由习尚洪东巴读经。此书为东坝汝卡东巴在人死后举行丧葬仪式时念的第一本书。讲述死者没死前，想尽办法为其治病，但是病痛可以痊愈，死亡却不可逃避。接下来，列举了自然界中勇猛强壮的动物的意外死亡，诸如白头雕停在松树上被落下的松枝打死、母老虎在竹子旁歇息被竹尖插死、水獭在石头缝里睡觉被缝里夹着的那块石头落下打死等等。经书还写到天、地、山、神的父母亲也会去世，摩梭女死在织机旁，剥麻的女人死在水尾上，各种动物死在自己喜欢的地方，宽慰死者人终有一死，安心上路。（第40页）

（二）曾小鹏：《俄亚托地村纳西语言文字研究》

曾小鹏博士论文研究了俄亚英扎次里家的经书，他在文章的附录五刊布了这个东巴所写的东巴经，他为经书编号，制作目录，记录了纸质材料、开本，翻译了题目，交代了经书的主要内容。[2]

---

[1] 钟耀萍：《纳西族汝卡东巴文研究》，西南大学博士学位论文，2010年，第32页。后于2014年在民族出版社出版。

[2] 曾小鹏：《俄亚托地村纳西语言文字研究》，西南大学博士学位论文，2011年。后于2014年在民族日报出版社出版。

（三）和继全：《白地波湾村纳西东巴文调查研究》

和继全博士论文对白地波湾村的东巴经作了详细调查，刊布了波湾村的东巴经目录，记录了经书的题目、纸质材料、开本。同时他翻译一些重要的经书时，作了详细说明。[①] 如：

《杀猛厄鬼》收藏于波湾村阿普纳家。东巴纸旧抄本，线订册页装，左侧装订，10厘米×29.5厘米；封面竖置（装订侧向下），封面书名、装饰画等因年代久远而已模糊不清。全书共20页，正文17页，四行书写。佚名抄写，年代不晚于民国时期。（第112页）

《净水咒》收藏波湾自然村"长脚"家。东巴纸旧抄本，9.5厘米×24厘米，线订册页装，上侧装订，4行书写，共14页，正文12页。外加白纸封面。藏语音读经典，用于丧葬仪式。佚名抄写，年代不晚于民国时期。（第123页）

《白水台祭祀仪式规程》由树银甲先生书写后传给和继全，东巴纸书写，散页装，12厘米×29厘米，3行书写，共4页，正文3页。（第126页）

（四）杨亦花：《白地和志本东巴家祭祖仪式和祭祖经典研究》

《白地和志本东巴家祭祖仪式和祭祖经典研究》该文刊布的一本《和氏家族祭祖经》，是和志本东巴家收藏的。据和志本东巴说，这个规程是他舅舅柯恒［$k^{h}\text{ш}^{55}\text{hш}^{21}$］于1949年去世前怕他（时年21岁）记不住而写的，用字较

---

① 和继全：《白地波湾村纳西东巴文调查研究》，西南大学博士学位论文，2012年。后于2015年在民族出版社出版。

少比较简单。① 由此可知该经书写于 1949 年，柯恒所写。这类硕博论文在田野调查时，调查仔细，大多记录了目录、形制，拍摄了照片，还交代内容提要，可信度很高。

除此之外，在有些学者的日记、游记等其他非学术著作中，会有一些收藏信息。如李霖灿和洛克的日记中都有记载经书的情况。只是日记这种私人物品，不易得。

收藏信息是收藏者或研究者提供经书的间接信息，他们所记录的收集地点、卖经书的人、购买时间，买卖细节等都为经书鉴定提供了直观有效的信息。

第二节　收藏信息鉴定法示例

哈佛藏东巴经书，大部分为洛克所收集，少部分由昆亭收集。洛克收集的经书，需要去洛克的著作中寻找蛛丝马迹。昆亭所收集的经书，只能在他留下的一篇文章《魔域祭司》中寻找。该文介绍了他收集经书的地点，其中一个村子在距离甘海子 1 英里处，另一个村子在距离玉龙雪山西北部 10 英里，还有一些经书是东巴在昆亭朋友的安排下，来到丽江见到昆亭后买的。可以确定的是，昆亭所收集的经书都是丽江坝区的经书。

洛克在丽江的近三十年，共收集了 8 000 多本经书。他收集的经书地域广泛，在他的著作中可以找到许多有效的信息，包括经书的收集地点、购买时间、收藏过程，以及经书抄写者的详细信息。下面以哈佛东巴经中洛克收集的经书为例。

一、收集地点

洛克在他的著作中写了他购买经书的地点，有些记录很精确，有些他记不

---

① 杨亦花:《白地和志本东巴家祭祖仪式和祭祖经典研究》，西南大学硕士学位论文，2010 年，第12 页。

得具体的位置，只写了大致的区域。

1392（B28），这是很多年前我在丽江地区收的很多经书当中的一本。（第179页）①

这里翻译的经书2100（B4），来自于丽江，但是哪个村，哪个东巴不得而知。从它的表面来看，这本经书来自于丽江东部的东山乡，紧邻金沙江东边的支流。（第270页）

这本书藏在哈佛，我后来的东巴认为这本书部分有错。1382（B3），这本书收购于接近丽江的一个村，但是不知道是谁写的。750、1525、199、319、920都是相同的题目，但是分属不同的仪式。750是一本很老的书，收购于距离丽江北部4天路程的宝山，纳西族最先占领的地方。（第279页）

914（B23）不是丽江的书，而是来自于剌宝乡，在丽江东北部，金沙江峡谷内。（第587页）

根据洛克的记录，可以断定为B28、B3为丽江地区的经书，B4为丽江地区的经书，有可能是金山乡的。编号750则是宝山的经书。B23为剌宝乡的经书。

二、购买时间

洛克在著作中记录了他购买经书的时间。

---

① Joseph F. Rock. *The Na-khi Naga Cult and Related Ceremonies*, Part 1, Instituto Italiano per il Medio ed Estremo Oriente, 1952. 无特别说明，都引自该书。数字表示洛克自己编的号，紧跟着括号内的编号为笔者所加，是哈佛藏东巴经朱宝田编的号。句末括号内为该书的页码。

1400（B1），这本经书是我 23 年前在丽江地区收得的。（第 190 页）

6015，这是我最近得到的，来自蒙绍坞的东巴。（第 232 页）

6095 是我在 1947 年购得的。（第 565 页）

898（B75），6073 是 1947 年购得的。（第 620 页）

根据他购买经书的时间，可以确定经书抄写时间的下限，即不晚于他购买的时间。

三、抄写时间

在洛克的著作中，偶尔会提到经书的抄写时间。

1402（B63）是最近写的书。（第 302 页）

1406（B46）是丽江地区的东巴写的，抄写时间是 1870 年。最近收集东拉东巴的经书，编号 6015，是我的私藏，现在藏在意大利罗马中东和远东印度研究所。（第 351 页）

根据这个信息可以判断，B63 这本经书抄写时间距离洛克购买经书的时间不远，不会是很早的抄本。B46 的经书则写于 1870 年。

四、收藏地点

在洛克的著作中，交代最多的是这些经书的收藏地点。他所购买的经书，由于某种原因，被分散在了西方国家，或被公共机构收藏，或被私人收藏，还有一些他自己收藏。

584（I39）这本经书是用好的笔写的，经鉴定这本书来自于丽江北部的刺宝，在金沙江峡谷里，距离丽江四天的路程。另外一本经书618已经不在我的收藏之中，其副本藏在国会图书馆。（第691页）

1517现在已经不在我的收藏了，但是微缩胶卷在我的收藏中。1947年，我在丽江收购了6052。（第634页）

1532（B35）是多年前从丽江东巴手里收购来的，另外一本2100（B4）已经不是我的收藏。（第519页）

根据东巴经书的收藏地点，可以找到与哈佛藏东巴经相关的经书，系联到更多的经书。另外，根据这些信息我们得知有些经书不止一个版本，它有可能是复印本，也有可能只是以微缩胶卷的形式存在。因此，在鉴定经书时，也要考虑经书的物质形态问题，避免重复鉴定。

五、交代稀有的版本

在洛克的著作中，还会描述经书的版本问题，比如同一种经书他收集到几本，而有些经书的版本很少见，所以他作了独特的描述。

这本经书1377（B71）很罕见，事实上，在我一生中也只见过这一本。我在丽江地区购得的。（第550页）

1116（C81），这本经书很少见，在我的收藏中仅此一本。（第560页）

尽管这些版本信息是洛克的一家之言，但他所见经书广泛，可为鉴定者在判断是否为孤本时提供参考。

有时，收藏者会收购到大批量经书，这样就会在一些著作中涌现出相同或者相似的收藏信息。鉴定者可根据这些经书，系联出一个系列的经书。比如东拉兄弟东巴和东知东巴的经书。

（一）以东拉兄弟东巴的经书为例

在哈佛燕京学社藏东巴经中，堪称书法艺术成就最高，被当时的东巴争相效仿和深受评论家喜爱的是东拉东巴。他所抄写的经书，封面都带有装饰物，正文第1页的插图精美绝伦，基本具备了工笔画的特征，所写书体端庄精致，空间布局匀称，可称为是东巴文的"楷体"。据洛克记载，东拉东巴兄弟为明代人，生活在白沙乡吉祥村。笔者对每本经书的跋语进行了研究，尚未发现东拉东巴以及具体的纪年。但是洛克在《纳西族的纳加崇拜及其相关仪式》一书中，记载了东拉兄弟经书的情况，如表3所示。

表3　哈佛藏东拉兄弟经书收藏信息表

序号	经书编号	内　　容①	出处
1	B11	我在收购时有2册这样的经书，分别是1397和3155，现藏哈佛。这里翻译的是3155（B11）。这本经书属于东巴三兄弟，他们生活在明代的吉祥村，紧邻白沙西部。这三个东巴兄弟以精于装饰他们的东巴经书而闻名。他们所有的经书现在分散各处，其中很大一部分成为我的收藏，现在它们是哈佛的财产，我曾经向他们展示过。三兄弟中装饰经书最好的是东拉，另外的一本经书是最近得到的，编号6100，现藏于意大利罗马中东和远东印度研究所。	第107页
2	B50	5051属于白沙的东拉家族，这个家族以东巴闻名。三兄弟生活在明代，兄弟三人写经书都十分认真，而且每一本都装饰精美。他们经书的第1页都画有一个彩色的东巴或者神的形象，这些经书后来受到追捧，还有一些散落在丽江地区。我收购了很多，几乎所有的这些书都藏在哈佛燕京学社图书馆。1944年日本鱼雷击中了装载我的物品的理查德·霍维号军舰，很多东拉的经书还有我的所有的经书翻译稿、笔记和其他经书沉入大海。	第208页
3	B30	5055，现在翻译的这本书，装饰精美，是东拉的书，可以追溯到明代。自从我1946年重返丽江后又收得一本装饰精美的经书，即6014，是东拉的书。首页有一个生动的东巴图像，下面用哥巴文标出读音，这本书我私人收藏，现在意大利罗马中东和远东印度研究所。	第261页

① 原文为英语，由作者和西南大学李晓亮合作翻译。

序号	经书编号	内　　　容	出处
4	B53	3163 是一本非常老的书，属于东巴三兄弟，其中最有名的是东拉。他们的经书受到很多人的追捧，因为他们的大多数经书首页上彩绘着惟妙惟肖的图画，或是神灵，或是东巴。	第 296 页
5	B66	2822 是东拉的书，可以追溯到明代。	第 302 页
6	B41	有 2 本内容相同的经书，这里翻译的经书是 5054，它属于丽江北部白沙吉祥村东拉的书。	第 307 页
7	B70	3160 属于白沙的著名东巴东拉。	第 318 页
8	B69	5053 是东拉的书。	第 322 页
9	B64	921 是东拉的书，另外一本也是东拉的书，编号 6102。	第 329 页
10	B45	3158 是东拉的书，装饰精美，属于 16 世纪的经书。	第 351 页
11	B14	5050 是很罕见的经书，属于东拉东巴。我后来收藏的东巴经书中从来没有见到过和这本同样的经书。	第 359 页
12	B73	933 是丽江北部东拉东巴的书，它是我大约 25 年前在白沙买来的。	第 548 页
13	B72	5057 是明代东拉的书。	第 577 页
14	B16	3164 是属于丽江以北 8 045 米的白沙吉祥村的东拉东巴，这本经书可以追溯到明代，首页有美丽的花边。	第 581 页
15	I8	这里翻译的 5043（I8）是东拉的书。1947 年我得到四本内容相似的经书，6054 是东拉的书，6055、6056 来源不详，6057 东巴字写得很漂亮。	第 643 页
16	I3	只有一本经书在我的收藏中，1624（I3）是东拉的书。1947 年我又得到两本经书，6069 很旧，6070 属于东巴东立。	第 656 页
17	I13	3178（I13）属于东拉的书。3166（I12）有花边。	第 667 页
18	I24 I23	3172（I24）、5045（I23），这两本都是东拉的书，首页画有东巴什罗的像，什罗坐在莲花宝座上，背后有红印，身体是绿色的。1618 已经不再是我的收藏。	第 723 页
19	I19	3165 是白沙东拉的书。	第 729 页
20	I15	5047 是东拉的书。	第 781 页

序号	经书编号	内　　容	出处
21	I7	1315（I6）来自长水村，写于 1870 年。5048（I7）是一本非常老的书，可以追溯到明代，这是东拉的书。三兄弟生活在白沙吉祥村。	第 792 页
22	I11	1307（I33）属于长水、5049（I11）属于东拉。	第 979 页

可以确定的是 B11、B14、B16、B30、B41、B45、B50、B53、B64、B66、B69、B70、B72、B73、I3、I7、I8、I11、I13、I15、I23、I24 是一个系列的经书，为东拉兄弟所写。

东拉兄弟的经书不仅见于哈佛燕京学社图书馆，还收藏于德国马尔堡国立图书馆。① 根据《纳西写本目录》，我们可以整理出东拉兄弟的经书信息，如表 4 所示。从表 4 中可知，在德国马尔堡国立图书馆至少有 33 册属于东拉兄弟的经书。从洛克对东拉兄弟的记录来看，这批经书具备以下特征：一、时代最为久远，可追溯到明代万历年间。二、经书最漂亮，文字最美观。三、这些经书很相似，形成一个系列，但仍有区别，东拉的经书最为美观。

表 4　德藏东拉兄弟经书收藏信息

序号	经书编号	内　　容	出处
1	R8647	Hs. Or. 1532（R8647）是东拉的手抄本，属于东拉三兄弟中的其中一位东巴，他生活在明朝万历年间（1573—1620）。他们居住在 ^{2}Gyi-^{1}ts'ä-^{1}ndso，翻译为汉语就是在白沙的吉祥村，距离丽江 8 045 米远。	第 62 页
2	R8623	这三本经书有着一样的标题，但 Hs. Or. 1529（R8623）是最好的一本，它是东拉的经书，可追溯到明朝万历年间。	第 66 页
3	R8268	Hs. Or. 559（R8268）是东巴三兄弟其中一个叫东拉东巴的书，他住在白沙，距离丽江 8 045 米，生活在明朝万历年间。	第 67 页
4	R8621 R8268	Hs. Or. 1527（R8621）是与 Hs. Or. 559（R8268）同属一套经书（前者为上册，后者为中册），为东拉东巴所写，他生活在明万历年间。	第 68 页

① 现藏于柏林国家图书馆。

序号	经书编号	内　　容	出处
5	R6100	Hs. Or. 1451（R6100）是以上七本中最好的一本，首页已经翻译并出版，见《纳西族的纳加崇拜及其相关仪式》第105页。	第73—74页
6	R8263	Hs. Or. 535（R8263）比之前那本经书稍差一点，它们同属于东拉手抄本，也就是说这两本是生活在白沙吉祥村两兄弟所写。他们共有三个兄弟，都是东巴，都在经书中绘有插图。R6100的那位东巴书写艺术更高。	第73—74页
7	R8620	Hs. Or. 1526（R8620）是一本古老的经书，正文第1页有插图，绘有一个身着绿裙的东巴。这本经书有删节。这本经书仍然属于东拉，可追溯到明代万历年间。	第73—74页
8	R5050	Hs. Or. 1417（R5050）是东拉的经书，这本经书没有插图。	第75页
9	R8231	Hs. Or. 532（R8231）是东拉的经书，写于明代万历年间。经书第1页绘有一个小型的东巴图像，他交错盘腿，袖子宽大。	第79页
10	R8271	Hs. Or. 563（R8271）是东拉的经书，是明朝万历年间东拉兄弟中的一位写的。第1部分是从第1到第19页的第2段，第2部分是从第10页第3段开始。第3部分从第25页第2段到最后。	第84页
11	R8622 R8426	Hs. Or. 1528（R8622）和 Hs. Or. 1501（R8426）同属白沙东拉东巴的经书，白沙距离丽江8 045米。	第91页
12	R3144	Hs. Or. 312（R3144）是东拉的经书，由三兄弟中其中一位东巴所写，他这种风格更为豪放。第1页有微型画，一个东巴交错盘腿而坐，手藏袖子内。身着黄色衣服，戴着一顶大毡帽。这两本经书是一样的内容。	第91页
13	R3148	Hs. Or. 313（R3148）是明朝万历年间东拉兄弟中的一位写的。	第92页
14	R8619	Hs. Or. 1525（R8619）的封首绘着极其漂亮的插图，画着一个东巴坐在地毯上，左手拿着药，表现他洒药的姿态。这本经书是明朝万历年间生活在白沙吉祥村的东拉兄弟所写。	第93—94页
15	R8667	Hs. Or. 1534（R8667）是更老的经书。这是明朝万历年间住在白沙吉祥村东拉的经书。	第99页
16	R6069	Hs. Or. 118（R6069）是一本很古老的经书。这本经书书写精美。第1页有一幅微型画东巴什罗（通常他的身体是绿色的），他身着红色披肩，浅红色衣服，右手向上举着。	第102页

序号	经书编号	内　　容	出处
17	R6054	Hs. Or. 360（R6054），这是在我收藏品中最古老的经书。是明朝万历年间东拉的经书。首页有微型画，是^{2}Bö-^{1}mba 盘坐在莲花上。	第 105 页
18	R6082	Hs. Or. 1450（R6082）这本经书是非常古老的。它是明朝万历年间东拉的经书。首页绘有东巴，双手举着板铃，坐在毛毯上。头戴大毡帽，身着蓝外套，内着红衣。翻译见《纳西族的纳加崇拜及其相关仪式》（第 767—773 页）。	第 110 页
19	R6079	Hs. Or. 371（R6079）是非常古老的一本。它是明万历年间白沙吉祥村东拉的经书，白沙距离丽江 8 045 米。第一部分翻译见《纳西族的纳加崇拜及其相关仪式》（第 714—715 页）。	第 110 页
20	R3177	Hs. Or. 1388（R3177）是白沙吉祥村东拉的经书，白沙距离丽江 8 045 米。可追溯到明朝万历年间。首页绘有精致的图像，是一个站着的东巴，左手拿着剑，右手拿着板铃。	第 112 页
21	R3154	Hs. Or. 1387（R3154），这是 5 本中最好的经书。它是明万历年间东拉的经书。首页绘有微型画，是^{1}Shou-^{1}la-^{2}wu-^{1}gko，与苯教之神 gShen-lha-od-dkar 是一样的。gShen-lha-od-dkar 被认为是苯教众神之父。^{1}Shou-^{1}la-^{2}wu-^{1}gko 和 gShen-lha-od-dkar 的神秘性是一致的，与^{1}Shou-^{1}la-^{2}wu-^{1}gko 被认为是纳西众神之父一样。	第 120 页
22	R6072 R6071	Hs. Or. 366（R6072）和 Hs. Or. 1448（R6071）这两本经书都是明朝万历年间东拉的经书。两经书首页都画了一个东巴。翻译参见《纳西族的纳加崇拜及其相关仪式》（第 675—688 页）。	第 124 页
23	R8285	Hs. Or. 1473（R8285）是明朝万历年间东拉的经书。第 1 页绘有东巴，手持书卷和板铃。	第 127 页
24	R8498	Hs. Or. 634（R8498）是有删节的一个版本。是明代万历年间住在白沙吉祥村的东拉写的。白沙距离丽江 8 045 米。首页看似脆弱，只有一幅画，画着一个东巴右手向上持板铃。	第 131 页
25	R8485	Hs. Or. 1520（R8485）是五本经书中最老的一本。它是东拉的经书，可追溯到明万历到清之间。	第 201 页
26	R8617	Hs. Or. 1524（R8617）是一本很古老的经书。它是东拉的经书，首页绘有一个站着的东巴，右手举着板铃。它的封面和封底都不见了。	第 201 页

序号	经书编号	内　　容	出处
27	R8208	Hs. Or. 1461（R8208）是东拉的经书，在明万历到清代之间。这本经书没有插画，也没有跋语。	第 204 页
28	R4051	Hs. Or. 1391（R4051）是一本很古老的经书，它由东拉兄弟中的一个东巴所写，明朝万历时期，他生活在白沙吉祥村，距离丽江 8 045 米。	第 249 页
29	R8471	Hs. Or. 364（R8471）是一本很古老的经书，它由东拉兄弟中的一个东巴所写，他在明朝万历时期生活在白沙吉祥村，距离丽江 8 045 米。	第 265 页
30	R3040	K. Or. 49（R3040）是五本经书中最古老的一本。可追溯到明万历年间。封面和正文第 1 页、第 2 页都已经损坏。	第 279 页
31	R3083	Hs. Or. 1383（R3044）是六本经书中最古老的一本。Hs. Or. 1384（R3083）它是东拉的经书，可追溯到明万历到清之间。东拉生活在白沙吉祥村，距离丽江 8 045 米。	第 291 页

　　根据洛克的这些记载，我们可以认定上文所提到的经书由白沙乡吉祥村东拉兄弟所写。

（二）以东知东巴的系列经书为例

　　东知，也叫阿知，木谓廷，是黄山乡长水村著名的大东巴。儿子杨福光，也叫杨光，也是一位东巴，但能力远不及父亲。洛克向杨福光购买了他家所有的经书。根据安东尼·杰克逊的描述，这些经书有 500 多册，大部分在美国国会图书馆，有部分在哈佛燕京学社的图书馆[①]，如表 5 所示。洛克对这部分经书的描述，有时记录得非常详细，交代了收藏时间、购买过程，对经书的评价等；有时记录得很简单，只记录了长水这个地名。

---

① ［英］安东尼·杰克逊、潘安石著，吴瑛译：《纳西仪式、索引书籍的作者以及占卜书籍》，［德］米歇尔·奥皮茨、［瑞士］伊丽莎白·许主编《纳西、摩梭民族志——亲属制、仪式、象形文字》，刘永青等译，云南大学出版社，2010 年。

表 5　哈佛藏东知东巴收藏信息

序号	编号	内　　　　容	出处
1	B58	这本经书很少见，我的东巴只有这一本或者说我只碰到过这一本。编号是 1004，它属于东巴杨福光的父亲，他家住在丽江西部的长水村，本书现藏哈佛，美国马萨诸塞州。这册经书没有华美的装饰，首页只有一个华丽的花边。	《纳西族的纳加崇拜及其相关仪式》第 97 页
2	B59	这本经书很少见，这是我见到的唯一一本，它的编号 1005，它属于东巴杨福光，更有可能是他的父亲。他生活在丽江西部长水村，在马鞍山脚下。	同上书第 187 页
3	B51	第 2 本经书编号 1006，书写得也很认真，但是年代距离现在较近，大概在上世纪后半期。它属于丽江西部的马鞍山下的长水村。它的第 1 页画了署神。	同上书第 187 页
4	B29	1017 是最近写的经书，大约 80 年前写的，属于长水马鞍山脚下的杨福光。他所有的经书都有双红圈标记。这是自从我 1946 年重返丽江后又收得的一本装饰精美的经书。	同上书第 261 页
5	B2	1035，经书来自杨福光。	同上书第 284 页
6	B20	1008 这是一本很少见的经书，它属于丽江西部的东巴杨福光。	同上书第 289 页
7	B18 B19	3153（B18）、994（B19）属于东巴杨福光。1947 年我购得题目相同的东拉的经书。	同上书第 385 页
8	B31	1903 经书很少见，我也只见过这一本书。我是从一个叫杨福光的东巴那里购得的，杨福光的经书是从他父亲那里继承来的，他父亲是知识非常渊博的大东巴阿知，经书写于 19 世纪、1870 年或更早。	同上书第 497 页
9	B32	999 是杨福光的书。	同上书第 503 页
10	B44	1020 这本经书属于东巴杨福光的父亲。在经书的最后一页写道："木托虎年（1866）第六个月的十六日，那一天属羊，这本书的书写者是长水马鞍山下的东巴东知，写的没有错误。会读的这就是一本好书，不会读的这就是一本坏书，他们怎么说都行。"	同上书第 511 页
11	I18	1322 是长水马鞍山脚下阿知东巴的书。	同上书第 729 页
12	J3	1263 属于长水杨福光。	同上书第 763 页

序号	编号	内　　　容	出处
13	A7	这本经书（编号 1713）属于距离丽江城几千米的剌沙里的长水村的杨福光东巴。我已经买下了他家所有的藏书。他的父亲从祖先那里继承下这些经书，这些经书都是他们不辞劳苦地写出来的，其中大部分书写得十分漂亮。他继承了家业和这批经书，但他既不聪明，对做东巴又不感兴趣，因此对这些经书也不珍惜，在我买他的经书之前，在一场大火中烧掉一百多本，老鼠也咬烂了很多剩下来的经书。这些都无疑促使他想要处理掉这批经书，这批经书大部分是完整的，而且非常难以得到。这批经书书写漂亮、仪式完整，它们是我翻译其他经书的基础。	《纳西族文献研究》①

根据表 5 的信息可知，A7、B2、B18、B19、B29、B31、B32、B44、B58、B59、I18、J3 经书属于东知或东知的儿子杨福光。

第三节　小　　结

收藏信息鉴定法在使用顺序上仅次于跋语鉴定法。它与跋语鉴定法一样，准确率高，可直接追溯到抄写者的具体信息、抄写时间、经书尺寸等。收藏信息主要分布在四处：一是集中在版本目录学书籍中，如《纳西写本目录》（*Na-khi Manuscripts*）、《中国少数民族原始宗教经籍汇编·东巴经卷》；二是散见于翻译经书的书籍，《么些经典译注九种》《丽江么些象形文〈古事记〉研究》《全集》，还有洛克的《纳西文献研究》（*Studies in Na-khi Literature*）、《纳西族的纳加崇拜及其相关仪式》（*The Na-khi Naga Cult and Related Ceremonies*）、《日喜部落及他们的宗教文献》（*The Zher-khin Tribe and their Religious Literature*）等；三是田野调查的论文，如钟耀萍《纳西族汝卡东巴

① Joseph F. Rock. *Studies in Na-khi Literature. I. The Birth and Origin of Dto-mba Shi-lo, the Founder of the Mo-so Shamanism according to Mo-so Manuscripts. II. The Na-khi Hä zhi P'i or the Road the Gods Decide, Bulletin de l'Ecole Francaise d'Extrême Orient*, 37（1），1937：36. 转引自李晓亮：《西方纳西学史研究（1867—1972）》，西南大学博士学位论文，2014 年，第 261 页。

文研究》、曾小鹏《俄亚托地村纳西语言文字研究》、和继全《白地波湾村纳西东巴文调查研究》、杨亦花《白地和志本东巴家祭祖仪式和祭祖经典研究》；四是记录在收藏者的日记等作品中。这些著作中在介绍经书时包含经书收集地点，或抄经人、经书尺寸等相关信息。

收藏信息鉴定法的总体原则是找到收藏信息。具体条例如下。

1. 穷尽性搜寻收藏信息。收藏信息一般在收藏者所写的著作中，也有可能在相关人员的著作中。找出所有收藏者的著作，包括目录学著作、释义著作、游记、日记等。再根据已有的蛛丝马迹，按图索骥寻找其他相关人员著作中的收藏信息。

2. 逐条整理所有著作中关于经书的信息，做成数据库。

3. 把收藏信息分解为购买地点和时间、抄写者、卖经书者、其他买卖信息等。

4. 按照上一条分解后的信息，进行分类。主要根据购买地点、抄写者分类。

有些经书既有跋语，又有收藏信息，鉴定时需要互相参照，搭配使用。

收藏信息鉴定法虽然简单直接，在使用上极其便利，但具体实践过程中还存在以下局限：第一，收藏信息有限。在收集东巴经的过程中，只有部分人员记录了收藏信息。如哈佛藏东巴经，昆亭收藏的经书几乎没有记录收藏信息。第二，收藏信息过于笼统。收藏信息虽然简单直白，然而有时由于收藏者的原因，会出现记录不精确，甚至记录错误的情况。如前文所举东拉兄弟的经书、东知及其儿子杨福光的经书，这些信息只能判定这些经书属于一个系列，但要判定具体的抄写者还需仔细研究经书。

特殊标记鉴定法指的是利用经书中的特殊标记来鉴定的方法。经书中常见的特殊标记有印章、签名、标记、编号等。鉴定者根据这些特殊标记比较容易系联经书。印章和签名在经书中非常显眼，对于鉴定经书的归属显而易见。标记和编号所处位置隐蔽，只能给鉴定者一些启发性的线索。

第一节　特殊标记的概况

特殊标记是经书的组成部分，他们的角色较为特殊，在一本经书中可有可无，一般比较隐蔽或很小、不起眼。因此，有些标记不容易被发现。下面从印章、签名、标记、编号四个部分简介。

一、印章

东巴在抄写完经书之后，常在经书上盖上印章，或表示所属，或表示经书增加了法力，或增添了美观。印章并非每个东巴都有，但是存在一些水平较高的东巴同时拥有几枚印章的情况。有时还有在经书中盖印章成为一地风尚的情况。

印章上的内容包括姓名、地名、图案、咒符或神名、藏书号、收藏机构等。由于印章内容的特殊性，在所有鉴定法中，印章这一特殊标记处于重要地位，其有效性仅次于跋语。所以找寻经书中的印章标记和释读印章内容成为重中之重。

从目前刊布的东巴经中所发现的印章来看，可将印章按不同标准分类。按照文字种类来分，有汉文印章、东巴文印章、哥巴文印章、梵文或藏文印章。其中汉文印章又分为篆书印章和楷书印章。按照印章的形状分，可分为圆形印章和方形印章以及不规则形状的印章。按照印章的所属来分，可分为收藏者印章以及书写者印章。按照印章内容来分，可分为姓名印章、装饰印章、藏书号印章、咒语或神名印章等。

作为经书的书写者或拥有者来说，虽可以在任何一处钤印印章，但一般也有规律可循。印章的位置主要出现在经书封面、经书正文第一页或经书正文末尾。有些东巴喜欢在经书的某一个位置钤印印章，有些在经书中多处钤印，有些将多枚印章集中钤印在一处，有些则喜欢用一枚印章钤印成一个图案。

哈佛藏东巴经中有印章的经书只有两册，分别是 D13 和 M10，遗憾的是其所呈现的字迹非常模糊，无法辨认。其中 D13 钤有两枚印章，一枚在经书正文的第一页，另一枚在经书正文的尾页。根据字迹痕迹辨认，这两个印章应当是相同的，是枚篆书印章。M10 的印章在经书的中间，共有 4 个印章，根据痕迹辨认，是一枚汉字印章重复钤印了 4 次，组成了一个菱形图案。在《全集》中，盖有印章的经书非常多，种类也很丰富。如：《全集》70－31 在经书的封面钤有两个相同的咒符印章；《皈依文》临摹图中经书左上角钤有一枚地名印章，上有"鲁甸乡记"四个字；[①]《全集》42－1 在经书正文的第一页钤有三个相同的印章；《全集》89－169 在经书的封面钤有两个相同的装饰印章，然后又以印章作为花纹的中心，外围添加花瓣，组成了花的图案，此例足见印章有装饰的功能；《全集》10－267 有两枚印章，一枚是刻有东巴文的白海螺印章，另一枚是藏文印章，写的是神名，可音译为"英古阿格"。

D13　正文第一页的印章

---

① 和继全：《东巴文藏传佛教〈皈依文〉述要》，《西藏大学学报（社会科学版）》2014 年第 2 期。所提及的印章图片也采自该文。

D13　正文尾页的印章

M10　中间页的印章

《全集》70‑31 的印章

咒符印章

《皈依文》临摹图中的印章

地名印章

《全集》42‑1 的印章

图符印章

《全集》89－169 的印章　　　　　　　　　图符印章

《全集》10－267　东巴文印章　　　　　　藏文印章

丽江坝区、宝鸣大区、鲁甸地区三大区域都发现了大量钤有印章的经书。丽江坝区以和凤书为代表，他至少拥有四枚印章，大小形状各不相同。宝鸣大区，以鸣音的东卢、和长命为代表，他们的印章是汉字楷书印章。鲁甸以和世俊、和文质、东尤、和云章为代表，他们的印章种类繁多，内容涵盖了装饰印章、姓名印章、咒符印章等，文字种类也丰富，包括汉字印章、藏文印章、图符印章。

二、签名

有些东巴写完经书之后，会在经书上留下自己的签名。这些签名的内容简单，一般都是自己的名字，有时也会顺带写下时间、地点等。签名简明扼要但包含了重要的信息，在鉴定中处于重要地位，与跋语、姓名印章的地位等同。

签名的位置通常是在封面、封二或是正文结尾。签名的类型有汉字签名、东巴文签名、哥巴文签名等。所签的名字有可能是自己的学名、法号，也有可能是一个类似笔名的名字。如 C50 的签名位于封面，书有汉字"和式贡书本，东危二字"，可知这本经书是和式贡的。C44 的签名位于封二，书有"和玉光书本"，可知经书是和玉光的。L92 的签名位于尾页，书有"光绪廿八年大在夫子著"，可知经书是一个号称"大在夫子"的东巴写的，书于光绪二十八年。K73 书有"[东巴文]（东知）写的"的东巴文签名，可知经书是东知写的。《全集》98－293 有两个哥巴文签名，左边的签名[符号]［ho］[符号]［çy］[符号]［iə］，可音译成"和旭尤"；右边的签名[符号]［ho］[符号]［tsʰa］[符号]［mi］，音译为"和长命"，这是和旭尤和和长命共有的经书。

C50 位于封面的签名

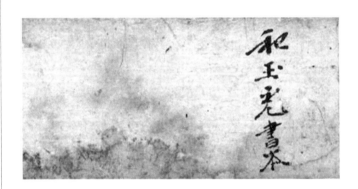

C44 位于封二的签名

L92 位于尾页的签名

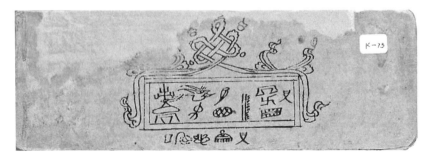

K73 东巴文签名

《全集》98‑293　哥巴文签名

三、标记

标记是一个概括性的称谓，从内容而言可多可少，它有可能是图形符号，也有可能是文字，而这些文字往往与经书正文无紧密关系。它们的存在有些是有意为之，有些是不经意间留下的记号。标记在经书中的位置，相比其他类型，比较随意，但也有大致的区域，主要分布在经书封面、尾页。标记类型非常多样，有可能是书写者留下的符号和文字，也有可能是收集者留下的痕迹。从目

D8　对联

D32　诗句与对联

D38　日历

前刊布的经书来看，主要有这么几类：对联、诗句、日历、地契、一些关于经书的说明，还有一些图形符号或者单个文字。如 D8 中有一副对联："天青地青道青一通，日光月光世光万年"。D32 是一首诗和一副对联，分别是"百岁光阴争十年，十年更上千秋颂。千秋福禄绵三世，三世相承百岁人"，"玉兔久成千岁药，桂花新放一枝香"。

D49 是十相自在图符，在佛教中常见，是由七个梵文和三个图形组成的十个符号。K26 上书有"四代同堂"，K72 上书有"者有弟之家，父母之年不可不之也，与学小立也"。K50 是道教中的符咒。

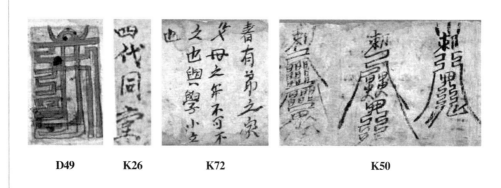

D49　　　K26　　　　K72　　　　　　　　K50

四、编号

编号是编写者为了区分经书而给经书编写的号码。这些号码有些有意义，有些无意义。有意义的编号会对经书的鉴定起到作用。李晓亮在《哈佛大学燕京学社图书馆藏和鸿东巴经抄本研究》一文中首先借助洛克的分类编号，识别出了一套和鸿的求寿仪式经书。[1]

哈佛藏东巴经中有 6 种系统的编号。一是哈佛的编号，从 1 至 598，这是哈佛燕京图书馆人员编写的。哈佛编号虽无规律可循，但可以反映经书入藏时的初始状态。

二是洛克的编号，位于经书封二，由洛克编写。洛克的编号，是洛克对收

① 李晓亮、张显成：《哈佛大学燕京学社图书馆藏和鸿东巴经抄本研究》，《中南民族大学学报》2015 年第 1 期。

集的经书的一个编号，总体而言，也无规律可循，但从一些经书反映的情况来看，有些内容相似的经书，洛克可能会连号编写。

三是洛克的分类编号，格式为：仪式名称+数字。这是洛克在整理经书时，根据内容划分的编号。洛克的分类编号，是洛克对所有经书进行研究之后，编写的一个分类号码。他在《纳西写本目录》中将经书按仪式分为十八大类：（一）自然崇拜；（二）保证家庭繁荣、增加人口；（三）抚慰高山和守护的神灵；（四）阻止鬼从天上或地下出来；（五）婚姻；（六）抚慰纳加或巨蛇神灵；（七）净化；（八）丧葬；（九）请祖先；（十）延寿；（十一）占卜书；（十二）禳鬼仪式；（十三）大祭风仪式；（十四）消除积累的罪恶；（十五）由不识字的巫师主持的仪式（没有经书）；（十六）永宁达巴主持的仪式；（十七）汝卡举行的仪式；（十八）补遗。① 这十八大类仪式下面又分为小仪式，共有122 种。这是洛克针对所有收集的经书所做的一个分类编号。哈佛藏东巴经中所见的分类编号的内容是小仪式。

四是朱宝田的编号，格式为：分类号（A—M）+数字，由云南学者朱宝田编写。这是针对哈佛藏所有经书的分类编号。他将经书分为十三类，用英文字母表示分类的内容：A 代表祭东巴什罗经、B 代表祭龙王经、C 代表祭风经、D代表求寿经、E 代表祭贤经、F 代表祭胜利神经、G 代表祭家神经、H 代表替生经、I 代表除秽经、J 代表关死门经、K 代表祭死者经、L 代表占卜经、M 代表零杂经。他与洛克的分类有所差别，有些内容可利用，但有些分类是错误的。

五是东巴自己在经书上所写的编号，可以称为原始编号。东巴自己所写的编号分为两类，一类是数字编号，另一类是非数字编号。这些数字编号位于封面或在封底。位于封面的数字编号常在标题框的下端，也有在上端的情况。数字编号书写的格式通常是数字+数量单位（册），有时为方便起见也不写数量单位。这些数字有时用东巴文书写，有时用汉字书写，有时用哥巴文书写。书写的一般格式为：数字+数量单位，数量单位常用东巴文 （麦子）或者由哥巴文 表示，其读音都为 dze^{21}，借为量词"册"。如《全集》34 - 1 所示，这个原始编号是汉字所书"二十七"，位于封面的标题框上端，表示是该仪式的第二十七册经书；《全集》65 - 1 的原始编号位于封面标题框的下端，东巴文所

---

① Joseph F. Rock & Klaus Ludwig Janert. *Na-khi Manuscripts*, Part II, Steiner, 1965：1 - 42. 又见李晓亮：
《西方纳西学史研究（1867—1972）》，西南大学博士学位论文，2014 年，第 214—221 页。

《全集》34－1　位于封面的原始编号

《全集》65－1　位于封面的原始编号

A14　位于封底的原始编号

B24　位于封底的原始编号

书为"第四册上"；A14 的原始编号位于封底，东巴文所书为"第一册"；B24 的原始编号位于封底，数量单位是哥巴文，意思是"第四册"。

非数字编号就是将经书分为 ⚏ ▱ ▶（上册）、⚏ ▱ ▶（中册）、⚏ ▱ ▶（下册）这样的形式，有时只有 ⚏ ▱ ▶（上册）和 ⚏ ▱ ▶（下册）。非数字编号一般在标题框内，紧随标题之后；有时也在标题框外，但在标题框下方的情况为多。如：B27 标题框内含 ⚏ ▱ ▶（上册），B28 含 ⚏ ▱ ▶（下册），这两本经书正是一套。

B27　标题中包含"上册"

B28　标题中包含"下册"

六是昆亭编号。经书中还有一些不成系统的数字编号。这些有数字编号的经书的一个共同特征是没有洛克的分类编号，可能是他当时收购时写的编号。我们把这些编号称为"昆亭编号"。① 这种编号在哈佛藏东巴经书中出现的并不多，只有少数经书出现了这种编号，而且出现的位置比较单一，一般在贴有绵纸的周围。如 C12 经书封面标题框上端的偏左部位上有数字编号 12，H21 经书封面左上靠中间的位置标有数字编号 40。

---

① "昆亭编号"并不是指昆亭所编写。而是此处这些经书没有洛克编号而暂定的名称。

C12　封面（图中标示的圆圈为数字编号所在的位置）

H21　封面左上部标有数字编号 40

以上是关于哈佛所藏东巴经书中所有编号的说明。下面选取一例来解说每个编号所在的位置。以下图 A9 为例，右上角 335 为哈佛编号；A－9 是朱宝田编号，A 代表祭祀东巴什罗的分类号；左上角有纳西语的洛克拼音和国际音标以及数字组成的编号"shiillo nv 94"，这是洛克的分类编号，其中"shiillo nv"是纳西语祭祀东巴什罗的意思，"94"是代表该仪式中按照使用顺序的第 94 本经书。这张标签贴在封面上，一般称为洛克外签。封二中，也有标签，是洛克内签，上有数字 1071，这是洛克的编号，洛克把每本经书都写上了一个编号，代表是洛克的第 1071 本经书。在查阅其他地方所藏的洛克收集的经书时，洛克编号偶尔也有不一一对应的情况，一个号码有时会出现两次，这是洛克在编写号码时误记所致。

A9　封面

A9 封二

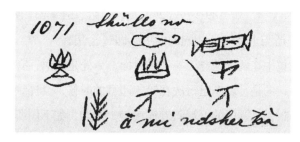

洛克内签

第二节　特殊标记鉴定法示例

特殊标记鉴定法可具体分为印章鉴定法、签名鉴定法、标记鉴定法和编号鉴定法。特殊标记由于特殊性，从内容上来说，是开放的，因此，目前所刊布的经书无法涵盖所有类型。本书只能从目前刊布的经书中寻找一些有典型意义的例子来加以说明。

一、按照印章系联经书

邓章应的《通过东巴经系联经书的尝试》《东发东巴所写纳西东巴经研究》《盖有东发印的东巴经考证》《和云章东巴所写经书研究》和白小丽的《通过印章判定和凤书东巴的经书》五篇文章都从印章入手，对经书进行了系联和判定。尤其是《通过印章系联东巴经的尝试》一文，对印章系联经书作了专题理论探讨，列举了很多具有典型意义的例子，提供了丰富的印章类型，很值得关注。下面拾人牙慧选取几例。

（一）以和存恩的印章为例

邓章应在《通过印章系联东巴经的尝试》一文中提到和存恩的例子时，列举了《全集》3－173、3－189、19－269、51－111、51－231所在经书的例子。事实上，还有一册与上述5册相同的经书，即《全集》3－67。从邓文可知，和存恩东巴的印章集中在两个地方，一处是封面，一处是跋语，有时也会出现在经书正文部分。有趣的是，和东巴每次在钤印印章的时候，会连续钤印3次。最为明显的是在经书封面标题框的下端斜着连续盖3个印，如下图所示。这6个封面很有特色，都是竖写式的经书，标题框的上端大部分都有彩色绵纸装饰，都是海螺与飘带的造型，标题框下端的3个印章不仅表示经书归属，还有装饰的作用。

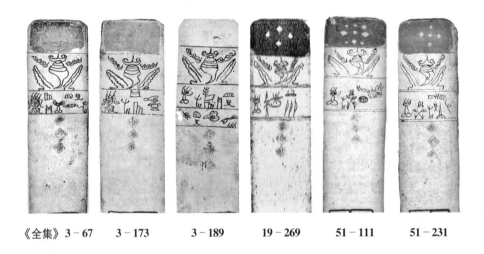

《全集》3－67　　3－173　　3－189　　19－269　　51－111　　51－231

（二）以和烁海的印章为例

印章出现1次以上，才有系联的意义。只有单个印章出现，则只能判定经书的所有者，如《全集》39－41，在经书正文首页有一枚印章，印有"和烁海印"。根据印章可以认定该经书属于和烁海所有。

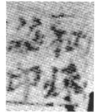

《全集》39－41　　　　　　　　　　　印章放大后

（三）以和凤书印章为例

　　白小丽的《通过印章判定和凤书东巴的经书》一文中对《全集》中钤印有和凤书东巴印章的经书进行了判定，找出了和凤书经书的所有印章类型，共有四种，如下图所示。该文认为前三枚印章是姓名章，最后一枚圆形章是装饰章。事实上，最后一枚是藏文印章，从能识别的几个字来看，当为咒符印章。寻找出一个东巴所有类型的印章很有意义，能为将来刊布的经书鉴定起到重要作用。如在法国东图发现的16号经书中有几枚印章，其中封面上有两枚，经书正文首页起首符号处有一枚。正文首页的那枚印章与白文所举的第二枚印章相同，也是一枚篆书的姓名章。

和凤书印章之一　　　和凤书印章之二　　　和凤书印章之三　　　和凤书印章之四

法国东图藏16号经书封面　　　　　　　印章放大后

法国东图藏 16 号经书正文首页　　　　　印章放大后

二、根据签名鉴定

在哈佛藏东巴经中有些经书有签名，这些签名不仅可以直接判断经书所有者，还能系联其他经书。下面选取几例加以说明。

（一）以和凤书签名为例①

K50 封二上书有三个大字"和凤书"，这样的现象同样出现在了法国东图藏 2 号经书和 4 号经书中，从签名的字迹来看同属一人。和凤书的经书在哈佛燕京图书馆、法国东图藏以及《全集》中都有所发现。这种情况并非偶然，和凤书是个大东巴，写有很多经书，与多位收藏家有过交往，因此，他的经书后来被多个机构所收藏。《全集》中没有发现他的签名的原因是该书没有刊布封二和封底页，造成了一些重要信息的缺失。

K50　封二

<hr />

① 该例引自李晓亮：《西方纳西学史研究（1867—1972）》，西南大学博士学位论文，2014 年，第 104—105 页。

法国东图藏 2 号经书

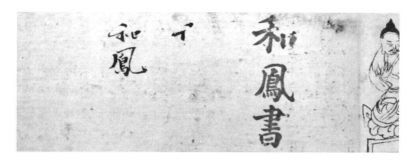

法国东图藏 4 号经书

（二）以木谓廷和木福光为例

哈佛藏东巴经中，签名出现最多的是木谓廷和木福光。其中"木谓廷"的签名都位于经书封二的位置；"木福光"的签名都位于封面左上侧，如 C19 所示。又知木谓廷和木福光是父子关系，可以将出现这两个签名的经书系联为一类。

A12

C77

C19

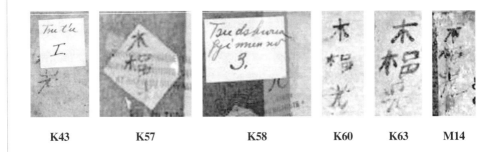

K43   K57   K58   K60   K63   M14

（三）以《全集》中的和玉光为例

哈佛藏东巴经中"和玉光"的签名，在第一节中已经列举。在《全集》79－157的封面上也有"和玉光"的签名，分别位于标题框的左右两侧。根据签名字迹及经书的其他特征，这两个"和玉光"只是同名关系，而不是同一个人。从这则签名可判定《全集》79－157经书为和玉光所有。

《全集》79－157   "和玉光"
签名放大后

签名鉴定法是最容易的一种鉴定方法，但在具体实践操作中容易被人忽略。了解了一般的签名位置和类型，就比较容易运用签名鉴定法。

三、标记

标记的内容具有不确定性，在目前刊布的经书中，多次出现的标记只有
"双红圈"和"實"。单次出现的标记较多，但并不具备作为鉴定的条件。单次
出现的标记只有出现较多的内容，如经书拥有者的名字、里籍和时间等信息，
才能把它作为一个条件对经书进行鉴定。此处除了双红圈外，举一例较为特殊
的标记类型——地契进一步说明。

（一）以双红圈为例①

哈佛藏东巴经带有双红圈标记的经书总共有 119 册，大约占总量的 20%。
带有双红圈的经书都有洛克的编号，因此，这部分经书应该都是洛克收购的。
这些双红圈有以下特征：双红圈为等半径的圆，这些双红圈有时分布在经书的
末尾，有时分布在正文之中；有些经书中有好几处，有些经书中则只有一处；
有时双红圈相交，有时相切，有时相离。双红圈基本都是空心，偶有一两处是
实心，看得出有涂抹的痕迹。以经书 B78 为例，这本经书的实际大小为 9.5 厘
米×28.5 厘米，通过换算，单个红圈的直径约为 1.1 厘米，与东巴使用的圆筒
竹笔的直径相当，因此，我们推测此双红圈应为东巴用抄写东巴经的竹笔尾端
蘸红墨汁压印两次而成。从各本经书双红圈的外形、直径来看，并非完全一致，
这是因为东巴使用的竹笔"寿命"一般不长，需要时常更换，每次使用的竹笔
不太可能大小一致，故造成了双红圈的外形并不完全一致。

B33 双红圈相交

① 邓章应、张春凤：《哈佛燕京图书馆藏带双红圈标记东巴经初考》，《文献》2013 年第 3 期。

B78 双红圈相切

B42 双红圈相离

B05 双红圈涂抹

(二) 以"實"为例

邓章应《盖有东发印的东巴经考证》一文，发现《全集》和李霖灿所藏东巴经中，皆有一个繁体汉字"實"，同时钤印了一枚印章，内容是"東发"。根据该文所举的例子，这个繁体汉字"實"主要出现在经书正文第一页，也有出现在别处的情况。根据这两个特征，邓文将这些经书鉴定为鲁甸东巴和瑞发所写。此例也具有典型特征，可以说明有相同标记的经书可以系联为一类。如《全集》15－97、63－273 所示。

《全集》15－97

《全集》63－273

（三）以地契为例

德藏 Hs. Or. 232 尾页是一份地契模板，这是首次在东巴经中发现的汉字地契模板，上书"今佃田之人××系刺是里，为因钱少，施用无处凑办，情愿托凭中人佃到××名下，实佃过大洋——××整，入手应用其田，坐落××四至开明，月佃之后有银赎"。根据这则地契中出现的地名可知，书写者当是刺是里人；根据"大洋"可知，地契书写的时间在民国期间。这则地契模板与经书内容毫无关系，东巴有可能找空白处写下的，目的是写地契的时候可以参照，但却无意间留下了许多蛛丝马迹。此例虽有偶然性，但亦有抛砖引玉的效果。

标记类型多样，重复的标记有系联经书的作用。单种标记对鉴定经书没有直接作用，但遇到大段的文字时，有时有意外的惊喜。

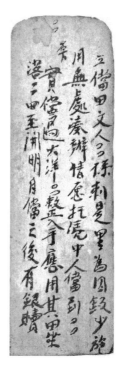

地契模板 德藏
Hs. Or. 232 尾页

第二节 特殊标记鉴定法示例

165

四、根据编号鉴定

根据编号这种特殊的标记鉴定，是鉴定方法中最弱的一种方式。在所有类型的编号中，只有东巴自己的原始编号对鉴定经书有直接关系。分类编号对经书鉴定只有一些启发作用，具有这种作用的原因是收集者在搜集东巴经过程中有成套搜集的情况。

（一）以原始编号为例

东巴自己对经书的编号具有可靠性，尤其是遇到相同标题下有"上册、中册、下册"的这种非数字编号方式时，可以直接鉴定为同一人所写。如下图所示，《全集》13－126、13－231、13－275 这三个封面中所显示的标题一致，都是求寿仪式中东巴弟子求威灵的仪式，差别仅在上、中、下册上。从其他证据来看，封面造型一致，字迹相同，因此可认定这三册经书由同一人书写。

《全集》13－126

《全集》13－231

《全集》13－275

遇到数字编号时，需要更多地借助其他方式进行鉴定。如需要查看原始编号的特征，再找出经书的标题，判断是否属于同一套经书。另外，还要借助封面等容易判断的特征。

下面所举的这些经书的原始编号并不连号，但它们拥有相同的特征：原始编号都在封面标题框的下端，原始编号的外部都有飘带装饰，有数量单位的经书都用东巴文 （书）来表示。其中《全集》63－1 上有原始编号是第十二册，《全集》64－17 是第三册，《全集》64－149 是第二册，《全集》65－39 是第五册，《全集》68－201 第二十九册。在清一色竖写式封面特征、标题框上端有同一造型莲花的启示下，拥有相同造型的原始编号的这些经书可判定为同一人所写。

《全集》63－1　　《全集》64－17　　《全集》64－149　　《全集》65－39　　《全集》68－201

（二）以原始编号与洛克分类编号为例

在哈佛藏东巴经中，洛克的分类编号比其他分类编号更有意义，原因在于洛克的分类编号主要是根据东巴的原始编号来分类的。假如是同一个东巴的经书，那么他的洛克编号与原始编号当是一致的。在实际鉴定中，确实发现了这一情况，如表 6 所示。这套经书的原始编号位于封底页，属于丧葬仪式中的 ^{2}Nyi-^{2}wùa^{3}ch'wuadü，除了 K78 没有封底页，其余都标有原始编号，且与洛克的分类编号一致。根据封面等其他特征，可判定该套经书为同一人所写。

表 6 　^{2}Nyi-^{2}wùa^{3}ch'wuadü 仪式不同分类编号表

洛克的分类编号	朱宝田编号	洛克编号	哈佛编号	原始编号
^{2}Nyi-^{2}wùa^{3}ch'wuadü 1	M16	1728	426	第 1 册
^{2}Nyi-2wùa^{3}ch'wuadü 3	K76	1723	121	第 3 册
^{2}Nyi-2wùa^{3}ch'wuadü 4	K78	1718	122	没有封底
^{2}Nyi-^{2}wùa^{3}ch'wuadü 5	K47	1741	123	第 5 册
^{2}Nyi-^{2}wùa^{3}ch'wuadü 6	K49	1724	124	第 6 册

有时洛克的编号与东巴的原始编号并不一致，原因在于可能是不同的东巴所写，也可能是一个东巴在不同时段所写。如表 7 所示，该表中的洛克分类编号与原始编号大致吻合，从封面证据来看，这套经书属于同一人所写。从原始编号的字迹来看，K56、C51、K58、K59、K60、K57 属于同一时段内写的一套经书。其余几本可能为其他时段所写。K58、K59、K60 上的原始编号中还有上册、中册、下册的标记，表明其同属大仪式下的小套经书。洛克的分类编号与原始编号的数字都代表诵读使用顺序，从这个意义上来说，如果是同一个人的经书，那么洛克分类编号理应与原始编号一致。

表7　为六十岁去世女子举行的仪式

洛克的分类编号	原 始 编 号	朱宝田编号	洛克编号	哈佛编号
为六十岁去世女子举行的仪式1	 第1册	K56	1051	1
为六十岁去世女子举行的仪式2	 第2册	C51	1040	2
为六十岁去世女子举行的仪式3	 第3册（上册）	K58	1048	3
为六十岁去世女子举行的仪式3a①	 第3册	K61	1065	4
为六十岁去世女子举行的仪式4	 第4册（中册）	K59	1064	5
为六十岁去世女子举行的仪式5	 第5册（下册）	K60	1047	6
为六十岁去世女子举行的仪式6&7	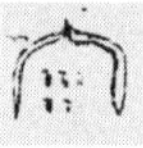 第6册	K62	1093	8
为六十岁去世女子举行的仪式6	 第6册	K57	1060	7

（三）以昆亭编号与原始编号为例

哈佛藏东巴经中，还有不太明显的昆亭编号。这种编号虽不明显，但也具有一定的启发性，原因在于这些经书在搜集过程中留下了笔迹，而且属于成套搜集，有可供参考的一些信息。如下图所示，在 C12 经书封面标题框上端的偏左部位上有数字 12，在 C4 的封面上相同的部位上亦有数字 13，与 C12 连号。出现昆亭编号的经书还有 C72、C38、C37。这些经书封面的左上角分别写有阿拉伯数字 24、25、26，刚好连号。把昆亭的编号进行分组，可以将 C4 和 C12

---

① 洛克用 a、b、c 来表示上中下册。

分为一组，C37、C38、C72 分为一组。另外，从标题来看，这三本经书同属于一套经书，C37 属于中册，C38 属于下册，且 C37 和 C38 的大标题和小标题都完全一致。C72 标题用哥巴文所写，但从洛克对标题的释读来看，C72 与 C37、

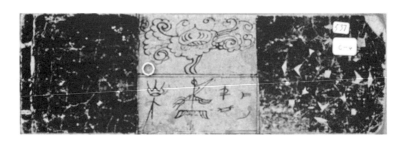

C4　封面（图中标示的圆圈为数字所在位置）

C12　封面

C37　封面

C38　封面

C72 封面

C38 的标题有差异，其祭祀对象略有差别，并标明上册。

目前尚未发现昆亭的编号有明显的规律，因此不建议单独使用他的编号进行鉴定。

第三节 小 结

一、特殊标记一般特征

东巴经中的特殊标记包括印章、签名、记号、编号等。东巴经中的印章的类别丰富，根据文字类型、印章的形状以及印章的所属来分类。东巴经中印章钤印的位置较为固定，常出现在经书封面、经书正文第一页或经书正文末尾。印章表示经书的归属，也有增强法力和装饰的功能。

东巴经中的签名内容简单，大部分是姓名，也有写下地名的情况。签名所在位置通常是在封面、封二或是正文结尾。署名的时候，可能是学名、法名，也有笔名。

标记是东巴经中的偶然因素，出现的类型多样，常见的是对联、诗句、日历、地契、一些关于经书的说明，还有一些图形符号或者单个文字，也包括东巴经内的涂鸦之作。标记分布常出现在封面和封尾的空白处。

编号是书写者和收藏者为经书编写的号码。编号是编写者为了区分经书而给经书编写的号码。这些编号有些有意义，有些无意义。有意义的编号会对经书的鉴定起到作用。哈佛藏东巴经有 6 种系统的编号，分别是哈佛编号、洛克

编号、洛克的分类编号、朱宝田的编号、原始编号和昆亭编号。

二、方法小结

（一）总体原则

特殊标记鉴定法的顺序是先找签名和印章，释读签名和印章的内容；再找大小不同的标记，如果是重复出现的标记，内容多的标记偶尔带来惊喜；最后寻找不同的编号，对照仪式和标题。原始编号最重要，其他编号会带来一些启发。编号鉴定法不能单用，只有配合其他方法才有效。四种类型的特殊标记，其有效性不同，印章签名可直接鉴定经书，标记和编号的鉴定作用有限，使用时需谨慎。

（二）具体条例

1. 印章

寻找印章，一般是在封面和正文第一页及尾页。找到后要鉴定印章的内容。若为姓名章，找寻该名字与经书抄写者的关系。有时印章的名字与抄经人为同一人，有时则不同。若为其他印章，则需根据印章系联经书，寻找其他有效而可靠的证据。

2. 签名

寻找签名的位置，一般出现在封面和封二及尾页。找到后要识别签名的内容，寻找签名与经书抄写者的关系。为了方便称呼经书，若找不到经书的跋语等可靠信息，可暂且认定该经书的签名者是经书的书写者。

3. 标记

标记的位置与类型多样，在寻找过程中需处处留意，不可放过任何蛛丝马迹。当标记重复出现的时候，可以根据标记系联经书，然后再对经书进行区分鉴定，寻找这批经书的共同特征。有时有相同标记的经书为同一人所写，有时则只是同一人所收集的。

4. 编号

编号一般位于经书的封面页和封底页。编号类型多样，顺序编号一般对鉴定经书不起作用，但可反映一些事实，如入藏时的顺序等。先找原始编号，对照经书标题，有能力的可释读经书标题，遇到相同的标题，写有"上、中、下册"的，可认定为同属一套经书；再寻找分类编号或其他编号，配合原始编号，还原经书的初始次序。编号鉴定法常与封面鉴定法配合使用，编号鉴定法往往对系联经书有启发意义。

（三）局限

1. 不可直接认定经书的书写者

（1）钤印的印章有时不是抄写者所为

印章有时是书写者所为，有时是收藏者所为。一般情况下，在跋语位置钤印的印章，是抄写经书者所为。姓名章反映的只是拥有者。如下图所示，《全集》28-167 这册经书的封面，钤印了印章"和世俊"，封面也是和世俊写的，但翻开经书的内页发现字迹与封面字迹截然不同，如《全集》28-209 所示。最后的跋语才显示是宝山的增盘罗的恩露埔写的经书。原来，这册经书是和世俊收集的，他对经书重新作了处理，为破旧的经书添加了封面，在封面钤印了自己的方形姓名章，在正文第一页钤印了一枚圆形印章，为经书编写了序号"六十三"。

《全集》28-167　封面

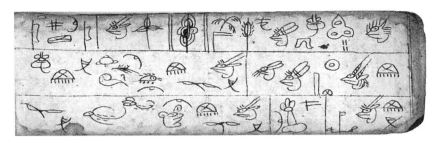

《全集》28－209　跋语

再如下面所举的经书，钤印有和云章的印章，但从经书的跋语来看，经书是他的老师东尤写的。这册经书有可能是和云章东巴从东尤东巴那里继承下来的。①

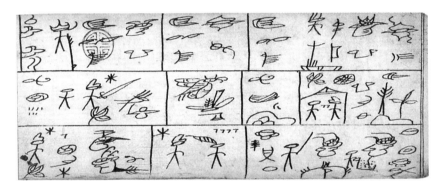

《全集》63－59　正文首页

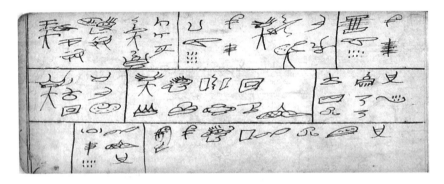

《全集》63－85　尾页

---

① 邓章应：《和云章东巴所写经书研究》，《纳西东巴文分域与断代研究》，人民出版社，2013 年，第141 页。

（2）签名者有时也不是抄写者

在哈佛藏东巴经中，写有"木福光"签名的经书，根据字迹、跋语等其他证据可证明那些经书都是他的父亲东知东巴写的。木福光从父亲那里继承了很多经书，他只是在经书上写上了他的名字，以表示经书是他所有。

在本章第一节中所举的哥巴文签名一例，上面有两个哥巴文名字"和长命"和"和旭尤"，对经书的字迹等其他证据进行鉴定，经书不是"和长命"写的，而是"和旭尤"写的。这个和旭尤是鸣音东巴东卢的学名，和长命与东卢是师徒关系，签名表示两人是经书的拥有者。

（3）标记有时是收藏人所为

《全集》中有繁体字"實"的 6 册经书，其中有 5 册有印章，印章的内容是"東发"，有 1 册没有这个印章。根据对经书的风格和字迹的比较鉴定，这册经书与其他经书有所差别，是否是东发所写还有待于进行细致深入的分析。这个"實"只是收藏人所做的一个标记，表示为该收藏人所有。

（4）编号可能出自众人之手

编号有多种类型，有可能出自众人之手，凡是收藏者或整理者都有可能对经书进行编号。因此，只有原始编号对经书鉴定有实质意义，其余的编号并不起直接的作用。而且并非每本经书都有原始编号。

2. 有些标记效能有限

（1）并非每本经书都有特殊标记

并非每本经书都有印章、签名、标记和编号，因此，没有特殊标记的经书就无法使用本章中的条例。

（2）印章的效能不同

印章在钤印过程中，由于沾的印泥较少等原因有时会显得模糊，无法识别其内容。有时因为无法见到原版经书，照相版又比较模糊，因而造成了无法识别的情况。这种情况就不能得出有效信息，只能根据印章的轮廓等特征系联经书。姓名章与其他印章的效能不同，姓名章能识别出经书的所有者或收藏者，其他印章只能用来系联经书。

（3）编号的效能有限

在所有的编号中，只有东巴的原始编号对鉴定起较大作用。大部分编号是流水账号式的编号，没有直接的作用。分类编号对经书鉴定有些启发作用，但很多经书都没有分类，也就没有分类编号。作为最为可靠的原始编号，其中的数字编号在经书中的表现就是数字，但常常出现的情况是不同的经书出现了相同的数字。在这种情况下，必须了解经书标题中的仪式类别。因此，编号的效能依附于标题、封面等其他内容，一般不单独使用。

内容鉴定法是指根据东巴经书的内容来鉴定经书的方法，主要包括根据经书特定的内容、经书中所述的地名、经书内容的编排、经书内容的重复率鉴定经书这四类方法。经书的正文内容是东巴经最为重要的部分，在东巴经鉴定中理应居于举足轻重的地位。

第一节　东巴经内容特征

从内容特征而言，东巴经具有普遍性和特殊性。普遍性是指东巴经中共有的特点，如程式化和可重复性。特殊性是指每种经书的独特之处，与其他经书的区别点。

一、程式化和可重复性

东巴经书内容最为突出的特点是程式化，不断重复，读起来朗朗上口。习煜华认为经籍内容部分相同是东巴经书的一个特点，她在《中国少数民族原始宗教经籍汇编·东巴经卷·前言》中指出："每个大仪式都有开坛经，而开坛经的开首叙述有一段基本模式……各类仪式中雷同的经籍或段落还有'陈设神坛''烧天香''迎请卢神沈神''请神压鬼'等。"①

---

① 习煜华、赵世红主编：《中国少数民族原始宗教经籍汇编·东巴经卷·前言》，中央民族大学出版社，2009年，第10页。

杨杰宏认为东巴书写经典文本属于"半口传文本",源于东巴仪式中口头演述的文本记录,在经书内容中保留着突出的口头程式特征。这从其书写文本中的口头程式句法、名词性修饰语及口头程式频密度三方面得以体现。①

李静生也提到了程式语:"东巴经中像'开天辟地''天地之间''天地中央'之类的程式语,在东巴经语言中比较固定,用东巴文记录此类话语时,写经书的东巴考虑到字符之间的位置示意关系,往往把'天'字写于上方,'地'字写于下方,体现天在上,地在下。而东巴为了表意的需要和审美的习惯往往又把表示天地之间事物的文字安排在'天'字和'地'字的中间……如上三例,在《纳西象形文字谱》中收列的'字',显然只是貌似'合体字'的组合,在东巴经中是记录一个程式语的,因此把它收列为一个'字'也是有问题的。"②

根据前人研究所述,东巴经程式化主要体现在四个层面:经书的程式化、篇章的程式化、句子的程式化、短语词的程式化。下面来具体分析。

(一)经书的程式化

东巴经的口头程式特征与宗教仪式的程序存在内在关系,东巴教仪式中的程序以"请神——安神——求神——送神"为固定结构,每一个相关的程序内部又分为程式化的步骤。比如,请神程序包括"请神敬酒——请神受香——请神受饭——请神受药"四个步骤。③ 据笔者的不完全统计,《全集》描述的每个仪式中常有一些特定的经书出现,如《开坛经》出现在仪式的开头;有些仪式开始念诵的经书或者一本经书的开头常以除秽开始,除秽完毕之后进行烧天香,再进行祭献,这个祭献有可能是敬酒,献饭,献牲,或是献药。然后就是说到什么就说什么的出处来历,这个出处来历以故事的形式存在,如某鬼的来历、某神的来历、人类起源(创世纪)、白蝙蝠取经记等。中间有一个步骤是

---

① 杨杰宏:《多模态叙事文本:东巴叙事文本性质探析》,赵心愚主编《纳西学研究》(第一辑),民族出版社,2015年,第181页。

② 李静生:《纳西东巴文字概论》,云南民族出版社,2009年,第199—200页。

③ 杨杰宏:《多模态叙事文本:东巴叙事文本性质探析》,赵心愚主编《纳西学研究》(第一辑),民族出版社,2015年,第184页。

求福分，求福分有可能是一本独立的经书，有时可能只是某经书的一部分。仪式结束时常有结尾经作为完结。每本经书的结尾都毫无例外地有祝福语。《全集》中的经书按宗教仪式分类，表8—表15是所属分类中出现频率最高的经书。

表8 点神灯类经书

出　　处	经　书　名　称
2－17	《迎素神·竖神石·倒祭粮·点神灯》
5－261	《祭署·点燃神火灯》
23－165	《禳垛鬼大仪式·点油灯作供养经》
39－55	《除秽·撒神粮·点燃灯神》
48－285	《驱抠古鬼·点神灯》
55－129	《超度死者·燃灯》
55－175	《超度死者·头目和祭司来燃灯》
66－87	《超度长寿者·给茨爪金母燃长寿灯》
66－125	《超度长寿者·燃灯》
67－119	《超度放牧牦牛、马和绵羊的人·燃灯和迎接畜神》
71－161	《超度什罗仪式·点灯火》
73－205	《超度什罗仪式·在生牛皮上点灯火》
73－345	《超度什罗仪式·格巴弟子点神灯》

表9 创世纪类经书

出　　处	经　书　名　称
24－129	《禳垛鬼仪式·人类起源和迁徙的来历》
31－153	《河谷地区祭鬼仪式·开天辟地的经书》
35－327	《退送是非灾祸·创世纪》
39－155	《除秽·古事记》
53－97	《关死门仪式·人类的起源》

出　处	经　书　名　称
56－173、56－269	《超度死者·人类迁徙的来历》（上卷、下卷）
80－1	《大祭风·创世纪》

表 10　白蝙蝠取经记相关经书

出　处	经　书　名　称
24－197	《禳垛鬼仪式·白蝙蝠求取祭祀占卜经》
40－1	《除秽·白蝙蝠取经记》
47－67	《驱端鬼·寻求祭祀占卜书》

表 11　烧天香类经书

出　处	经　书　名　称
2－49	《迎素神·烧天香》
3－23	《祭村寨神仪式·烧天香》
4－1	《祭胜利神仪式·烧天香》
5－295	《祭署·烧天香》（上、下）
22－317	《禳垛鬼大仪式·烧天香》
25－1	《禳垛鬼仪式·给优麻神烧天香作供养经》
39－1	《除秽·烧天香》
59－241	《超度死者·烧天香》
71－95	《超度什罗仪式·烧天香》

表 12　献牲、献饭、献其他类经书

出　处	经　书　名　称
1－221	《祭祖·祀绝户家的天·献牲献饭》
3－337	《祭猎神仪式·献牲·献饭》

出　处	经 书 名 称
89－131	《祭朵神和吾神·献牲献饭》
89－169	《祭景神崩神·献牲·献饭》
1－229	《祭祖·献牲》
2－141	《大祭素神·献牲》
3－105	《祭村寨神仪式·献牲》
4－247	《祭畜神仪式·献牲》
12－259	《延寿仪式·崇忍利恩的故事·向华神献牲》
35－201	《退送是非灾祸·献牲经》
47－139	《祭端鬼·驱端鬼·献牲》
52－181	《祭凸鬼猛鬼·开坛经·还债·献牲》
53－233	《关死门仪式·给牲》
56－1	《开丧和超度死者·杀牲献牲》
61－35	《超度夫和妻·献牲》
62－35	《超度死者·献牲》
63－57	《超度死者·献冥食》
64－275	《超度死者·杀牲》
67－119	《超度死者·迎接胜利者·献牦牛牺牲》
78－143	《祭绝后鬼·献牲经》
1－337	《祭祖·献饭》
2－185	《大祭素神·为素神献饭》
3－373	《祭村寨神仪式·献饭》
4－73	《祭胜利神仪式·迎请胜利神·献饭》
4－305	《祭畜神仪式·献饭》
14－209	《延寿仪式·向诸神的威灵献饭》
53－271	《关死门仪式·献饭、招魂》

出　处	经 书 名 称
57－53	《超度死者·收种庄稼，给死者献饭》
1－119	《祭天·献饭·点洒灵药》
68－201	《超度死者·祭将归祖的死者，由舅父给死者领路、献饭、关死门》
70－79	《超度胜利者·献饭·遗留福泽（末卷）》
83－203	《祭风·给战神献饭》
56－67	《超度死者·献肉汤》（上卷、下卷）
57－81	《超度死者·献供品》

表 13　祭祖类经书

出　处	经 书 名 称
1－1	《远祖回归记》
1－259	《迎接回归享祭的祖先》
4－23	《祭胜利神仪式·迎请胜利神·追述先祖回归的故事》
4－211	《追述远祖回归的故事》
82－151	《大祭风·迎接祖先》

表 14　除秽类经书

出　处	经 书 名 称
2－1	《迎素神·除秽》
3－1	《祭村寨神仪式·除秽·除秽的来历》
22－217	《禳垛鬼大仪式·给卢神沈神除秽经》
25－117	《禳垛鬼仪式·寻找洗手除秽水经》
35－1	《退送是非灾祸·开坛经·为卢神沈神除秽》
39－113	《除秽·秽的来历》
39－139	《除秽·除秽的来历》

出　　处	经　书　名　称
40 - 65	《除秽·用黑梭刷火把除秽》（上卷）
40 - 125	《除秽·用黑梭刷火把除秽》（下卷）
41 - 121	《除秽·为崇忍利恩除秽》
41 - 223	《除秽·为天女那生普麻除秽》
41 - 249	《为东巴什罗除秽》
42 - 139	《除秽·为天神九兄弟、地神七兄弟除秽》
42 - 257	《除秽·用梭刷火把来除秽》
43 - 1	《除秽·用益世丁子净壶的净水洗去秽》
43 - 19	《用犏牛、牛、山羊除秽》（上、中、下）
44 - 257	《除秽·用山羊除秽》
71 - 61	《超度什罗仪式·为卢神沈神除秽》
76 - 21	《超度拉姆仪式·为圣洁的神女拉姆除秽》
88 - 203	《大祭风·用白鹇鸟偿还署债·给署除秽》

表 15　开坛经类经书

出　　处	经　书　名　称
6 - 1	《祭署·开坛经》
9 - 217	《祭署·立标志树·诵开坛经》
16 - 29	《祭风·开坛经》
35 - 1	《退送是非灾祸·开坛经·为卢神、沈神除秽》
45 - 1	《压呆鬼·开坛经》
48 - 247	《抠古鬼的产生·开坛经·驱抠古鬼》
51 - 1	《祭猛鬼利恩鬼·为董神和沈神除秽·开坛经》
52 - 181	《祭凸鬼猛鬼·开坛经·还债·献牲》
53 - 19	《关死门仪式·开坛经》

出　　处	经 书 名 称
54－269	《驱妥罗能特鬼仪式·开坛经》
79－49	《大祭风·给卢神沈神除秽·开坛经》
79－105	《大祭风·开坛经》

（二）篇章的程式化

篇章的程式化常见的是经书的起兴部分，如以天地洪荒、开天辟地的篇章开始的："远古的时候，人类还没有诞生以前。天由盘神开，繁星布满天，天高广无边；地由禅神辟，青草绿满地，地大阔无垠。最早，天地相接未分开，卢神、沈神会歌唱，树木会走动，石裂会说话的时代：使大神的绿宝石般的宝贝女儿，卢神、沈神的黄金般的宝贝女儿，恒神的能干的拉朗姑娘去播种万物。星种撒天空，满天星灿灿，天更高远无边；草种撒大地，大地绿茵茵，地更广旷无垠。"（《全集》2－307）

东巴经还常以吉年吉时吉日，三个民族会算年月日开始，如："天上出星星，星星出得最灿烂的是今天；地上长青草，青草长得最碧的是今天。左方出来的太阳最暖，太阳出得最暖和的是今天；左方出来的月亮最明亮，月亮出得最明亮的是今天。从上边拉萨埵肯盘地方以下，藏族人计算年份计算得最好，在年份最好的一年；从下边的补鲁日饶满地方以下，白族人计算月份计算得最好，在月份最好的一月；在人聚集最多的中央，纳西人择算日子算得好，在日子最好的一天。天下星星好、白天好、夜晚好的这一天……"（《全集》2－291）

篇章的程式化还有很多，主要出现在故事开头部分，或者故事之间的衔接部分。

（三）句子的程式化

句子的程式化比篇章范围更为广泛，有些语句属于"万能语句"，在经书中放诸四海而皆准。在烧天香仪式中，常见的语句有："用醇香的头酒、浓酽的头茶、酥油、麦面、高原的柏、高崖的蜜及九种好药，为千千万万的优麻神祭献上天香……"又常以"天上出星星，出得最好的是今天；地上长绿草，长得最绿的是今天"引出今天适合迎神、送神、占卜等内容。在经书的中间部分，常见的是说东、南、西、北、中五方，说到五方时又常见这样的语句："在东方竖立白螺顶天柱，在南方竖立绿松石顶天柱，在西方竖立黑玉顶天柱，在北方竖立黄金顶天柱，在天地中央竖立白铁顶天柱"。在经书中，最常见的是祝福语，祝福语遍布经书始末，如"祈望胜利美好、能干敏捷"，"愿主人一家长寿安康，祖父能见儿孙面，成为三代同堂的人家"，"愿儿子像父亲一样高大；愿女儿像母亲一样的齐整"，等等。

另一种程式化的现象是在一本经书中多次出现某一内容，如在迎神类经书中，会出现在某地迎接某神，在另一地迎接某神，在某地迎接某神，如此重复很多次。在烧天香的仪式中，常见的是给某神某神烧天香，句子中只更换神名，其余都相同。

（四）短语词的程式化

祝福语是常见的短语词程式化的例子，如："无病无痛""不冷不惧""声轻神安""水流满塘""人寿年丰""白头黄牙""娶妇增丁""平平安安""大吉大利"等。

除了祝福语外，固定的修饰语也是短语词程式化的例子。

二、相同相似经书的差异性

相同相似经书的差异性主要体现在两个方面，一方面是在题目相同，但仪式不同的经书中，内容存在差别。习煜华指出："还有一些相同的故事在不同的仪式中重复使用，例如'白蝙蝠取经记'出现在'禳垛鬼仪式'中经名为《禳垛鬼仪式·白蝙蝠取经记》；出现在'除秽仪式'中，经名为《除秽·白蝙蝠取经记》……主要的区别是出现在各类仪式中，依附不同的前后内容，其书写方法和细节有相异的地方。"① 另一方面的差异体现在不同区域的同仪式同题目的经书中。此方面的差异体现在经书内容的细节、句式和读法上。下面以一段最为常见的经书起兴开篇为例，在表达完全相同的语义时，不同地域的经书在书写、句式和诵读上有差别。

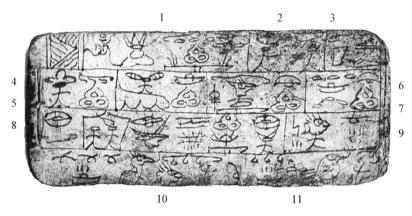

《和氏家族祭祖经》第 1 页

上图《和氏家族祭祖经》② 是白地古都村和志本东巴家藏的经书，由和志本东巴读经、杨亦花翻译。此页的对译标音如下。

（1）a^{33}，$my^{331} ku^{21} t \underset{\cdot}{s}^h \underset{\cdot}{\imath}^{33} dzu^{21}$，$ku^{21} dzu^{21} t \underset{\cdot}{s}^h \underset{\cdot}{\imath}^{33} \eta i^{33} \gamma u^{33}$；$dy^{313} z \underset{\cdot}{\partial}^{21} t \underset{\cdot}{s}^h \underset{\cdot}{\imath}^{33}$
　　啊　天　星　这　有　星　有　这　天　好　地　草　这

dzu^{21}，$z \underset{\cdot}{\partial}^{21} dzu^{21} t \underset{\cdot}{s}^h \underset{\cdot}{\imath}^{33} \eta i^{33} h \partial e^{21}$。（2）$a^{33} nu^{33} bi^{33} t^h v^{33} lv^{21}$，$i^{21} nu^{33} le^{33} ts^h e^{55}$
有　草　有　这　天　绿　　　左边（助）太阳　出温暖　右边（助）月亮

mbo^{21}，（3）$g \partial^{213} la^{33} sa^{21} to^{55} k^h u^{33} p^h \partial r^{21}$，（4）$gv^{33} dzu^{21} k^h v^{55} ts \underset{\cdot}{\imath}^{21} \gamma u^{33}$，
亮　　　上边　拉萨　坡脚　白　　藏族　　年　计算　擅长

$k^h v^{55} \gamma u^{33} t \underset{\cdot}{s}^h \underset{\cdot}{\imath}^{33} du^{33} k^h v^{55}$。（5）$mi^{213} z \underset{\cdot}{\imath}^{33} dze^{33} ma^{33} le^{33} bu^{33} he^{33} ts \underset{\cdot}{\imath}^{21} \gamma u^{33}$，
年　好　这　一　年　　　下边　日　则　玛　白族　月　计算　擅长

$he^{33} \gamma u^{33} t \underset{\cdot}{s}^h \underset{\cdot}{\imath}^{33} he^{33} \gamma u^{33}$。（6）$dz \underset{\cdot}{\imath}^{33} ndzu^{21} my^{55} ne^{21} dy^{21} ly^{55} gv^{33}$，$na^{21} h \partial e^{55} ha^{55}$
月　好　这月　好　　人类居住　天　和　地　中间　　纳罕　　日

---

① 习煜华、赵世红主编:《中国少数民族原始宗教经籍汇编·东巴经卷·前言》，中央民族大学出版社，2009 年，第 10 页。

② 周寅:《纳西东巴文构形分域研究》，西南大学博士学位论文，2015 年，第 71 页。

tsʅ²¹ɣɯ³³, hɑ⁵⁵ɣɯ³³tʂʰʅ³³hɑ⁵⁵ɣɯ³³。（7）kɯ²¹ɣɯ³³he³³ɣɯ³³zy²¹ɣɯ³³hɑ⁵⁵
计算擅长 日子好　这 日 好　　星 好 月 好星宿好 夜晚
ɣɯ³³ȵə²¹。

好 时候

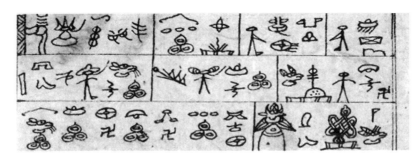

上图选自《全集》2－51的《迎素神烧天香》，此经书由鸣音东巴和即贵
抄写、和即贵诵读、李丽芬翻译。此页的对译标音如下。

o³³, tʂʰu⁵⁵do³³ho³³, mɯ³³nɯ³³kɯ²¹dzʅ²¹ɯ³³, dy²¹nɯ³³zə²¹zʅ³³hər²¹,
哦　 请享用 天来星有好　地来草生绿
uæ³³nɯ³³bi³³tʰv³³lv²¹; i²¹nɯ³³le²¹tsʰe⁵⁵bu³³。gə²¹gə³³la³³sa³³to⁵⁵kʰɯ³³
左来太阳出暖　右来 月光 明 上的 拉萨 垛 肯
pʰər²¹, gv³³dzʅ²¹kʰv⁵⁵tsʅ²¹ɯ³³; mi²¹i³³bv³³lu⁵⁵zʅ³³za²¹mæ³³, le³³bv³³he³³tsʅ²¹
盘 藏族 年算好 　下方 补鲁 日饶 满 白族月算
ɯ³³, dzi³³dzə²¹ly⁵⁵gv³³uə²¹, na²¹çi³³ha⁵⁵tsʅ²¹ɯ³³。mɯ³³lɯ⁵⁵kʰv⁵⁵ɯ³³tʂʰʅ³³
好 人好 中间 村 纳西日算 好 天地 岁好 这
dɯ³³kʰv⁵⁵, du³³se²¹he³³ɯ³³tʂʰʅ³³dɯ³³he³³, ȵi³³ɯ³³hɑ⁵⁵ɯ³³, zy²¹ɯ³kɯ²¹ɯ³³
一 岁 卢神 沈神月好 这一 月　昼好 夜好　宿好 星好
gə³³tʂʰʅ³³dɯ³³ȵi³³。
的 这 一 天

B5　正文第 1 页

上图是哈佛藏经书 B5，是丽江黄山乡长水村东知东巴抄写的经书，此页的对译标音如下。

（1）a³³la³³mə³³ ʂər⁵⁵ŋᵢ³³，mɯ³³la³³kɯ²¹tʂ̩̍³³dʑɿ²¹，kɯ²¹dʑɿ²¹tʂ̩̍³³ŋᵢ³³
　　　啊 也 不 说 日子　天（助）星　这　有　　星　有　这　天

ɣɯ³³。dy²¹la³³z̩ə²¹tʂ̩̍³³y²¹，z̩ə³³y²¹tʂ̩̍³³ŋᵢ³³hər²¹。uæ³³i³³bi³³tʰv³³lv²¹，
好　地（助）草 这 生 草 生 这　天　绿　　左（助）太阳 出 暖

bi³³tʰv³³tʂ̩̍³³ŋᵢ³³lv²¹；i²¹i³³le²¹tsʰe⁵⁵bu³³，le²¹tsʰe⁵⁵tʂ̩̍³³ŋᵢ³³bu³³。
太阳 出 这 天 暖　右（助）月 光 亮　月 光 这 天 亮

（2）gə²¹i³³la³³sa²¹to⁵⁵kʰɯ³³pʰər²¹nɯ³³mɯ²¹dɯ⁵⁵dɯ³³，gv³³dʑɿ²¹kʰv⁵⁵tsɿ²¹
　　　上（助）拉萨埲 肯 盘（助）下 等　大　藏族 年 算

ɣɯ³³，kʰv⁵⁵ɣɯ³³me³³tʂ̩̍³³kʰv⁵⁵；（3）mɯ²¹i³³bv³³lv⁵⁵z̩³³za²¹mæ³³nɯ³³gə²¹
好　年 好 的 这 年　　　下（助）补鲁日 饶 满（助）上

dɯ⁵⁵dɯ³³，le³³bv³³he³³tsɿ²¹ɣɯ³³，he³³ɣɯ³³tʂ̩̍³³dɯ³³he³³；dʑi³³dʑɿ²¹ly⁵⁵gv³³
等 大 白族 月 算 好　月 好 这 一 月　人 住 中间

ha⁵⁵，（4）na²¹çi³³ha⁵⁵tsɿ²¹ɣɯ³³，ha⁵⁵ɣɯ³³tʂ̩̍³³dɯ³³ha⁵⁵。
集　　纳 西 日 算 好　日 好 这 一 日

从以上三则材料可以看出，白地古都村和志本东巴的经书主要采用五言为主，间杂四言和七言的句式，和即贵东巴的经书主要采用整齐的五言式的句子，而东知的经书则以七言为主。此外，三本经书还有方音以及文字上的差别。

东巴经书的普遍性特征和特殊性特征是鉴定经书的突破口。在鉴定经书时，可以利用东巴经的特殊性，如地域特殊性、经书不同仪式的特殊性来判定

经书；也可以利用普遍性特征程式化和重复性，来研究经书的产生与演变、版本的传抄等情况。其中的版本传抄是我们鉴定经书谱系的一个主要内容。

第二节 根据经书内容的特殊性来鉴定示例

经书内容的特殊性是指某地独有的经书，为其他地域所无；也指该经书每地都有，但该地的经书中有一些其他地方的经书中没有的特殊内容，如：相同题目的经书，不同的地域，其故事的构成、细节、句型、诵读都会有所不同。邓章应在《纳西东巴文分域与断代研究》中把经书的特殊性阐述得很具体，他提到根据内容鉴定时有三种情况：一是根据有些地方有特殊的经典；二是各地经书内容细节不同；三是特定细节。[①] 关于经书的特殊性，目前尚未有完整的研究，现有的研究内容零散，认定起来难度较大，我们只有对经书仔细研究之后，才能在此方面有所突破。

一、某地特有的经书

东巴经在内容上的特殊性具体表现在两个方面：一是题目上的特殊性，标明是该地或该支系特有的经书，如若喀支系无祭天经书。和力民认为："祭战神，是阮可纳西族在宗教习俗上区别于其他地区的纳西的一个重要标志。其他地方的纳西，普遍盛行祭天而不大盛行祭战神仪式。'阮可'纳西，普遍盛行祭战神而不举行祭天仪式。在一些地区，同一个村子，属于'阮可'支系的纳西族，祭战神而不祭天，非'阮可'支系的纳西族祭天而不祭战神。"[②] 若遇到祭天的经典即大致可断定不是若喀的经书。当然也有特例：白地吴树湾村的若喀

[①] 邓章应：《纳西东巴文分域与断代研究》，人民出版社，2013年，第15—16页。

[②] 和力民：《滇川交界纳西族宗教调查》，和发源、王世英、和力民著《滇川纳西族地区民俗宗教调查》，云南民族出版社，2008年，第74页。此处出现的"若喀""阮可""汝卡"只是译名不同，实指纳西族的同一个支系。本书全部使用"若喀"，引文使用原文称呼。

支系，因为和纳喜支系杂居已久融合较多，大致从清末开始也有了祭天仪式和祭天的经典。因此，从经书目录上来说，绝大多数若喀地区的经书类别比别的地方少，洛克发现了15种，[1] 和力民记述了油米村的38种仪式。[2] 钟耀萍也认为若喀经书具有特殊性，她谈道："所有调查点的东巴均能分出纳西东巴经和汝卡东巴经。两者在类别、内容上确有不同。一般来说，汝卡东巴经有消灾经书，请神经书，压凶鬼经书，祭水龙王经书，打卦、占星、算日子经书和丧葬经书六类，完整的一套汝卡东巴经数量应在100本以上。拉伯、俄亚等地的汝卡东巴经较为完整，白地、东坝等地仅余丧葬经书。"[3] 所以可以将若喀的经书当作特殊情况来处理。

《纳西象形文字谱》中刊布的一本经典《送情死者》记载："该书系丽江坝区长水中村东巴和泗泉等人于二十年代初创作，流行于丽江坝区，其他地区无此书。现根据丽江五台中村东巴和芳先生的重抄本来注释。"[4] 因此，若遇到《送情死者》的抄本，可直接断定为丽江坝区的经典。

综上可知，某地特有的东巴经确实存在，要将各地的东巴经题目以及内容进行比较研究，才可知某地有哪些特有的经典。

二、特殊的细节

经书内容的另一种特殊性是指相同的仪式相同的题目，但在细节上存在差异。这种细节可以表现为起兴不同，故事内容的详略处理不同，具体的情节不同，故事的编排不同，唱腔不同。较为遗憾的是，不同区域的同题名的经书版本学的研究相当欠缺，利用这一方法来鉴定还有局限。目前，只能根据研究中零散的对经书特殊性的概括来判断。如《全集》3－361中的《祭猎神仪式·祭猎神》的内容提要中谈道："本古籍是丽江坝周围山区祭猎神用书，比一般用书更具特色。其内容以猎神为中心，着重描绘了纳西人心目中的猎神形象及习性。并表达了行猎者企望得猎神保佑、使家中诸事顺利、行猎多得的愿望。"

---

① Joseph F. Rock. The Zher-khin Tribe and their Religious Literature. *Monumenta Serica*, 1938, 3: 171－188.
② 和力民：《滇川交界纳西族宗教调查》，和发源、王世英、和力民著《滇川纳西族地区民俗宗教调查》，云南民族出版社，2008年，第74页。
③ 钟耀萍：《纳西族汝卡东巴文研究》，西南大学博士学位论文，2010年，第30页。
④ 方国瑜编撰，和志武参订：《纳西象形文字谱》，云南人民出版社，2005年，第543页。

若遇到跟此经书相同的内容，具体情节也相似，那么就可判断待鉴定的经书与此经书属于同一谱系。

再如杨亦花在比较各地不同的祭祖经典后认为："《祭祖·迎接回归享祭的祖先》、《祭祖·献牲》和《祭祖·献饭》这三部经典或主要片段，是纳西族祭祖仪式中共同必用的经典。而且虽然因为家族和地域的原因，各地祭祖经典呈现出一些祖先回归路线的差异等个性特点，但其内容大致相同。比如迎接祖先回来经过的路途中，有很多地名相同，又比如讲述祭祖的目的时，都表示要报答祖先建立家业的功劳和对后代子孙的养育之恩，并有几乎一致的叙述。当然，各个地方的祭祖经典因为地域差异会呈现出一些小的差别，比如迎接祖先回归路上的地名，丽江各地有不同的路线，即便是同一个村但属于不同的家族，路线也会不一样。"① 她所说的这种细节也是区别各地经书的方法。

再如杨正文在比较白地和丽江地区的《崇搬图》后认为，两地的经书在具体细节、人类祖先排名上表现出较大差异，丽江本更像是民间故事，增加了许多细节描写，白地本内容简洁。② 所以对各地经书进行版本研究是非常必要的，将对谱系分类起着至关重要的作用。

根据经书特殊性来鉴定是建立在较为完善的版本目录学研究的基础上的，由于前研究尚不完善，所以在利用此方法鉴定经书时效果大打折扣。但是，随着经书的刊布、谱系分类研究的深入，此方法将来大有可为。

第三节　根据经书中的地名来鉴定

一、理论概说

纳西东巴经书中除了跋语记载地名之外，经书正文中有时也会出现地名。最早利用经书正文中的地名来鉴定经书的是傅懋勣。③ 后来邓章应专门撰文

① 杨亦花：《白地和志本东巴家祭祖仪式和祭祖经典研究》，西南大学硕士学位论文，2010年，第10—11页。
② 杨正文：《最后的原始崇拜——白地东巴文化》，云南人民出版社，1999年，第87页。
③ 傅懋勣：《丽江么些象形文〈古事记〉研究》，武昌华中大学，1948年。

《从东巴经所述地名判断经书地域》验证了通过地名来鉴定经书的可行性。他在结语中指出："经书正文中所提到的地名往往与写经人或念诵人联系紧密，特别是部分经书，最初或最后一站提到的地名往往为其所处的位置。故可以从这些可以实指的地名判断经书的所属地域。我们反复验证了有跋语经书中的地名信息，发现正文中的地名往往与跋语所提到的地名相对应。"[1] 他还认为："东巴经正文中有时描述到地名信息，且所述地名常带有纪实性。不管是描述人类迁徙路线，还是讲述送祖归灵路线，或是迎请各路神灵，其最初或最后一站地名即是东巴做仪式时应用东巴经的地点。"[2] 和学璋把出现的地名路线说得更为细致，他认为："东巴经中常出现成串的地名路线，这样的路线一般出现在祖先迁徙记、请送祖先、请送神灵、超度亡灵、祈求福泽、关死门、禳垛鬼放替身、除秽退鬼等经书片段中。"[3] 三位前辈时贤的研究可谓是层层递进的关系，都以东巴经中存在的路线型地名为研究对象，认为正文所述地名与经书实际所在地域相符合。

这一规律虽然已经证实具有可行性，但在进一步的研究中发现它在内容和范围上都需要有所调整。根据前人的研究成果，笔者在鉴定东巴经时发现，东巴经正文中除了可以利用路线型地名之外，还可以利用单独的地名来判定经书归属。在鉴定经书时，这两类地名往往可以提供书写者的地域信息。有些经书只有单独型地名，有些经书只有路线型地名，有些经书既有单独型地名，也有路线型地名，跋语中也有地名，这三者地名会有相同的可能。

经书中的地名与经书的抄写者所在地域相对应，这种观点是我们进行经书鉴定的基础。在对东巴经地名与地域归属的深入研究后，发现了例外的情况。因此，我们把这些观点进一步演变为：经书中的地名与经书的抄写者所在地域有一定的关系，这种关系可分为完全对应和不完全对应。所谓完全对应关系就是，经书中的地名就是抄写者所在的地域。不完全对应关系是指，经书正文内所述的地名与跋语、字迹等存在不对应的情况，这可能是受经书母本的影响，或者经书在抄写后发生了转移，也就是经书经历了赠予或买卖。在赠予或买卖中，抄写者通常会将地名改为实际使用者所在的村名。在对经书的实际研究中，经书正文中的地名与抄写者所在地域相对应的情况较多。

① 邓章应：《纳西东巴文分域与断代研究》，人民出版社，2013 年，第 51 页。
② 邓章应：《纳西东巴文分域与断代研究》，人民出版社，2013 年，第 43 页。
③ 和学璋：《和华亭东巴法名及经书考》，西南大学 2015 年"出土文献与比较文字学"全国博士生论坛论文。

二、示例

（一）根据单独的地名来鉴定经书

1.《迎素神·烧天香》，《全集》2－51、52

对译：çə³³tçʰy²¹dʐv²¹dʐʅ²¹kʰɯ³³，iə⁵⁵dər³³dy²¹ko²¹lo²¹，ga³³gə³³lɯ³³ ɡua²¹bæ³³i³³uə²¹。
 　　修　曲　山　住　脚　吉祥　地　里面　, 胜利的　高　地　班依俄

2.《大祭素神·为素神献饭》，《全集》2－221

对译：ga³³i³³lɯ³³ ɡua²¹bæ³³i³³uə²¹，çə³³tçʰy²¹dʐv²¹kʰɯ³³tʰv⁵⁵，iə⁵⁵dər³³dy²¹ko²¹lo²¹。
 　　胜利的　高　地　班　依俄　修曲　山　　脚旁　　吉祥　地　里面

3.《祭胜利神仪式·烧天香》，《全集》4－4

对译：ga³³i³³lɯ³³ ɡua²¹bæ³³i³³uə²¹。
 　　胜利的　高　地　班依俄

〔çə³³tçʰy²¹dʐv²¹〕，指修曲山；〔bæ³³i³³uə²¹〕，指鸣音。以上三册经书的地名都为修曲山脚下的鸣音村。这几则在修曲山之后添加了"吉祥地"的修饰语，在"班依俄"之前添加了"胜利的高地"来修饰。

4.《禳垛鬼大仪式·烧天香》,《全集》22－319

对译:la⁵⁵zʅ³³ua³³kɯ²¹dzy²¹kʰɯ³³tʰv⁵⁵, ga³³i³³tʂʅ⁵⁵tsʰ ʅ²¹uə³³。
　　腊汝　瓦　庚　局　山麓　旁　胜利　的　治楚坞

5.《超度死者·烧天香》,《全集》59－243

对译:ua³³kɯ²¹dzʅv²¹kʰɯ³³tʰv⁵⁵, ga³³gə³³lɯ³³ʂua²¹tʂʅ⁵⁵tsʰ ʅ²¹uə³³。
　　瓦庚　山　旁边　　胜利的　里刷　治楚坞

[ua³³kɯ²¹dzʅv²¹],指瓦庚山,[tʂʅ⁵⁵tsʰ ʅ²¹uə³³],指宝山的吾木村,在"治楚坞"之前添加了"胜利的高地"修饰,说明以上两册经书是宝山吾木村的。

6.《超度什罗·烧天香》,《全集》71－97

对译:ly⁵⁵zʅ³³ua³³kɯ²¹dzv²¹kʰɯ³³tʰv⁵⁵, ga³³i³³tɕi⁵⁵ ʂʅ²¹uə³³。
　　吕汝瓦　庚　山　旁边　胜利的　敬史坞

[ua³³kɯ²¹dzʅv²¹],指瓦庚山,在地名"敬史坞"之前添加了"胜利的"来修饰。该经书是宝山敬史坞村的。经书末交代了有地名的跋语:"是南山恒柯督的经书"。但这句话没有原文,是翻译者添加的。从字迹来看,该经书属于宝山地区的风格。由于有地名的跋语没有原文,所以我们无法得知造成这两个地名不一致的确切原因。

7. K46 尾页

对译: ɣɯ³³kʰo²¹a⁵⁵na²¹dʑy²¹kʰɯ³³tʰv⁵⁵nɯ³³ze²¹tsʰy⁵⁵tʂʰv³³gə²¹le³³tɕʰi³³。

长水　马鞍山　脚旁　（助）　仁趣鬼　路上　又　指

该语段位于经书尾页，可翻译为"从长水马鞍山往上给仁趣鬼指路"①。该经书是马鞍山脚下的长水村的。

8. G10 第 20 页

该经书中提到一个地名 ，治盘坞，是宝山的一个村子。在地名之前有修饰词〔ga³³〕，可以判定该经书是治盘坞的。

9. F2 第 6 页

---

① 此段经文是笔者找到地名后请杨亦花博士和丽江东巴文化博物院的和丽宝东巴翻译的。

该经书中出现了地名 ▨▨▨ ▧▧▧ ◣，［t ʂɭ⁵⁵ ʂɭ²¹ uə³³］，治史坞。村名之前有修饰词 ⚑ ［ga³³］，治史坞是宝山的一个村子。

（二）根据路线型地名来鉴定

路线型的地名常出现在人类迁徙、迎请祖先、献牲献饭、烧天香、索求福分等内容中。其中路线可分为人类迁徙路线，迎接祖先、神灵路线，送鬼魂、神路线，除秽路线等。其中，前两种路线中出现的书写者的地名位于路线的最后一站，后两种路线中出现的书写者的地名位于路线的第一站。下面选取几例。

1.《崇搬图》中常有迁徙路线

《崇搬图》中通常会出现迁徙路线，《崇搬图》是音译，纳西语作 ［tsʰo²¹ bər³³tʰv³³］，常译作"创世纪""人类起源的故事""古事记"等。许多东巴教仪式中都要用到它，如祭天仪式、祭风仪式、消灾仪式等。不同仪式中的《崇搬图》在内容上会略有差别，但都包含了人类始祖崇忍利恩和衬恒褒白从天上来到大地，经历迁徙的片段。有些经书叙述地名很详细，有些很简略。详细的经书中通常包含抄写者所在地的地名，有些简略的经书会省略抄写者所在地的地名。在《全集》中有 7 本《崇搬图》，译名各有不同，但都出现了迁徙路线。

（1）迁徙路线中的例外情况

迁徙路线的最后一站通常是经书抄写者所在的地域。当然也有例外的情况，下面举例说明。

1)《关死门仪式·人类的起源》

崇忍利恩夫妇，从天上迁徙下来，来到了天的中央。从天的中央启程，来到了蕊齐星坡上。从蕊齐星坡上启程，来到了蕊夸星坡上。从蕊夸星坡上，到达了斯河的上游。从斯河的上游启程，来到了斯河的下游。从斯河的下游启程，来到了堆满白银角的地方。用白银角做梯子，从银梯上来到了有闪亮黄金的村子里。用黄金做成链子，从黄金链子上滑了下来。来到了居那若罗神山上。……从里刷尤告拉往下迁，到了余勒盘汝阁高原上。从余勒盘汝阁高原往下迁，走到了补夸地方。从补夸地方往下迁，到了盘尤达古敦地方。从盘尤达古敦往下迁，来到了大地上，来做地上的凡人。再到了吉纳里、吉盘里，到了格岗孜、木岗邦、展章埔、妥盘妥纳科、莎术康，一直到了崩古崩史里地方。到了崩古崩史里地方，丈夫搭毡房，妻子烧起火，插胜利桩，竖胜利石，在崩古崩史安下了家。(《全集》53－147、53－148、53－149、53－150)

《全集》53－150

这本经书最后一站的地名是 白沙，从这本经书的书写风格来看，确实属于白沙。

2)《超度死者·人类迁徙的来历·下卷》

人们又找到了迁徙的道路，又找到了过河的桥。人类迁徙的道路上，黑色冷杉的根白了，野兽也有了出没的地方。四脚白的黑猪，迁徙时由它给人们引路。猪喂肥后作祭天用的牺牲，鸡长大后作顶灾用的祭鸡，它的来历就出在这里。养的猪在小米地旁长大，鸡的长脚是铁接起来的。没有守家的人，由狗来看守庭院。没有拱房子的人，由猪来拱房子。束和尤氏族先祖的男后裔，不死还活着的时候，迁徙时由天的中央迁徙下来。然后从蕊齐蕊崩地方迁徙来到下面。……到了土地肥沃的称柯督地方，男的搭帐篷，女的找来火种烧火，插着胜利木桩，

竖着胜利石头居住在那里。(《全集》56－194、56－195、56－201)

《全集》56－201

这本经书迁徙路线的最后一站地名是 称柯督，地名之前有修饰词 ，迁徙路线的地名与跋语地名符合，经书是称柯督的。

(2) 迎送路线与抄写者不对应的情况

迎送路线与经书抄写者也会出现不对应的关系，下面选取两例说明。

1)《禳垛鬼仪式·人类起源和迁徙的来历》

人类祖先从古姆古兆埔迁徙下来了，从拉姆拉兆埔迁徙下来了，从美利嘎迪埔、俚刷构迪埔迁徙下来了，人类祖先迁徙着搬迁着下来了。人类祖先从楞启督孜埔迁徙下来了，从米鲁阿嘎埔迁徙下来了，人类祖先迁徙着搬迁着下来了。……从补古孜、补禾告迁徙下来了，人类祖先迁徙下来了。从恩赫迪初罗迁徙下来了，从辰尼西贺埔迁徙下来了，从尤贝敦虑股迁徙下来了，从律依妥考坞迁徙下来了，从岗丁埔迁徙下来了，人类祖先迁徙下来了。人类祖先从尼罗志盘坞迁徙下来了，从孜敦安拿坞迁徙下来了，从孜敦安刷埔迁徙下来了，人类祖先迁徙下来了。人类祖先从称考余鲁坞迁徙下来了，从刺伯埔迁徙下来了，从昂庚季迁徙下来了，从沃姆季磁坞迁徙下来了，人类祖先迁徙下来了。人类祖先胜利地迁徙到束拿坞这个地方。(《全集》24－185、24－186)

《全集》24－186

　　经书中的最后一站地名是 ，即"束拿坞"，这当是经书所在的地域。地名之前出现了修饰语 。这个地名属于宝山的一个村子，从整个地名迁徙的路线来看，也应是宝山的经书。但这本经书还有跋语："现在这个时候呢，虽然我延年益寿了，但当作一句古语，把这本经典留存后世了啊。这本经典是展丹村的男子我有八十三岁这年写的。祝愿从这以后有所上进。"（《全集》24－194）从跋语和字迹来看，这本经书由大东竹林村东巴和士成所写，他早年居住在展丹村，在他书写的跋语中都自称为展丹村人。因此，当遇到迁徙路线最后一站地名与跋语地名不一致时，需分析其他特征。从迁徙路线可知，此经书的母本是宝山的，和士成东巴在抄写时并未修改过来。

　　2)《大祭风·创世纪》

　　　高呀又升高，天廓变得高远了。纯净又纯净，地域变得清爽纯净了。崇忍利恩又找到了迁徙的路，衬恒褒白又找到了要过的桥。崇忍利恩和衬恒褒白从天中央迁徙下来，到了汝情坡，从汝情坡下来，到了汝夸坡。从固吉河上游下来，到了斯吉河下游。……从黑水、白水地方往下迁，到了上岗邦、下岗邦、玉龙山、甘海子地方。从上岗邦、下岗邦往下迁，到了鲁盘埔。从鲁盘埔往下迁，到了妥盘、妥纳的地方。从妥盘、妥纳的地方往下迁到了桑斯开（丽江玉龙山下），到了崩古崩史（丽江白沙乡）地方。崇忍利恩和衬恒褒白插上胜桩，竖起胜石，烧起纯净的火，就住在了那个地方。（《全集》80－58）

《全集》80－58

迁徙路线的最后一站是 （白沙），从整个迁徙路线来看，这本经书是属于白沙的经书。但从字迹来看，这本经书是鸣音的和即贵东巴抄写的。经书的封面属于横写式，他抄写的经书更多是竖写式。根据迁徙路线可以判断此经书的母本是属于白沙的，他在抄写时保留了母本的一些特征。

在《崇搬图》这类经书中，地名除了有修饰语［dər⁵⁵ ɯ³³］［ga³³ gə³³］［ga³³ i³³］外，还有一些语句可作为判断的标准。如：在迁徙路线开始时，一般都有人类始祖要迁徙了，迁徙路线，人类始祖建房生火，插桩立石，定居下来幸福生活的句子。

2. 献牲献饭类经书中出现的除秽路线

（1）《祭祖·献牲》

不准秽气来污染了东巴灵敏的眼睛，不让秽气闭塞了头目的心，给他们来除秽。……从东巴前面的坡下，把一切污秽丢到下方去。从堂屋屋檐台阶下，从大门前的坡下，从祭祀场前的坡下，把一切污秽赶到它原本居住的下方。把污秽从知磁村村前往下赶，从柬纳村再往下赶，将污秽赶到污秽原来居住的下方去。让污秽在它居住的地方死去。……把污秽从昂坞里、初柯坞、鲁纳坞、吉盘罗、古督里、俺什里、罗展里、恩勒里等地逐一往下赶，丢弃到它原本居住的下方。（《全集》1－317、1－318）

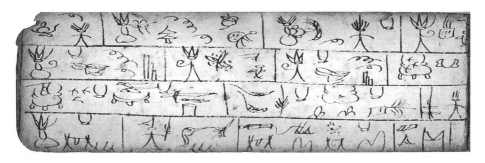

《全集》1-317

《全集》1-318

该经书中出现了除秽路线，除秽路线的第一站 （知磁村），是抄写者所在地区，即宝山吾木村。从该经书的风格看，也当属于宝山。由此断定，该经书属于宝山吾木村。

在第3卷《祭村寨神仪式·献牲》中出现了请神路线，最后两站的地名是 （知磁村）和 （束纳村）。这两个地名都是宝山的村子，同属吾木村，地名前都有 [ga³³i³³] 来修饰。若只从最后一站判断的话，会认为抄写者是属于束纳村的。但再看跋语："这本书是在纳西甲子的铁年写的，在这年的五月初五日完成。写书人是窝姆知此村的欧嘎宙大伯写的，是他在七十六岁时写的，写好后给了本大村里的阿恒小伙。阿恒给了他纯净的五升稻谷，作为写的手工费。欧嘎宙大伯写了以后，这大村里的两个宗族都将举行祭祀村寨神的仪式。"（《全集》3-170）从跋语可知，经书是欧嘎宙所写，他是知磁村人。出现另一个地名的原因是他把经书卖给了大村 （束纳村）的阿恒小伙，供大村里的两个宗族使用。所以遇到两个地名前有修饰的时候，需要仔细分析，有可能经书经历了买卖、赠予等情况。

《全集》3－116

（2）《祭朵神和吾神·献牲献饭》

从班戈洛地方出现的朵神和吾神；从天和山中间地方出现的朵神和吾神；从套徐局地方出现的朵神和吾神；从迪满利的扭补地方出现的朵神和吾神；……从散拉公地方出现的朵神和吾神；从漫道依、本垛利地方出现的朵神和吾神；从盘坞徐腾若地方出现的朵神和吾神；这一户主人想得到寿岁要依靠朵神，这一户主人需要的福和泽要依靠朵神，愿这一户主人能得到朵神赐予的福分。

《全集》89－107

经书的最后一站地名 干山串卜天，纳西语读作 [$p^hər^{21}uə^{33}çy^{55}t^he^{33}zo^{33}$]，是鲁甸的一座山名。该经书文末有跋语："这一本经书是（鲁甸）中村东巴东卢的。"（《全集》89－129），可证实该经书确实是鲁甸的。所以，在鉴定经书的时候，不仅要熟悉村名，还要了解山名。

(3)《超度夫和妻·献牲》

从崩抗敦地方，从里含坡上，从通敦下面，做了迁徙下来的人。从琪冷埃崖子，从放死者亡灵木身的两个崖洞之间，做了迁徙下来的人。从劳玛里地方，从坞罗里地方，从瓦柯督下面，做了迁徙下来的人。从斯吉鲁嘎古地方，从吉苦丙地方，从本满督、坞吕肯、鲁古支等地方，来到塔肯里地方。又从好死者的火葬场下面，做了迁徙下来的人。又从居里迪、沙里迪地方，来到村头和村尾，来到外庭院和内庭院，来到外前门和内前门。（《全集》61－48）

《全集》61－48

该经书出现了迁徙路线，并在第 49 页出现了有迁徙路线的句子："男人在这里搭帐篷，女的找火种生烟，插胜利的木桩，竖胜利的石头，烧胜利的火，居住在那里。"此句之前的地名则是来到外前门和内前门，是一个非常具体的地点。再往前几站也是几个具体的地点，外庭院和内庭院，村头和村尾。从大一点的地名来看，［sa³³lɯ³³tɯ³³］沙里迪当是离抄写经书最近的地方。沙里迪具体在什么地方，不可知，但从前几站的地名来看，应当离 ［uə³³ly³³kʰɯ³³］坞吕肯（今庆云村）不远，当属于丽江坝的经书。从经书风格看，也符合丽江坝区的风格。所以，在鉴定经书时，有时最后一站并不是村名，而是具体的地方，那么就要从前几站推导是何地。如果不熟悉地名的话，可以再从附近的站名推测，由已知到未知。

(4) M27 第 9 页

M27 题名是《祭村寨神的经书》，主要内容包含献饭献肉。在经书内容中

M27　第9页

有请神路线，最后一站是 ，即马鞍山脚下的长水村。从经书的跋语看，是长水村的东芳东巴写的。由此，可以确定经书是长水村的。

《全集》中有一本《迎素神·素米故》，记载了一段迎请素神回家的路线，而且迎请路线的最后一站与该经书跋语的所述地名一致，是鲁甸的多京东巴写的经书。下面选取该经书中迎请素神的路线（《全集》2‒345、2‒346、2‒347、2‒348）。

从祖先住的丙吕科地方，祖先站的坞托迪地方，还有祖先住的班美阁地方把素神拦下来。从居那若罗神山山顶上、山腰上、山脚下把素神拦回迎请下来。把素神的神灵招下来。从美利斯罗柯、斯罗崩古紫、崩禾垛、称尼西达埔、陈尼日盘孜、余勒盘孜阁等地把素神拦回迎请下来，把上方素神的神灵和胜利神的神灵招到下方来。从尤氏族居住地方的中间，吕本地方的托柯坡上，嘎迪村头的山坡上。……从盘依古督坞到崩姆拉衬古地方，从里刷含崩丹地方到紫里村，从托吉庆地方到各洛课地方，从剑攀地方到处科邹吉岩洞，把素神拦回迎请下来，把素神的神灵召唤到上面来。招呼来到鲁甸好地方。

在哈佛藏东巴经中，恰巧也有3本《迎素神·素米故》的经书，经书中都记录了迎请素神的路线，都出现了请神路线，在最后一站前都出现了修饰词。G1请神路线的最后一站的地名是（故南瓦）；G2最后一站的地名是（故南瓦）。"故南瓦"是一个纳西语地名，即今天丽江市玉龙县龙蟠乡星明村。G3最后一站出现的地名是（本谷），（长水村）。经笔者鉴定，G1的书写者是和华亭，所以经书所在地当是

《全集》2－347

G1　第11页

G2　第8页

G3　第19页

龙蟠中村。[①] G2 没有其他的证据显示不是故南瓦的经书，暂且认定是故南瓦的经书。G3 从字迹和内页特征来看，属于长水东巴东知的经书，经书内容中的地名与实际抄写人的地名相一致。

第四节　重复率鉴定法示例

一、理论概说

将重复率检测法运用于东巴经的传抄问题研究，源于中国知网学术不端文献检测系统的原理。设立学术不端文献检测系统的初衷是杜绝学术抄袭，提高学术质量。东巴经经历传抄和口传传承下来，一方面后代继承了前代的抄写格式、内容、句式和吟唱方式。经书之间存在传抄关系，在内容、句式和吟唱上保持高度一致；另一方面，经书在创作时，形成了程式化的语言和相似性的语段。这种雷同性揭示了这些经书有着同一源头。反之，不同的地域，运用于同一仪式中的经书有差别。即便故事梗概雷同，但在故事安排、故事细节上仍有差异，句式和吟唱也存在差异。经书内容重复率测定，有助于梳理东巴传抄经书的谱系，了解东巴经传抄过程中的继承与发展等情况。

学术不端检测系统与东巴经的重复鉴定虽有异曲同工之处，但由于检测的对象和材料不同，东巴经中的重复率的内涵和测定标准有特定的含义。东巴经中普遍存在雷同信息：一种是一些固定表达，即前文所述的程式化语句；另一种情况是，B 抄了 A 的一本经书，所以由 A、B 分别抄写的这两本经书雷同；第三种情况是，A 写了两本不同仪式但题目一致的经书（如每个仪式都有的《开坛经》），这两本经书在仪式上虽有差别，但在故事梗概上有一致的部分，在这种情况下也会出现雷同性。以上三种情况中，第二种情况的重复率最高，第三种次之，第一种方式重复率最低。不同的重复率可以揭示经书之间不同的关系。

---

① 参见本书的《专题二　哈佛藏东巴经两册"崭新"经书考》。

在宗教类东巴经中，经书中都用短竖线或小圆圈分隔句子或者句群，有些经书还用起首符号来分段。而在应用性东巴文献中，是没有分隔符号的，如地契、书信等。但这种情况少之又少，且它仍可以以句子为单位。所以在经书中，用句子作为重复鉴定的基本单位是最为合适的。所谓东巴经中的"雷同"是指句意接近，或句式相同甚至文字与文字之间的布局相似。重复的句子以句意接近为前提，句式相同，用字略有差异，允许存在增一字或减一字的情况。以下为重复率的算法：

$$重复率 = \frac{重复的句子}{句子总量}$$

第一节中我们提到许多经书普遍存在重复的祝愿语、篇首的起兴等常用语句，所以每本经书都有可能存在一定的重复率。重复率越高，说明经书之间的传承关系越紧密。A、B 两本经书较高的重复率表明可能存在两种情况：一是经书 A 与经书 B 为同一人所写；二是经书 A 与 B 存在传抄关系，A 抄 B，或 B 抄 A，或 A、B 有着相同或者相近的抄写源头。

二、示例

重复作为东巴经的一个重要特征，是谱系分类的主要标准。经书之间重复得越多，说明它们之间的关系越紧密。根据经书重复部分来鉴定适用于所有经书。当鉴定的经书题目不同时，需要找出相同的篇章和句子进行比较；当经书的题目相同时，需要比较相同的语段和句式，并且计算重复率。

（一）题目不同时，寻找相同篇章或句子

不同题目的经书中，也较容易出现相同的片段。此时，除了运用经书内容重复的方法外，还可以与文字鉴定法搭配使用。原因在于，在相同的句式下，相同的文字更容易发现字迹的异同。下表中所列的经书正文部分都包含一段"很久以前，在星好月好，左边出太阳，右边出月光，上下中分别居住着藏族、白族和纳西族，分别最会算年、月、日"的句子。虽然个别经书在写法上出现

了省略情况，但从细节上来看，出现的句子基本一致，文字之间的组合、书写风格和字迹都完全相同。由此可判断，表 16 中所列的经书都为同一人所写。

表 16　哈佛藏和鸿东巴经开头起兴句举例

东巴经编号	经　书　图　片
D3	
D4	
D5	
D6	
D7	
D8	
D14	
D19	
D20	
D21	
D25	
D28	

东巴经编号	经 书 图 片
D30	
D31	
D32	
D36	
D37	
D38	
D39	
D43	
D46	
D48	
D52	
D58	
D59	

东巴经编号	经　书　图　片
D60	
D61	
D64	
D65	

（二）题目相同时，计算重复率

题目相同，就意味着经书内容重复较多，可进行全方位的比较，计算重复率，可对经书之间的谱系关系量化。

1. 以《挽歌》为例

《挽歌》是一本运用于葬礼的经书，从目前刊布的经书来看，《挽歌》共有6个版本。其中《全集》中有2本：55卷《超度死者·这是年轻死者的挽歌》、56卷《开丧和超度·死者的挽歌》，哈佛藏东巴经有1本 K38，《九种》中有1本《苦凄苦寒》，德藏东巴经中有1本 Hs. Or. 1382，以及方国瑜刊布的他向和忠道东巴学来的1本《挽歌》（只刊布了局部，简称和忠道本）。虽然各版本各有不同，但都记录了一则"买岁卖岁"的故事：[1]

　　纳西族以前没有镜子，所以每个人都没有见到过自己的容颜。这首挽歌说的是一个老妇人去井边取水，她弯腰取水的时候发现水里的倒影，她意识到自己已经很老了，剩下不了多少年华。于是，她扔下水

---

[1] Joseph F. Rock & Klaus Ludwig Janert. *Na-khi Manuscripts*, Part I, Steiner. 1965：174.

桶从一个集市到另一个集市去买年岁。她发现人们在卖任何所需的东西，但是没人卖年岁。在回去的途中，她意识到了岁月都会流逝、万物都会消亡的道理。

以下是 5 个版本的《挽歌》封面的东巴文标题：

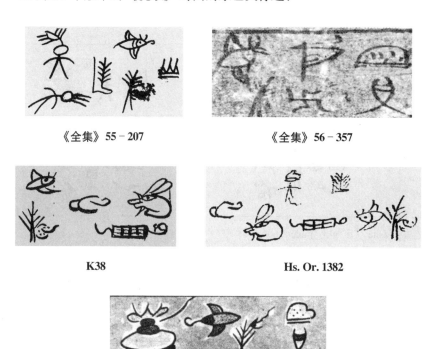

《全集》55－207

《全集》56－357

K38

Hs. Or. 1382

《九种》－287

（1）当仪式相同题目基本相同时

哈佛藏东巴经中的 K38 与德藏的 Hs. Or. 1382 相似，使用对象有差别：K38 用于男性丧葬仪式，Hs. Or. 1382 用于女性丧葬仪式。我们把句式和用字一致的情况也算作句式重复。K38 经书共有 203 句，其中有 106 句与 Hs. Or. 1382 重复，按此计算，重复率达到了 52.5%。下面选取几例为证，详见表 17。需要说明的是 K38 与洛克已经翻译的经书 R7020 基本相同，故可以采用洛克的读音和翻译。[①]

① R7020 的读音和翻译见 Joseph F. Rock. *The* ^{2}*Zhi*^{3}*Mä Funeral Ceremony of the* ^{1}*Na-*^{2}*khi of Southwest China*, Studia Instituti Anthropos, 9, St. Gabriel's Mission Press, 1955：51.

表 17　K38 和 Hs. Or. 1382 句式比较

序号	K38	Hs. Or. 1382
1		
标音	Oh！ho！ ^{1}ä-^{1}ssɿ̆^{3}dta ^{1}lä^{2}dzhu	
2		
标音	^{2}Wùa-^{1}ssɿ̆^{3}dta ^{1}lä^{2}dzhu	
3		
标音	^{2}dzhu ^{2}t'u ^{2}gkv ^{2}muàn̠^{3}shou	
4		
标音	^{2}dzhu ^{1}dzo ^{3}shou ^{2}muàn̠^{2}nyi	
5		
标音	^{2}dzhu ^{3}bbǔe ^{2}gkv ^{2}muàn̠^{3}shou	
6		
标音	^{2}dzhu ^{1}dzo ^{2}bä^{2}muàn̠^{2}nyi	
7		
标音	^{2}ä-^{1}ts' ä ^{2}dzī ^{2}muàn̠^{2}dzhu	

序号	K38	Hs. Or. 1382
8	〔东巴文〕	〔东巴文〕
标音	²gkyi²wùa ²man²shi²dzhu	
9	〔东巴文〕	〔东巴文〕
标音	²dzhu ²t'u ²gkv ¹lä²bä	

表 17 中的例子句式基本一致，而且都是完全记录了语言。稍有差异的是例 5 中在记录³shou 这个音节时，K38 经书中用了 〔东巴文〕，Hs. Or. 1382 经书中使用了 〔东巴文〕，〔东巴文〕与 〔东巴文〕读音一致，这并不影响记录相同的句子。

两本重复率较高的经书，除了句式重复以外，在抄写过程中还会有其他相似的特征，如用字、布局等。

在重复的句式中，用字也会较为相似。在句式重复的 106 句经文中，其中用字完全一致的有 63 句，有 28 句存在用字差异，其余的句子存在增字或减字的情况。存在用字差异的 28 句中，有些是用字重复，没有不重复用字差别的仅有 15 句，其中有 2 句是由于两册经书的对象不同造成的文字差别，即男性和女性的差异，故不应计算在内，所以用字有差别的仅有 13 句。在这 13 句中，有同音替换和同义或近义替换两种形式，同音替换的有 12 句，同义替换的有 1 句。同音替换和同义替换的例子如表 18 所示。

表 18　K38 和 Hs. Or. 1382 句式比较

类型	K38	Hs. Or. 1382	分　析
同音替换	〔东巴文〕	〔东巴文〕	两册经书读出的语音完全相同，〔东巴文〕和〔东巴文〕是同音关系。

类型	K38	Hs. Or. 1382	分　析
同义替换	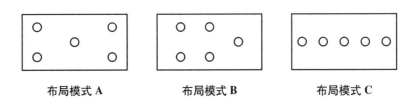		两句语义相同，使用的文字略有不同。◌◌ 表示方位，✍ 表示又、再的意思，不同的字没有改变句子整体的意思。

　　K38 和 Hs. Or. 1382 在布局上也有相似之处。在语序上均遵循从上至下、由左往右的阅读顺序，而且经文中大部分的句子为五言，形成了比较固定的布局模式。两本经书的布局模式主要有以下三种，其中布局模式 A 是两本经书最常用的布局模式，出现了 63 次；B 次之，出现了 37 次；C 最少，出现了 27 次。布局模式 A 的形式，即五个字中左右两边各两个，还有一个居于中间，这种布局有着阅读顺序简单、形式对称、整齐美观的特点。

布局模式 A　　　　布局模式 B　　　　布局模式 C

　　相似相同的句式，重复率越高，用字越相似，布局越一致，说明两本经书之间关系很紧密，并不能说明两本经书为同一人所写。所以在运用此方法时，要与文字鉴定法配合使用。若文字一致，则为同一人所写。若文字差异较大，则之间仅存在传抄关系。

　　K38 与 Hs. Or. 1382，从字体风格来看，同属于丽江坝风格，字体比较均匀，排列较为整齐，书体风格都较为平实，不及东知东巴书写的华美和精致。经书中带有曲线的笔画都较为拘谨，不具备流线型特征，具体分析如表 19 所示。

表 19　Hs. Or. 1382 和 K38 字迹比较

序号	Hs. Or. 1382	K38	字本义	分　析
1			口吐气	口中的气弯曲部分顺势向上，并没有向远处舒展，这种字体给人的感觉并不流畅。

序号	Hs. Or. 1382	K38	字本义	分　　析
2			獐子	獐子的獠牙曲线写得较短，戛然而止。
3			飞石	飞石常写作 或 。这两字却是特殊的写法，尾部应当是石头。在 K38 正文中找到另一字形 ，可知这两字都是简写形式。
4			牛蝇	两字虽方向不同，但在造型上一致：无尾，嘴部有两根须。
5			唱	两字口中的曲线书写时并未舒展，而是向上后戛然而止。这几个带有曲线的字都有共同的特征：书写曲线时线条较短，比较拘谨，没有潇洒恣意的感觉。
6			东巴	该字取像于手持法杖的东巴，只用于丧葬仪式，又常写作 ，与这两字的差别在于法杖的造型，前者的形态更像是旗帜，后者的形态则是一根刻有楼梯状装饰的法杖。

　　洛克对德藏 Hs. Or. 1382 有这样的描述："在葬礼上为女性唱的挽歌，有关于苦难的起源。这本不是原始的纳西手抄本，是我的东巴经师和华亭抄写的，他来自丽江西部扬子江河谷的'故南瓦'。"[①] 由于没有抄写底本，Hs. Or. 1382 是和华亭根据记忆写成的，写于 1933 年。这本经书的内容与 R7020 比较接近。[②] 所以可以判断，这两本经书都是和华亭写的。

　　再以一例说明 K38 与 R7020 的关系。K38 与 R7020 题目与适用的对象完全一致，这两本经书的重复率高达 94.5%。选取经书最后一页加以说明。

表 20　K38 和 R7020 句式比较

序号	K38	R7020
1		

---

① "故南瓦"当是洛克记错了，和华亭是龙蟠中村人。
② Joseph F. Rock & Klaus Ludwig Janert. *Na-khi Manuscripts*, Part I, Steiner. 1965：174.

序号	K38	R7020
标音	¹Gkwua　²ghügh　³t'khi　²ghügh　²mä	
2		
标音	³gkv　²ss ĭ　²ndz ĭ　¹nddü²mä	
3		
标音	²gkv　¹p'ěr　¹nds'a　¹shěr　²mä	
4		
标音	²p'u　¹ddo　³llü¹ddo　²mä	
5		
标音	²T'ä · ²nyi ²non · ¹ō ²ssu ³yu ¹mùen ²lä ³ssaw	
6		
标音	²Non · ¹ō ¹ss ĭ ²nnü ²zo ¹nyu ³ssaw	
7		
标音	¹Ssĭ ²dto ²zo ²dto ³ddü · ²ddü ³hu	
8		
标音	²Mä ²nnü ³mi ¹nyu ³ssaw	

序号	K38	R7020
9		
标音	²Mä ¹hö ³mi ¹hö ²shwua · ²shwua ³hu	

从整本经书来看，除了在个别用字上略有差异外，K38 与 R7020 的重复率极高，可认为传抄关系非常紧密，属于同一传抄体系。但从字迹来看，两者的风格虽然相近，但有明显的字迹差别，具体参见表 21。

表 21　R7020 和 K38 字迹比较

序号	R7020	K38	字本义	分　析
1			女阴	R7020 该字交叉之间有两个横笔，而 K38 只有一个横笔。
2			汽	R7020 该字左侧两竖等长，且较长；K38 该字左侧两竖不等长且较短。
3			看见	R7020 该字的目光直视，K38 为斜视。
4			烟叶	R7020 的叶子部分比较肥大，叶梗短小；K38 叶子较细，叶梗较长。

洛克对 R7020 有过详细论述：①

　　我所发现的这首歌来自一本非常古老的经书，这本经书是我从长江湾丽江北部拉宝的一个农民那里购买而来。这种类型的经书确实非常稀有。这首歌及其翻译都来自上文所提及的那本经书，被标记为编号 2760。然而这本经书随同其他纳西族的材料于 1944 年一同沉入阿拉伯海。我后来又收集了 2 册相同题目的经书，一本是编号 1091，它已

① Joseph F. Rock. *The ²Zhi³Mä Funeral Ceremony of the ¹Na-²khi of Southwest China*, Studia Instituti Anthropos, 9, St. Gabriel's Mission Press, 1955: 51.

经不属于我的收藏，它的照片版收藏于我的图书馆。幸运的是，它为华盛顿的国会图书馆所收藏。

编号1091与2760不同的是第一页和第二页的第一段，而这首歌正是从第二页的第二段开始的。另一本经书我购于1947年，它与编号为2760经书完全一致，它的编号是7020，藏于我的私人图书馆内。从中翻译的这本经书写于1940年，非常老旧，已经散页，但内容依旧清晰。此经书共有18页，28厘米长，9厘米宽，每页都是三栏。

从这段话中可得知R7020抄写于1940年，购买于1947年，属于民国末年的经书。虽未提到该经书的收集地点，但从与K38的比较来看，重复率极高，可认为来自同一传抄谱系，但不是同一人所写。

另外与K38重复率较高的经书是和忠道本。和忠道本与K38题目完全一致，都是［mu^{55}dzər^{33}ə^{55}le^{21}dzu^{33}］，方国瑜虽只刊布了局部，但从句式上来看，两者也有较多的重复。表22中第一、二、三句句式完全一致，用字略有差异。第四、五句句式略有差别。从宏观上来看，两本经书都是五言一小句，具有可比性。

表22　K38和和忠道本句式比较

序号	K38	和忠道本
1		
2		
3		
4		

序号	K38	和忠道本
5		

其他版本如《全集》中的两个本子、《九种》中的版本与 K38、R7020、和忠道本虽记录故事有雷同之处，然而在故事开篇、具体情节、人物数量、故事编排，句子的音节数量，韵律上都有差别。它们的具体关系如下所示：

$$\left\{\begin{array}{l}\text{K38}\\ \text{R7020}\\ \text{Hs. Or. 1382}\\ \text{和忠道本}\end{array}\right.$$

2. 以《大祭风·招回祖先的魂魄·把祖先和楚鬼分开》为例

哈佛藏东巴经中的 C63 与《全集》82 卷中的《大祭风·招回祖先的魂魄·把祖先和楚鬼分开》，题名与仪式完全相同。据《全集》内容提要所示，该书记载了如下内容：

> 这是一本为祖先招魂的经书。超度了吊死者和殉情者之后，要把这些人的魂魄送到鬼群之中去，在这以前应该把有子女、被称作祖先的魂魄从一般的鬼魂中分开，把祖先的魂魄送到祖先居住的地方，这一本经书就是要达到这样一个目的。经书首先说，在祖先们还活着的时候，魂魄会被鬼魂偷摄了去，也会自己跑到各个地方去瞧热闹。死后的灵魂，也会被鬼偷摄去，和一些没有子女的鬼魂混在一起，滞留在鬼地，或和他们一起到各种鬼聚居的地方去。因此，东巴们从各地把祖先的魂魄招回，把临死时没有接到气的接上气，将祖先的魂魄和鬼分开，把他们送回到祖先居住的地方去，以免祖先的魂魄永远和鬼混在一起。（《全集》82－182）

比较两册经书，《全集》82 卷的《大祭风·招回祖先的魂魄·把祖先和楚鬼分开》经书共有 100 句，C63 比 82 卷的经书少一句，仅有 5 句有差别，重复率达 96%。下面选取 30 例加以说明。

表 23　C63 和《全集》82 卷句式比较

序号	C63	《全集》82 卷《大祭风·招回祖先的魂魄·把祖先和楚鬼分开》	分析
1			同
2			同
3			同
4			同
5			同
6			同
7			同
8			同
9			同
10			同
11			同

序号	C63	《全集》82 卷《大祭风·招回祖先的魂魄·把祖先和楚鬼分开》	分析
12			同
13			同
14			同
15			同
16			同
17			同
18			同
19			同
20			同
21			同
22			同
23			同

序号	C63	《全集》82 卷《大祭风·招回祖先的魂魄·把祖先和楚鬼分开》	分析
24			同
25			同
26			同
27			同
28			同
29			略有差别
30			有差别

　　两本经书不仅在句式上一致，用字上的差异也较小。最为明显的是布局也完全一致，句子编排顺序完全一致。需要说明的是，上文提到 K38 与 R7020 重复率虽极高，但在句子编排上略有差别，存在句子顺序不同的情况。而 C63 与《全集》82 卷《大祭风·招回祖先的魂魄·把祖先和楚鬼分开》，从文字上来说，风格一致；从字迹上来说，相似性极高。因此，可以判断两册经书为同一人所写。

　　82 卷《大祭风·招回祖先的魂魄·把祖先和楚鬼分开》有跋语："这一本经书，是中村东林的。"（《全集》82－200）。由此可知，C63 由中村的东林东巴所写。

第五节　小　　结

一、东巴经内容一般特征

东巴经的内容特征主要体现在两个方面。一方面是程式化，具有可重复性。东巴经的程式化主要体现在四个层面：经书的程式化、篇章的程式化、句子的程式化、短语词的程式化。另一方面是相同相似经书的差异性。相同相似经书的差异性主要体现在两个层面：一是在题目相同但仪式不同的经书中，内容有差别；二是不同区域的同仪式同题目的经书在内容的细节、句式和读法上存在差异。根据程式化不断重复的特征，可检验东巴经的重复率，得出东巴经的谱系关系。根据相同相似经书的差异性特征，可知经书的细节差异。

二、方法小结

（一）总体原则

先看题目，根据经验判定是否属于特殊的经典。接着看细节，判定是否是自己熟知的情节。再看经书正文，找到信号词或信号语句，找到地名。然后判断地名类型，若是单独型地名，这个地名通常位于经书开篇的起兴之后。若是路线型地名，则要找到路线的第一站或最后一站。经书所属地名前有时有修饰语，可以帮助我们确定地名的准确性。三看经书常见的重复部分。重复部分包括不同仪式相同的题目、同仪式同题目、相同的句子、相同的语段等。

（二）具体条例

1. 内容特殊性

根据自己已有的知识，寻找东巴经的特殊性。先从题目入手，判断属于哪一地域的经书，是否具有特殊性。细读经书，若该经书有译文，可参照译文细读每个句子。若无译文，则可找到经书的特别部分，遇到地名、神鬼、一些特别的情节可记录下来，与已有译文的相同题目经书进行比照，可获知大体信息。若为若喀的经书，可单独列为一类。

2. 地名

（1）看题名和相关语段

除了《崇搬图》类、献牲献饭类经书容易出现地名外，题名中有"迎送"意的经书中也容易出现路线，如《全集》中出现的《祭村寨神仪式·迎请村寨神》《禳垛鬼仪式·招祖先之魂》《关死门仪式·赶鬼下集·送丹鬼》《超度死者·死者跟着先祖们去登上面·抛白骨和黑炭》）。题名中有关死门内容的通常有送魂路线；题名为《烧天香》的也容易出现请神路线。从经书内容看，路线常出现在祭献、除秽、迁徙、迎送（神鬼）等语段中，对经书内容越熟悉就越容易找到路线。

（2）再找信号词或语句

寻找经书中的地名以及地名之前的信号词或信号语句。常见的信号词有 $[iə^{55}dər^{33}dy^{21}ko^{21}lo^{21}]$（吉祥地），或 $[ga^{33}gə^{33}]$ $[ga^{33}i^{33}]$（胜利的）、$[l\mu^{33}gua^{21}]$（高地）、$[dər^{55}\mu^{33}]$（好地方）等。不同内容的经书有不同的信号语句，可以通过《全集》进行对照，找到相关具有信号的语句。

（3）判断地名虚实与类型

经书中的地名有些描述的是虚拟的地名，常是神山圣地或是地狱等，有些是现实中的地名。根据已有常识排除虚拟地名，正确找寻实际地名。

若为单独型地名，地名前又有信号词，它一般位于经书开头起兴之后。若为路线型地名，找到繁多的一站站地名，先看第一站或最后一站。站名可能为村名，也可能是山名，也可能是具体的一个地名。若无法直接判断，再根据离该地名最近的自己熟知的站名来判断该地名所属的地域。

（4）综合分析，做出判断

最后根据正文所述地名与跋语、封面特征、字迹等特征来判断正文所述地名与抄写者所在区域的关系，若是对应，则可直接判定。若是不对应，则考虑可能受到了母本的影响，或是经书发生了买卖或赠与的情况。有时经书无法判断准确的对应关系，又无其他证据显示不对应，为了方便称呼经书，可暂且认定该地名就是抄写者所在地域。

3. 重复鉴定法

东巴经中的"重复"是指句意相近，或句式相同甚至文字与文字之间的布局相似。重复的句子以句意相近为前提，句式相同，用字略有差异，允许存在增一字或减一字的情况。遇到常见重复的句子，可把这些经书系联起来。

（1）先观察经书的题目。

（2）若遇题目截然不同的经书，却有重复句子时，把不同经书的重复句子进行比较。

（3）若遇到不同仪式同题目，或者同仪式同题目的时候，重复部分会很多，此时应当计算重复率，算法如下。

$$重复率 = \frac{重复的句子}{句子总量}$$

东巴经具有程式化的特征，所以每本经书都有可能存在一定的重复率。经书之间的重复率越高，证明经书之间的关系越紧密。重复鉴定法常与文字鉴定法连用，在语句重复的条件下，字迹的比对更清晰可见。另外，从文字的比较中还可判断经书是否为同一人所写。

（三）局限

1. 东巴经不同区域间的特殊性研究成果有限

目前刊布的东巴经虽然多，但属于同仪式同题目的经书刊布的较少。像《全集》中的每本经书都是不同的，所以造成了同一区域内同仪式同题目的经书版本研究不足，不同区域内同仪式同题目的经书版本的研究也不足的情况。除了一些特殊的经书，其余经书的特殊性也研究不足，根据经书内容很难去判断经书所属地域。

2. 有地名的经书数量有限

并非每本经书都有地名，而且有些有地名的经书是虚指的地名，无法判断出实际所属地域。

3. 重复鉴定法效能有限

根据重复鉴定法，只能鉴定出经书之间的关系，并不能判定是否属同一人所写。这种方法适用于两本及两本以上的经书，并不适用于单本经书。

东巴文文字鉴定法是根据文字鉴定的方法，包括文字种类鉴定和字形鉴定。在对东巴经进行文字鉴定法研究之前，首先来了解一下影响东巴经抄写的一般要素和书写概况。

第一节 东巴文的书写概况

一、书写工具

毛笔与宣纸结合，通过墨色、渗透、运笔等方式创造了汉字书法艺术，而竹笔和东巴纸结合造就了东巴文独有的书法艺术。东巴文主要是用竹笔书写的，偶尔也会用蒿杆、芦苇、松树枝的新尖等制笔，但因这些笔的质地较软、弹性差，写出来的字远远不如竹笔写的字。[①] 有些地方的东巴还使用铜笔、铁笔、骨笔等，使用铜笔和铁笔的主要是丽江北部的大具、鸣音、宝山一带，范围较小。铜笔、铁笔等对纸张的要求比较苛刻。而竹子因其特有的硬度和弹性而比较适合在东巴纸上书写，所以说，竹笔与东巴纸才是真正意义上的"珠联璧合"。在《全集》71 卷《超度什罗仪式·烧天香》的跋语（第 137 页）中记录了竹笔的珍贵：

> 这是一本烧天香的书，这是用如银子般宝贵的黑竹笔写成的，它的价值如一头牛。

---

① 李锡主编，木琛编写：《纳西象形文字》，云南人民出版社，2003 年，第 44 页。

竹笔可分为柱状竹笔和片状竹笔，柱状竹笔由较细的竹枝制成，片状竹笔是将竹子削成片状后加工制作而成。竹笔的笔尖形态如同钢笔"双瓣合尖"。制作时将细竹竿或竹片削尖，削尖部分中间开槽以储墨。最后把笔尖两边削成自己适用的程度。有时为了使竹笔更耐用，东巴会将笔尖用火燎或在油锅里炸一下。

不同地域的竹笔，质地和制作方法有所差异，因此也造成了东巴文不同的书写风格。在不同的气候条件下生长的竹子制成的竹笔具有不同的特性：在高海拔寒冷地区，竹子中空部分较小，密度大，紧实，比平原地区同等规格的竹子要重很多，在削成笔时很费力，制成的笔结实耐用，不易变形，但柔软度不太好。平原地区的竹子，中空部分较大，竹片比较薄，容易削，柔韧性好，制作方便。所以，竹笔也呈现出了变化多端的风格。

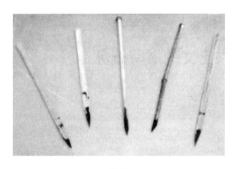

竹笔

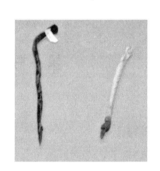

铜笔和骨笔①

影响竹笔差异的因素分别是竹子的产地，所选用的竹子及部位，制作工艺（特别是笔尖的制作）等。竹笔会影响东巴文的书体风格，如细长风格的文字，一定是比较坚硬、笔尖很细的竹笔写成的，肥厚饱满风格的文字，一定是笔尖

细长风格 和长命的经书《全集》99‑87

---

① 左右两幅照片均拍摄于丽江东巴文化博物院，征集地为四川木里俄亚。

肥厚饱满风格　多京的经书《全集》2－47

比较粗而柔软的竹笔写成的。坚硬的竹片笔更容易写出东巴文的棱角。

二、墨

　　书写东巴文使用的墨主要是松烟墨，即由燃烧松毛、松枝、松明等后在锅底留下的黑烟灰，拌上动物胆汁等混合而成，其制作工艺稍显复杂。工序依次是将松明烟晒干、捣细、加水揉捏，如此反复。使用时浸泡于瓶中，最后混入动物胆汁或铅块，墨色可经久不褪。

松烟墨①

　　影响墨色差异的主要因素是原材料、水的配比等。书写时，有些墨写出来的字颜色很亮，有些则比较暗淡。水加得太多，墨色就会淡，水加得太少，墨色又会太浓郁。在进行经书鉴定时，如果能触摸到原件的话，有些经书可以看出墨色的亮度，但这种区别很小，很多时候看不出来。容易发现的是墨色的浓

---

① 拍摄于丽江东巴文化博物院，征集地为丽江太安。

淡问题，用加了太多水的墨写的经书，渗水严重，容易造成字形变形的情况。

三、书写材料

书写东巴文的纸张主要是东巴纸，目前的东巴经典几乎都是手抄本，只有极少部分东巴文是写在砖、石、绵纸、绢帛等上面的。东巴纸的原料有两种，一种是瑞香科的荛花树皮，荛花树皮有微毒，所以制作出来的东巴纸不会被虫所蛀；另一种则是构皮树，无毒，但时间长后容易被虫蛀。荛花树皮制作的东巴纸非常坚韧，吸水性适中，具有耐磨、耐潮、耐火等特点，经过鹅卵石打磨过的东巴纸可以变得非常光滑。[①] 杨正文认为：白地经卷的书写纸，是当地东巴自己制造的土纸。其原料来自当地盛产的一种小型灌木之内皮，树名称"阿朵朵"，属于桃金娘科，高约一米，丛生。过去译为"构树"，不确。……其制作工艺以白地东巴最为精湛，所制纸特别好，色白、厚质、均匀、防蛀、防水、不易损坏，可长期保存。……人们可以从纸质分清是否为白地经卷。[②] 杨文虽然带有强烈民族地域感情色彩，但至少可以说明东巴们自己造纸，在制造时纸张所用材料、制造工艺都有所差别。

由于以前东巴纸不易购买，有些东巴就自己制作东巴纸。据说，哈佛所藏经书中的黄山乡东知东巴就是一位制作东巴纸的能手。即便如此，他也非常珍视东巴纸，这从他所抄写的经书中可以看出来，他的有些经书的封面是用已经抄写过的废弃纸张涂抹后再使用的，如下图 K31 所示。不同的东巴由于经济条

K31

---

① 李锡主编，木琛编写：《纳西象形文字》，云南人民出版社，2003 年，第 45 页。

② 杨正文：《最后的原始崇拜——白地东巴文化》，云南人民出版社，1999 年，第 108 页。

莀花① 捞纸槽②

件等不同，会选用光滑程度、厚度、颜色都不相同的纸张。

　　由于东巴纸的这些特性，可根据经书纸张的大小、新旧、光滑程度和厚度来鉴定经书。但很多时候，研究者并不能看到实物，只能根据刊布的经书进行判断。行之有效的方法就只能是看经书的新旧、纸张的颜色。如，在哈佛藏东巴经中，有 G1 和 K38 两册非常明显的"崭新"经书。这里的"崭新"主要指纸张新，没有沾染脏污，几乎没有使用过的痕迹。和继全也注意到了这两册经书："有两册是抄写在名片纸上的新抄本，且书写粗陋"③，他在哈佛燕京图书馆看到了实物，认定这两册经书的纸张为名片纸。若该情况属实，名片纸与传统东巴纸在性状上有着本质的差别，很容易判断出这两册经书与其他经书的区别。从经书照片来看，这两册经书纸张的颜色黄中带白，非常干净，可以看出没有使用过或者较少使用，在所有经书中显得独树一帜。

G1

---

① 重庆交通大学周寅博士摄。
② 拍摄于丽江东巴文化博物院。
③ 和继全：《美国哈佛大学燕京图书馆馆藏东巴经跋语初考》，《中央民族大学学报（哲学社会科学版）》2009 年第 5 期。

K38

随着时代的发展，越来越多的外来纸流入纳西族地区，加上东巴纸造价较高，所以有些经书并不是用东巴纸写的。书写的材料比较多样，如账本、包装纸等。如杨亦花在田野调查时发现的一些经书，就有这些情况。俄亚托地村依德茨里东巴用账本书写东巴经，香格里拉三坝乡东坝日树湾的习尚洪用云烟的包装纸作为经书封面，瓦刷直恩村和利国东巴用电池包装纸书写。① 从这些书写材质可判断经书的抄写时代。

俄亚托地村依德茨里东巴的经书

东坝日树湾村汝卡东巴习尚洪的经书

---

① 以下三幅图片来自杨亦花《"东巴什罗"字形在各地经典中的差异及其分析》，邓章应主编《学行堂语言文字论丛》（第二辑），四川大学出版社，2012年。

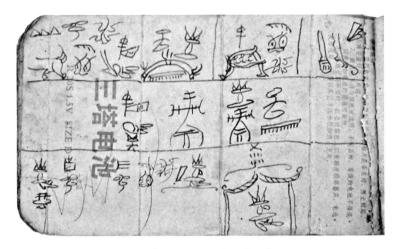

瓦刷直恩村和利国东巴的经书

四、东巴

东巴是东巴经的书写者，他们是人神之媒，同时也是生产劳动者。有些东巴技能丰富，会医术等技能。东巴的这种多重的角色，使经书的抄写情况变得复杂。首先，东巴经的抄写环境很复杂，有可能是在生产劳作的间隙中抄写的，也可能是在农闲休息时抄写的。由于东巴不是专门从事抄写的工作，抄写的经书往往不是一气呵成的，有时一册经书要抄写几天，有时甚至是一个月或几个月。由于东巴对东巴经的需求程度和个人态度不同，抄写时对母本的忠实程度也不一样。

（一）书写环境

东巴经产生于东巴劳作的地方，如在田地、山林中，在淘金的江河边，在劳作之后的火塘、庭院中。火塘是最为重要的书写场地，李国文谈道："火塘传授，即每至夜间，师徒围坐于家中火塘边，烧起柴火，或点燃松明火，借火光以传经。初时，师傅用手指或竹筷指着东巴经书讲年，每读一句，徒弟跟着念一句，直到念熟、背得出为止。同时传授写象形文字，画东巴神画等方法。"[1]有些东

---

[1] 李国文：《人神之媒——东巴祭司面面观》，云南人民出版社，1993 年，第 39 页。

巴经济条件比较好，在家中有专门的书房，有些东巴则是在干活的间歇、放牧时才有空写经书。在书房内更容易写出较为端正的字体，在劳作之地书写的文字会显得有些随意。在《全集》跋语中提到了晚上抄写经书，缺了松明，很难书写的情况。如：22卷《禳垛鬼仪式·请求神灵帮助经》（第314页）：

> 这本经书是高地处的汝崩坞村的东巴东卢写的呀，高地处的韩锥俚村的东巴东构要这本经书，我一字不错地写好了啊。写经书是比较麻烦辛苦的事啊，就是缺少这根松明了呀，请不要见怪。

《全集》34卷《丽江县大东乡禳垛鬼大仪式规程》（第181页）记录了在泉边抄写经书的情况：

> 这本书，是住在展丹村的音乌山麓处的东巴祭司东玉才七十八岁这年书写的啊。这是在丽江古城玉泉边书写的。这是千代的东西，永寿的墨迹。愿能叙说下去啊。

《全集》79卷《祭祀云鬼、风鬼、毒鬼、仄鬼设置神座·撒神粮》（第47页）记录了在放羊时抄写经书的情况：

> 这一本经书是高原上初柯地方的东巴东命写的，是放羊时写的，一共写了三天，写得不好。愿东巴益寿延年，愿卜师健康长寿。

（二）抄写的持续性

有些经书是一气呵成在连续一两天内写成的，有些经书是几天或一个月甚至几个月断断续续才写成的。断断续续抄写成的经书容易发生前后墨迹甚至字迹不统一的情况。哈佛藏东巴经中记录了几则长时间抄写的情况：

B20：这卷经书是二月十五日这天写的。从马年一直写到羊年。长

水东知写的。祝愿祭司长寿富足。（李）

  D24：四月初九日写的。兔时开始写，羊时写完的。（和）

（三）对母本的忠实程度

  东巴在抄写经书过程中，有些会坚守对母本的忠实，一字不改；有些东巴则根据自己的需求，会对经书做些改变。无论何种情况，没有抄错是基本要求，这点在东巴经的很多跋语中都会提到。如《全集》28卷《攘垛鬼大仪式·若罗山北面属水的革洛人哈布赤补的故事》（第209页）：

  这本经书是居住在高地增盘罗村的恩露埔写的，写得一个字也没有错，一句话也没有漏的了。这本经书是写给夫罗村的东麻吐的。此书写得没有什么非议了，平时不常听说的话，我都出自内心地写上去了啊。

  又如《全集》33卷《攘垛鬼仪式·堵塞地缝·后卷》（第167、168页）：

  本书于干支阳铁马年农历二月初七日属兔的那天所写，是东巴普支登梭24岁时写的，原本是向崩地的东翁家借来的。向东翁家借的书是：《祭绝鬼》的六本，《堵地穴》的二本，《超度麻疯病人》的一本，《梭纳固恭下卷》一本，《考补余登》一本，超度拉姆仪式的《丢弃卡吕》一本，《丢弃冷凑鬼》一本，总共借来13本，是用我自己的笔迹抄写的，头尾没有抄错。是用好男的手来写的，要用你的好眼来看书。所有会诵的男子，别说是见过，就连听也不会听到过。

  在经书跋语中多出现对母本一字未改，原原本本照抄的情况，如《九种》中的经书《占卜起源的故事》（第122页）记录的跋语：

  六十花甲子，癸未年写的。二月二十日那一天才迟迟地写完。不要责备我呀。和国栋他的书里是怎样我就怎样地写了。不知道对不对，写不好啦，老了啦。……

也有少数跋语称自己对经书进行了改变，如《全集》第 47 卷《祭端鬼仪式规程（中）》（第 270—271 页）记录了自己把哥巴文改为东巴文的情况：

这本经书是东贵二十九岁这年的农历七月间写成的，是看着十二代先祖写下的经书抄写的，经书里有很多的哥巴文字，我把哥巴文字全部都改了，一节里如有一个哥巴字，不能说放进了哥巴字。这四句经文，请慢慢地想吧。

也有少数跋语称自己的经书比母本多抄写的情况，如《全集》第 81 卷《大祭风·超度凶死者·为死者招魂·迎请朗久神》（第 149 页）：

这一本经书写于鼠年。是拉汝瓦庚山脚下欧猛敬初村的乌宙恒写的，写于六月二十日。这一本经书由超度死者及招魂两卷合成。在我写这一本经书的时候，没有漏掉一丝一毫，只能比别人所写得多。这一本经书，是在我四十三岁的时候写的，写了这本经书之后，我的声名将永存。愿东巴世世代代相承传，愿卜师永传不间断。

尽管许多东巴坚称自己在抄写时未对母本进行改变，然而事实上，在抄写过程中，他们无一例外地会对经书内容作出程度不一的调整与变动。

（四）个人能力

根据不同的学识以及做法事的水平，东巴可分为不同的等级。水平高的东巴可谓是全才，书写、吟唱、绘画、跳舞、占卜等样样精通。水平低的东巴只会其中的部分，会读不会写，或会读会写不会跳东巴舞，等等。在抄写东巴经的时候，有些东巴抄写得非常漂亮，有些则水平一般。有些东巴经跋语中有东巴对自己书写的认识和评价，如在《全集》16 卷《祈求福泽·祭风招魂·鬼的来历·首卷》（第203页）跋语中，抄写者谈到了自己所写字体的独一无二：

> 这一本经书是好地方阿史佐（丽江鲁甸乡新主村）妥鲁村的东巴普支登梭的，是普支登梭自己写的，我自己的手迹和其他的任何人都不一样，不会差错。这一本经书是东巴我三十二岁时写的，愿东巴健康长寿，愿使用这一本经书的东巴，吟诵经书的嘴巴能给人带来福分。做祭祀的手能给人带来神灵赐予的恩泽。

也有东巴认为自己写得不好的，如《全集》38卷《退送是非灾祸·为优麻战神烧天香·消灭千千万万的鬼怪》（第61页）：

> 此书写于属牛之年，本人刚好四十九岁。本人乃温泉地方祭司东知的孙子，写得不算很出色，但没有差错，写得不算很美，我懂得不多，书写得也不太好，可此书却写完了。

又如《全集》23卷《禳垛鬼大仪式·点油灯作供养经》（第183/205页）：

> 这本经书是朗考的吾美课这个地方的东巴祭司东茨的经书啊。
> 这本经书是朗考村的祭司我在小年猴年这年写的，是我六十八岁这年写的。这是一本字迹写得不好的经书。虽然我的字写得不好，但我还是认真地写了的。虽然我的家庭和祖先是有名的东巴世家，但我的字却写得不好，实在是没有办法了呀。

综上，书写工具、墨、书写材料和东巴是影响经书书写的四大因素。

第二节　文字鉴定法述评

通过文字来鉴定经书的成果主要分布在东巴文分域研究和东巴个体经书鉴

定中。其中前者的成果较为成熟，后者的成果较为零散，尚不能成为系统。

一、关于东巴文分域的研究

李霖灿在《论么些经典之版本》① 一文中最早论述么些经典版本的地域特征和鉴定经书条例。他将么些经典分为四区，分列了四区的判断标准。

第一区"若喀"的鉴定：特殊字形鉴定法。② 李霖灿曾为中央博物院采集到几本很名贵的占卜经书，曾从这些经典中摘出了 50 个这一带特有的象形字，收在《么些象形文字字典》中，字号是 1629—1678。若见到某册经典中有几个特有的若喀文字，就可断定是这一带的版本。

第二区是中甸白地六村和丽江剌宝东山二区地域的鉴定。他详细地分为了三种方法：第一种是字体风格鉴定法，有图形细致、笔画均匀的特色。原因是李氏认为么些人由北向南迁徙到这一区时，文风丕振，经典数目急骤增加，还有新书写工具的使用（铜的笔尖）。第二种是文字分析法。这一区只有象形文字，象形字的动物多画全身轮廓，但这只可作为鉴定版本的辅助依据。第三种是特殊字形鉴定法。若见到某册经典中有一个"⚫ ［nɑ²¹］黑"字，且经典笔画写得匀细，那当是第二区版本无疑。

第三区以丽江城附近为大本营的鉴定，也分为三种方法：第一种是文字分析法。这一区以简练的三行式为基本式，动物多只画其头部及特征部分，笔画简洁，文字稀疏，老辣成熟，若见经书中的文字具备上述风格，那十之八九是这一区的版本。第二种是文种分析法。丽江经中开始出现音字，若见形字经典中夹杂成句或多数的音字在内，必为第三区版本。第三种是色彩鉴定法。遇到有颜色的么些经典，可以判定它们是出自第三区。

第四区是丽江的鲁甸、巨甸和维西县一带的鉴定，分为两种方法：第一种是行款布局分析法。这一区经典特征是行列较密及字与字之间的空隙减少。第二种特殊字形鉴定法。根据变体合成的拼音字③（见《么些象形文字字典》第

---

① 李霖灿：《论么些经典之版本》，《么些研究论文集》，台北故宫博物院，1984 年，第 101—112 页。
② 方法名称为笔者根据李氏内容而拟的名目，内容则根据原文摘录。下同。
③ 又称"古宗音"字，相当于汉字中的切音字，两字相切而成读音。

1679—1710 号字）和许多新形声字进行鉴定。另外他还指出这一区形、音两种文字的经典都有，但混合的较少，音字经典多出在巨甸村。

他在文章最后归纳了鉴定条例的结论①：

（甲）么些经典都是手抄本，形式有点像贝叶经，而在一端加以缝订，由它缝订的部位可以区分它的性质：凡是在上端缝订的都是占卜用的经典，在左端缝订的则多是普通诵念的经典。

（乙）么些经典的内容可分为形字、音字、形音混合三种，形字经典全么些地区都有，音字则仅见于三四区，形音混合的经典则多见于第三区。

（丙）形字经典多为三行式及四行式，音字经典多为六行式及四行式。

（丁）无行式之经典多为检阅参考之书，如法仪规范、字解、字汇之类，都不作持诵之用。

（戊）彩色经典多出在丽江附近。

（己）么些经典之版本因地而异，有显著之地理分布现象，见前图。

在李霖灿的基础上，郑长丽利用《全集》中的跋语材料，对东巴文分域理论进行进一步阐述。首先两人描述的分域上有所差别：第二区李氏包含地域广阔，郑氏只包含大东、鸣音与宝山。第三区两者所述范围基本吻合。第四区李氏包含地域广阔，包括鲁甸、巨甸、维西一带；郑氏研究范围较小，只包括鲁甸。李氏走访纳西族各地，看到了数以万计的经书。郑氏的研究范围只在《全集》的跋语，所以有所差别。

郑氏认为大东、宝山的字形与鸣音的不同，大东、宝山字迹缭乱，字形扁宽且无音字夹杂。鸣音的经书字迹工整、布局整齐，但字形扁长。② 具体如表24 所示。

---

① 李霖灿：《论么些经典之版本》，《么些研究论文集》，台北故宫博物院，1984 年，第 110 页。
② 郑长丽：《〈纳西东巴古籍译注全集〉跋语研究》，西南大学硕士学位论文，2012 年，第 75—76 页。

表 24　不同学者对四区特征的认定①

区域	第二区 宝鸣大区		第三区 丽江地区		第四区 鲁甸地区	
比较对象	李霖灿	郑长丽	李霖灿	郑长丽	李霖灿	郑长丽
书体特点	图形细致、笔画均匀。	大东、宝山笔画简洁匀细、字迹潦乱、字形扁宽。鸣音笔画简洁匀细、字迹工整、布局整齐，但字形扁长。	笔画简洁，文字稀疏，老辣成熟。	笔画简洁、字符稀疏、字迹方正工整。		笔墨浓重、字形圆润方正、字迹工整匀称。
行款			以简练的三行式为基本式。			
字形特征	动物多画全身轮廓。		动物多只画其头部及特征部分。			动物多用繁笔书写，栩栩如生。
其他	特殊字： ꍯ ［nɑ²¹］黑。				变体合成的拼音字（切音字）和新形声字出现。	
文字种类	无音字。	经文中无音字夹杂（大东、宝山）。	丽江经中开始出现音字，形字经典中夹杂有成句或包括多数的音字在内。	经文中夹杂成句或多数的哥巴文。	形音两种文字的经典都有，但混合的较少，音字经典多出在巨甸村。	
文字是否涂色			有。	有。		

另外，杨正文以白地三坝乡的经书为研究对象，提出了在鉴定白地经书文字上的一些特征。他认为："与其他地区的东巴文相比，字形优美，笔划简洁，易于书写。象形字具有相应的纯洁性，受外来干扰极小，经书中无标音字出现，

---

① 每位学者对第一区特征的认定都持有相同的意见，所以本表中没有呈现第一区。——作者注

书写随意性极小。"① "白地东巴绝大多数为正宗的东巴书法家，笔法简洁，书写流畅，且无音字夹杂，极少变异字（尤其是变繁字）。"②

认为某地字迹潦草或者某地的书法极其优美的观点失之偏颇，得出这样的结论受限于区域自豪感或囿于材料。从三大区域东巴经的使用状况和历史来看，每个地方都出现了优秀的写手，每个地方也不可避免有书写得不尽如人意的东巴。所以在品鉴东巴经的书法时，不能以地域论英雄。关于不同区域的书写风格，李霖灿的观点最为中肯："正如汉人的书法大家一样，颜柳欧赵，各有千秋，燕瘦环肥，各具姿态，纵览比较，美不胜收。"③ 正是燕瘦环肥，各有千秋，才是我们利用东巴文鉴定经书的最为重要的材料。

东巴文字形分域理论的实践主要分布在以田野调查为主要手段的博士论文中，如钟耀萍《纳西族汝卡东巴文研究》、曾小鹏《俄亚托地村纳西语言文字研究》、和继全《白地波湾村纳西东巴文调查研究》等。另外还有一些单篇论文成果，如杨亦花《"东巴什罗"字形在各地经典中的差异及其分析》《东巴文纪年方式的地域差异》等。周寅的博士论文《纳西东巴文构形分域研究》是东巴文分域实践集大成者，他从构形领域分析了丽江、白地、鲁甸三地的字形异同，还提出了三地特有的字形。

二、书写个性化的探讨

东巴经书写的个性化特点研究成果散见于鉴定个体东巴所写东巴经时的成果，如《和文质东巴研究》《和世俊东巴研究》《哈佛所藏东知东巴经书的分类与断代》《和乌尤东巴经书研究》《美国哈佛大学藏和鸿抄写的东巴经研究》，这些论文从书法角度探讨了书写风格。但因研究人员个人审美不同，造成对书写风格的认定不一。

基于经书分类整理的需要，邓章应著有《东巴文字符形态个性化风格探析》④

① 杨正文：《最后的原始崇拜——白地东巴文化》，云南人民出版社，1999 年，第 105 页。
② 杨正文：《最后的原始崇拜——白地东巴文化》，云南人民出版社，1999 年，第 108—109 页。
③ 李霖灿：《么些经典的艺术论》，《么些研究论文集》，台北故宫博物院，1984 年，第 426 页。
④ 邓章应：《东巴文字符形态个性化风格探析》，《中央民族大学学报（哲学社会科学版）》2012 年第 5 期。

一文，该文立足于个体东巴书写的经书鉴定，从书写形态个性化表现形式、个性化书写特点、形成原因、意义四个方面来论述观点。他认为："东巴个性化的书写符号体态，对我们判定经书的归属大有裨益，而且通过该特征来系联经书，再通过有跋语的经书确定书写信息，是较为可靠的。这一判定方法，不仅可以帮助确定更多无信息经书的归属，还能梳理书写者更多的个性化字符和帮助确定书写者的传承关系，从而为东巴经的进一步分域断代提供一条切实可行的途径。"

上述研究成果主要集中在根据哥巴文鉴定字形特征、书写风格和根据特殊字鉴定上。根据前人研究和东巴经的文字特点，本书重点论述文字种类鉴定法和字形鉴定法。

第三节　文字种类鉴定法

纳西族生活在民族交融的社会环境中，周边有汉字、藏文等影响，民族内部除了东巴文以外，还有哥巴文、达巴文和玛丽玛莎文。书写一本东巴经，可以使用一种文字，也可以使用多种文字，这完全取决于东巴的知识储备和个人喜好。东巴经中出现的文字种类有东巴文、哥巴文、汉字、藏文或者梵文。一本东巴经有可能全本都是东巴文所写，有可能通篇都是哥巴文所写，有可能是东巴文混合了哥巴文所写，可能是东巴文混合了汉字所写，也有可能是东巴文混合了其他多种文字所写。根据东巴经所在区域和东巴的不同，使用多种文字书写东巴经所占的比重也各有不同。所以可以从东巴经中所含的文字种类去判定经书的归属。下面从东巴经掺杂了哥巴文、汉字和藏文或梵文三个角度去分析。

一、根据哥巴文来判断

前辈时贤认为经书中有无哥巴文可以作为鉴定经书的方法，理由是白地经具有纯洁性，绝无音字掺杂，或者掺杂较少，持这种观点的有李霖灿、杨正文、邓章应、郑长丽。从目前刊布的经书以及哥巴文的深入研究来看，此说具有可行性。但是无东巴文掺杂或偶尔掺杂的区域不止白地，还有其他相对封闭的区域如俄亚托地村，还有若喀支系所在的地区。《哥巴文异体字研究》一文是目前对《全集》中的哥巴文调查最为详细的论文，该文作者认为："这三个地区中，宝山、鸣音、大东地区的经书里，除了个别东巴由于在丽江接触和学习过哥巴文以外，其余东巴的经书中很少出现哥巴文，由此可见，这一区域的哥巴文还未形成系统，所以哥巴文异体字也就相对较少。而丽江坝及周边地区是哥巴文发展的重要区域，这一地区不仅出现了成本哥巴文经书，而且在东巴文经书中也会出现大量的哥巴文字符，因此哥巴文异体字形就显得繁杂了。"该文作者还认为："哥巴文的书写具有个人特色，有些东巴在书写时出现特有的字或者特有的书写方式。因此可认为将其作为判断东巴经的依据。"① 哥巴文的分布具有地域特征，对我们判定经书类型有一定的启发意义。更为重要的是，东巴在书写时有自己独特的书写特征。此处所述独特体现在两个方面：一方面是哥巴文本体独特，每个东巴所使用的哥巴文有自己的特色；另一方面是指哥巴文添加的纹饰有自己的特色。哥巴文的本体独特主要体现在东巴在书写哥巴文的时候，会形成自己独特的哥巴文字符体系，并没有那么多异体，而且还形成了固定的用字习惯。关于缀饰，李霖灿有详细的论述："音字在本身形体之外，还另外有一种附加的装饰符号，东巴们叫它做 $[g\Lambda^{31}ba^{31}ku^{33}tur^{55}tur^{33}]$。它可以大致区分为两类：一类是在音字的左右上角加一些'尸、彐、广、土'的符号，这像是受了汉文的影响。另一类是在音字的上下方加一些'的符号，这是受了藏文的影响。这一些符号虽然花样繁多，是可以随意地任加在那一个音字上（除了极少数的例外），但是它实在是一无用处的。"② 后来又有《哥巴文 $g\Lambda^{31}ba^{31}ku^{33}tur^{55}tur^{33}$特点、成因及意义》③ 和《浅谈哥巴文的缀饰字素》④ 两篇文章对缀饰进行了详细论述，主要得出缀饰的来源较多，使用较为随意的结论。根据缀饰的显著特征，可以区分东巴经书写的差别。如下图所示的东巴经《全集》7－65 最后一行的哥巴文缀饰全部使用，《全

① 刘婕：《哥巴文异体字研究》，西南大学硕士学位论文，2015 年，第 84 页。
② 李霖灿：《么些象形文字标音文字字典·引言》，台北文史哲出版社，1972 年。
③ 李晓兰：《哥巴文 $g\Lambda^{31}ba^{31}ku^{33}tur^{55}tur^{33}$特点、成因及意义》，《湖州师范学院学报》2014 年第 5 期。
④ 杨蕾：《浅谈哥巴文的缀饰字素》，《学行堂语言文字论丛》（第四辑），四川大学出版社，2014 年，第 357 页。

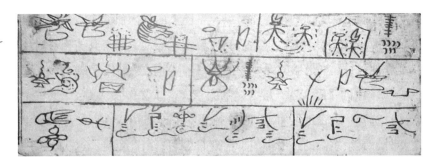

《全集》7－65

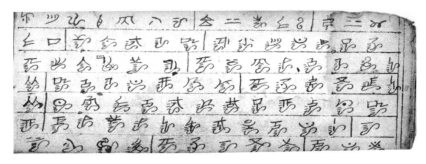

《全集》86－299

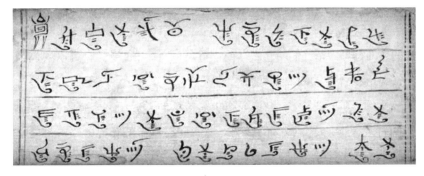

A39　首页

C56　首页

集》86－299 虽然也用这个符号，但是从该符号的倾斜程度看，两者差别较大。A39 首页主要使用缀饰 和缀饰 ，C56 没有出现集中使用缀饰的情况，但个别文字存在缀饰。通过比较缀饰差别，可以较容易地找出经书差异。

在纳西东巴经中，全文用哥巴文书写的经书较少。哥巴文通常用来书写咒语，有些东巴喜欢用来书写跋语。尤其在书写跋语的时候，能够较为容易地系联出经书。下面举例加以说明。

（一）以德藏 Hs. Or. 1497 为例

在德国马尔堡国立图书馆中，有一册经书的跋语为哥巴文所写，所见句式与哈佛藏东巴经书中的一些跋语类似。书写顺序一致，分别是地域、期盼，最后是祝福语。在书写哥巴文时，字体较为方正，除了少数字添加缀饰，其余都是不添加缀饰的哥巴文。其中出现在 Hs. Or. 1497 中的哥巴文 添加了缀饰 ，这在 D9、D20 和 D43 中都有出现，而且这个缀饰的方向和弯曲程度是

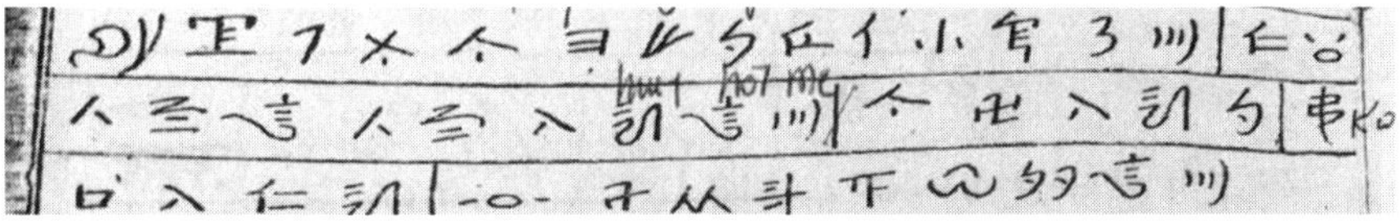

Hs. Or. 1497 （**R8424**）跋语

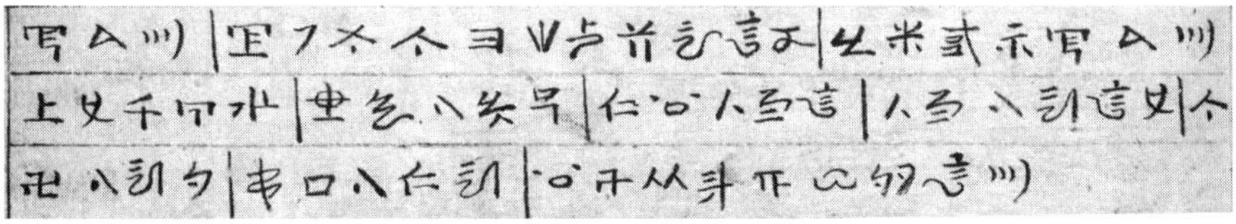

D9 跋语（局部）

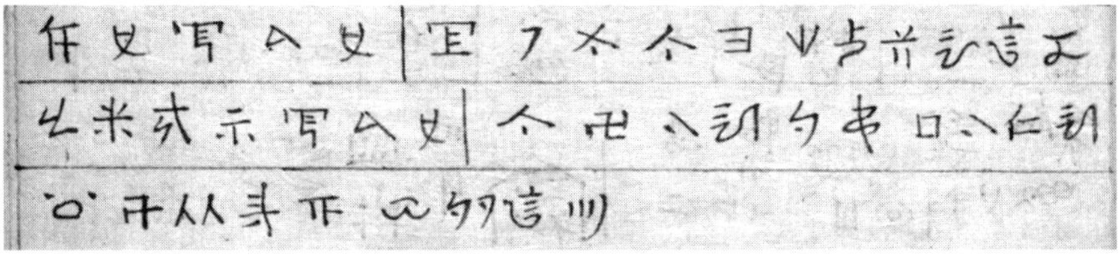

D20 跋语（局部）

D43　跋语

一致的。相同相似的语句和字形能够较为容易地系联经书。

Hs. Or. 1497（R8424）跋语对译：

1.

be^{33}kv^{33}lɑ^{33}zo^{33}tʂ̌u^{33}gə^{33}gv^{33}bu^{33}ŋə^{21}nɯ^{33}pər^{55}se^{21}me^{55}。

村头　拉若　初　的　谷　补我（助）写　了（助）

2.

mə^{33}dɑ^{21}tʰo^{33}dʑy^{33}ho^{55}tʰo^{33}dʑy^{33}le^{33}hɯ^{33}　ho^{55}me^{55}。

不　满意　要　有愿　要　有又　去　　愿（助）

3.

zo^{33}ɤɯ^{33}le^{33}hɯ^{33}gv^{33}。

男　好　又　去　好

4.

kʰo^{33}kʰu^{33}le^{33}mə^{33}hɯ^{33}。

名声　又　不　去

5.

py^{33}bu^{21}zɿ^{33}ʂər^{21}hɑ^{55}i^{33}gv^{33}ho^{55}me^{55}。

祭司　长寿　富足　成愿（助）

所记录的内容分别是：1. "村头拉若初家的谷补写的"，2. "但愿不要有不满意的"，3. "好男去了"，4. "（但是）名声留下了"，5. "愿祭司长寿富足"。Hs. Or. 1497 与 D9、D20、D43 当为同一人所写。D9、D20、D43 是白沙乡本谷村（也可译为村头）和鸿东巴所写①，所以马尔堡国立图书馆的这则跋语也应为和鸿东巴所写。

（二）以和乌尤东巴为例②

有些东巴在书写哥巴文时较为随意，可能出现添加多种缀饰而形成了异体。此时需要比较所有的材料，分析哥巴文字形，最后根据字迹特征来判定。

在《全集》中有一批经书的跋语都用哥巴文书写。这些哥巴文中没有出现成批量的缀饰，但有个别文字出现了缀饰。其中在书写名字（东尤）的时候，出现了多种异体。《全集》62－92出现了最为原始的不添加缀饰的写法。《全集》24－259、《全集》37－136出现了在本字上的一侧添加，《全集》36－95该字上端左右两侧添加两点的缀饰，《全集》38－293该字上端左侧添加一点的缀饰，多处稳定地出现的字形，在本字上方添加的缀饰。但是纵观所举例子发现在书写时（有三例不是此字），所用字形和字迹一致，由此可以判断为同一人所写。

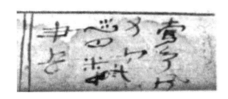

《全集》62－92

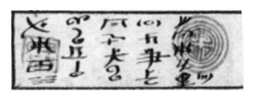

《全集》24－259

《全集》37－136

《全集》36－95

---

① 关于和鸿的考证可参见李晓亮、张显成：《哈佛大学燕京学社图书馆藏和鸿东巴经抄本研究》，《中南民族大学学报（人文社会科学版）》2015年第1期。
② 关于和乌尤东巴的考证可参考郑长丽：《和乌尤东巴研究》，《华西语文学刊》（第五辑），四川大学出版社，2011年。

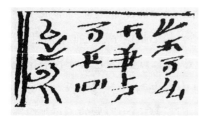

《全集》38－293

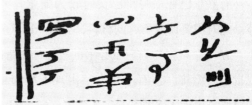

《全集》54－89　　　　　　　　　　　　《全集》58－80

《全集》82－84　　　《全集》83－271　　　《全集》85－159

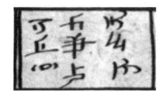

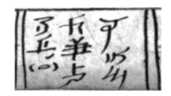

《全集》85－241　　　《全集》86－212　　　《全集》86－377

二、根据汉字鉴定

　　有些东巴具备一定的汉文知识，喜欢在东巴经书中使用汉字。在非正文的地方使用汉字较为常见，也有不少经书正文中夹杂汉字。在本书的第五章中标记部分论述了非正文部分有许多类型的特殊标记，其中有用汉文书写名字、对联、日历、诗句、咒语、地契等，此处不重复列举。经书正文中夹杂汉字，从汉字数量上来说不多，因为这毕竟书写的是东巴经。但我们仍然可以从经书使用的汉字及其字迹来判断经书的归属。在哈佛藏东巴经中，有两册经书引起了笔者的注意，分别是 B55 和 L50。在这两册经书中只有第一页才使用了几个汉字，其余部分都使用东巴文。颇为偶然的是，两页经书在书写内容上比较接近，所使用汉字也有一致的地方。B55 由于是照相版的缘故，只能看到该页的局部，即下图所示。B55 在表示夏天的时候，既用了汉字"夏"，又使用了东巴文，在表示秋天的时候，既用了汉字"秋"，又使用了东巴文；在表示冬天的时候，既用了汉字"冬"，又使用了东巴文。L50 在表示春天和夏天的时候，只用了汉字"春"和"夏"，表示秋天和冬天的时候，只用了东巴文和。B55 和 L50 所用的"夏"字从字形上看比较接近，从使用的东巴文来看，字形一致。仔细观察经书，B55 第 1 页与其他页上的字迹差异大，但所使用的纸张是一致的。L50 整本经书为同一人所写。因此可以判断 B55 第 1 页和 L50 为同一人书写。

B55　第 1 页

L50　第 1 页

三、根据藏文或梵文鉴定

　　藏文和梵文一般出现在经书正文的咒语或者神名中。能完全掌握藏文或梵文的东巴不多。从目前刊布的经书来看，藏文和梵文在经书中出现的数量相比哥巴文和汉字来说，少很多。正是因为如此，若有经书中出现大量藏文和梵文，也可作为鉴定经书的一个手段。如下图所示，哈佛藏东巴经书中有一些经书出现了梵文，而且属于连续出现。其中 M32 整本都是梵文，其余经书都有成句的梵文。M32 由于书写的梵文体系略有差别，尚不能推断归属。但其余零星的梵文，其书写都有特色，有些在经书的封二部分出现，有些在经书的正文里。出现在封二中的梵文更像是在学写梵文，或者说带有涂鸦性质，M4 出现在正文中的梵文写得很正式。从字形上来看，D5、D27、D28、D39、D53、D61、D64、D65、D67、D68 梵文字体粗细一致，可以肯定为同一人书写。从 M4 经书正文中的东巴文分析，M4 与上述经书为同一人所书写。

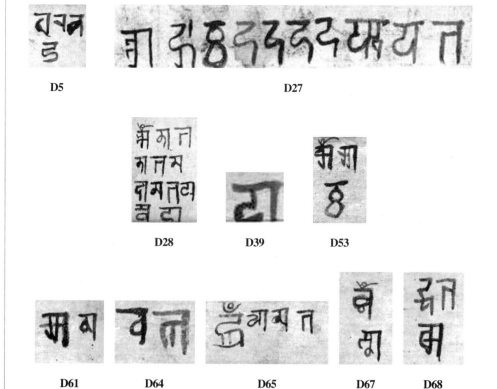

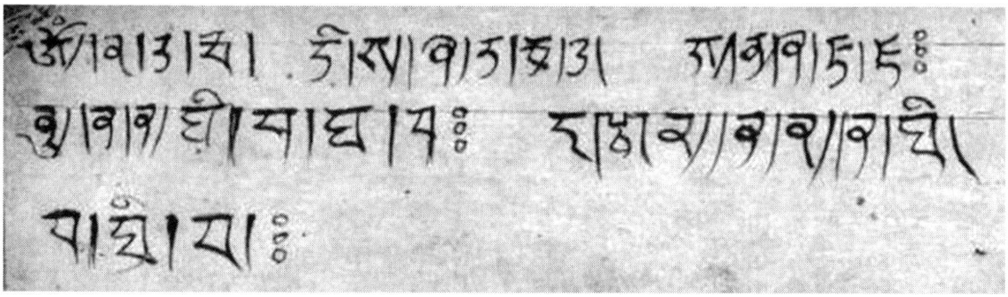

M4

第四节　字形鉴定法理论概述

字形鉴定法是指根据字符外貌来鉴定经书的方法，包括行款布局特征、造型特征、符号体态特征、书体风格特征。[①]

一、行款布局特征

行款布局特征包含整体特征和局部特征。整体行款布局主要包括分栏数量、字行形态、字间距和行间距。一般来说，东巴经每页分为三栏，但也有四栏、五栏甚至六栏、七栏的情况。字行形态是指在每栏书写过程中，书写的总体方向。东巴经的字行形态一般遵循从上到下，从左到右的顺序，但不同的语句在安排上有较大差别。字间距是指字与字之间的距离。行间距是指每行字之间的距离，在东巴经中一方面体现在分栏书写的数量上，另一方面体现在每一栏当中书写文字之间的行距。整体布局常用的术语如下。

满： 是指东巴文书写面积占经书比例较多，出现"顶天立地"的书写特征。

密集： 是指单个区域内字体数量较多，字间距较小。

稀疏： 是指单个区域内字体数量较少，字间距较大。

[①] 本节在论述理论时参考了李松儒《战国简帛字迹研究——以上博简为中心》，上海古籍出版社，2015年。

局部行款布局主要包括起首布局和结尾布局。起首布局包括书写起首符号，添加一些符号（如东巴、藏文符号），以及书写第一个字的特征。结尾布局是指是否有跋语。若有跋语，包含跋语的分栏书写、书写方向等概况。下面举例说明。

《全集》10－154

《全集》10－233

《全集》10－154的行款布局特征以"满"和"密集"为特征，字间距较小，分四栏书写，行间距较小，每栏书写中一纵列一般安排三个字，整体呈现出紧凑的趋势。在局部安排上，起首先写起首符号，再写东巴以及藏文符号、语气词，然后再写经书的内容。经书结尾有跋语，一行纵列中主体书写两个字。在跋语的地名和人名的部位钤有三枚印章。

起首符号　　　东巴符号　　　藏文符号　　　　　　语气词

G7整体布局以"满"为特征，多数字符出现了"顶天立地"的书写特征，还有个别字体出现超出界栏的情况。分三栏书写，每栏纵列以安排两个字为主

G7 第 1 页

体。字间距和行间距尚可。在局部安排上，起首并未书写起首符号，但有东巴的字符，然后安排经书的内容。该经书结尾没有跋语。

B53 第 1 页

B53 整体布局以"稀疏"为特征，分三栏书写，字间距和行间距较大。每栏纵列以一个字或两个字为主体，但并未出现像《全集》10－154 或 G7 那样整齐的现象。在局部安排上，先写起首符号，然后书写经书中的程式语  （很久很久以前）为开篇的经书正文。在书写起首符号和程式语时，还对这两个符号涂上了颜色。该经书没有跋语。

还有一种排列布局非常整齐的经书，文献类别通常属于咒语、规程、跋语等，如 K78 所示。造成这种格局主要与经书的体裁有关，所以需要单独讨论。

K78 第 1 页

二、造型特征

造型特征是指东巴文的外貌特征，包括繁简、取像、方向等差异。从造型差异上，能明显区分出不同的字形。每个东巴在书写时会形成自己的特定书写习惯，他在书写时，可能变化多端，采用多种类型的书写方式，也有可能比较固定，采用一种方式。因此，了解不同地域的造型类型，以及每个东巴书写的东巴文造型类型，有助于了解东巴文谱系的传承。

（一）繁简差异

繁简差异包括数量差异、整体与局部的差异、添加饰笔差异等。整理繁简差异类型，有助于在鉴定经书时对字形进行分类。

1. 数量差异

在鉴定经书时，需观察每本经书构件重复的字，这些字往往比较容易找到特色。如表 25 所示，"草"字，以异体的关系视角去观察，只是表示相同的字义，不区别意义；若以鉴定的视角去观察，则差异较大，1 号字在数量上不断累增，造成整个字体较长，2 号字数量适中，3 号字数量稀少。在数量不同的背后，体现了每个人的书写习惯的差异。

表 25① 　文字的构件数量差异

字义	1	2	3	分　析
草	83 – 115	K42 – 28	祭祖经 33 白	1 号字 10 片叶子，2 号字 5 片叶子，3 号字三片叶子，构件的重复并不区别意义。

---

① 在本章行文中，使用的字形若来自《全集》直接使用卷数和页数来指称，如 85 – 115 指的是该字形在 85 卷 115 页。若来自哈佛藏经书，直接使用字母和页码，如 K42 – 28 指的是经书 K42 的第 28 页。其余字形主要来自周眠《纳西东巴文构形分域研究》（西南大学 2015 年博士论文）中的字表部分，所用指称全部袭用该文中的称呼。俄亚的字形来自曾小鹏《俄亚托地村纳西语言文字研究》一书中的俄亚字表部分。F 代表方国瑜《纳西象形文字谱》云南人民出版社 2005 年版，里面的数字代表字号。

字义	1	2	3	分　析
星	H4.471	祭祖经 3 白 2	祭祖经 3 白 2	1 号字一颗星，2 号字两颗星，3 号字三颗星，构件的重复并不区别意义。
叶子	11－123	法杖经 8 白 1	68－318	1 号字一片叶子，2 号字两片叶子，3 号字三片叶子。构件的重复并不区别意义。
草	23－34	法杖经 18 白	23－22	1 号字一棵草，2 号字两棵草，3 号字三棵草，构件的重复并不区别意义。
羽毛	37－20	21－14		1 号字仅用一片羽毛表示，2 号字使用两片羽毛，构件的重复并不区别意义。
犁具连结犁轭的绳	俄亚 0785	［F0850］		1 号字两个圈，2 号字 8 个圈，构件的重复并不区别意义。

2. 添加饰笔

添加饰笔的字在鉴定经书中也常容易引起关注。在表 26 中，每一行的字从左到右不断繁化。第一列字和第二列字都通过使用双线的方式，让字形所体现的事物更加立体。有些东巴喜欢简约的方式，从不添加额外元素，有些东巴喜欢繁化，以添加饰笔的方式来体现书写的精致。

表 26　文字的饰笔差异

字义	1	2	3	分　析
雌阴	G1－1	11－98	68－308	2 号字是常态，1 号字为简省写法，3 号字增加了藏文符号。
石头	法杖经 1 白 1	G1－1	11－101	从 1 号字到 3 号字，字形由简趋繁，增加了一些饰笔，但不区别意义。

字义	1	2	3	分　析
绿松石	11－102	68－308	68－315	从 1 号字到 3 号字，字形由简趋繁，增加了一些饰笔，但不区别意义。
墨玉	11－97	81－192		1 号字为单线，更加线条化，2 号字为复线，相对更立体。

3. 整体与局部

　　整体与局部的字形也较为明显。有些东巴以书写出完整字形的方式来体现字形，展现事物的神圣或者生动。字形书写得越整体，甚至把细枝末节也在字形上体现，就越容易发现该东巴书写的特点。如表 27 所示，"烧天香"的 1 号字，完整展现了烧天香需要的内容和当时的情景，有台阶的火盆，上面放满了柏枝、酥油和面粉，上面炊烟袅袅，动态十足。在表 27 的动物字中，第一列中的字都画出了整体形象，比如画出了尾巴、下肢等部位，让字形更加栩栩如生。

表 27　文字整体与局部的差异

字义	1	2	3	分　析
泡沫	乃乃抒 1 白 4	法杖经下 18 白 5		1 号字为附加式象形，在写出泡沫之形的同时把水的字形也写上，以与石头之形相区别。2 号字为泡沫之形。
烧天香	10－4	10－4		1 号字为整体之形，从火盘烧柏枝、酥油、面粉。2 号字简省了火盘之形。
大鹏鸟	69－207	70－234		1 号字为大鹏鸟整体之形。2 号字只写出其具有区别意义的头部，简省了身体部分。
鹤	12－25	81－209		1 号字为鹤的完整字形，2 号字简省了身体之形，仅写出其具有区别意义的头部，以其长嘴为区别特征。

字义	1	2	3	分　　析
鸡	81－205	11－112	1－242	1 号字为鸡的完整字形，2 号字仅写出具有区别特征的头部，3 号字写出了头部和爪子部分。
老虎	12－3	11－97		1 号字为虎的完整字形，2 号字仅写出头部和虎身上具有区别特征的斑纹。
大象	68－331	11－116		1 号字为象的完整字形，2 号字仅写出具有区别特征的头部和鼻子。
狐狸	69－217	12－23		1 号字为狐狸的完整字形，2 号字仅写出具有的头部和具有区别意义的大尾巴。

（二）取像差异

东巴文在书写时，常常由于地域差异或者个人的因素，造成取像的差异。如表 28 所示，"发抖"，是由于所处的语境不同，造成取像差异。"房子"，是由于所处环境差异，造成字形不同。"香条"，是由于所处地域不同，所使用的质地产生差异，造成文字上的不同。取像差异也是极其明显的差别，比较容易区分。

表 28　文字的取像差异

字义	1	2	3	分　　析
角	37－3	21－14		1 号字取正面双角之形，2 号字取侧面单角之形。
路	1－252	1－242		1 号字取自普通小路，2 号字取自交叉路。

字义	1	2	3	分　析
发抖	68 - 310	68 - 310	［F0411］	1号字取自女子发抖的样子，2号字取自男子发抖的样子，3号字字形多一些线条，表示虫发抖的样子。
房子	［F0972］	［F0972y4］		1号字取自帐篷，2号字取自碉堡，两字所体现的居住环境有差别。
香条	俄亚 1104	［F1236］		1号字取像来自用一种可燃的树叶缠在木条上。2号字取像自普通常见的香条。两者表示的事物的质地有差异。

（三）方向差异

东巴文的方向有时区别意义，有时不区别意义。在鉴定经书时，是指不区别意义时形成的方向差异。东巴在抄写经书时，由于自己的习惯或者书写约束，会造成同一个字有不同的形式。在鉴定经书时，需排除受书写约束（如最后一个字，容不下特别宽或者特别长的字），整理字形方向的类型，有助于区分经书。方向差异在字形整理中较为明显，研究者应当更多关注。

表 29　文字的方向差异

字义	1	2	3	分　析
星	祭祖经 9 白 2	创世纪 1 白 3		这两个字形都表示星，但是书写上 1 号字使用三角叠加形式，2 号字采用横向书写形式，两种书写形式不区别意义。
雪	法杖经 11 白 1	法杖经 24 白 1	祭祖经 1 白 2	这三个字都表示雪，书写方向上存在差异，1 号字采用三角的形式，2 号字采用纵向书写形式，3 号字采用横向书写形式。

字义	1	2	3	分　析
女	11－101	68－320	68－336	这三个字的差异在于声符放置的位置不同，分别置于形符的右侧、上侧和下侧。
高原	祭祖经 34 白	11－106		这两字的差异在于声符的位置不同，1 号字声符在上，2 号字声符在内。
烧	75－210	75－210		这两个字声符位置不同，1 号字声符位于形符的上方，2 号字的声符位于形符的左边。

（四）书写顺序

书写顺序对东巴文的造型影响很大。虽然我们无法再现东巴书写东巴经时的情景，有些可能无法再了解其中的书写顺序。但有些很有特征的字，较为容易观察到它们的差异，如连笔书写或者是带有眼睛部位的字体。不同的书写顺序造成东巴文所展现的形态不一，如表 30 所示。

表 30　文字书写顺序差异

字义	1	2	3	分　析
墨玉	K63－7	B10－5		1 号字的书写顺序是先写一横，再左右分开画半圆。2 号字先写一竖，接着在竖线的左边连着画半圆，最后在竖线的右边连着画半圆。
烟叶	K63－7	G5－4	G10－4	1 号字一笔书写而成，2 号字三笔完成，3 号字四笔而成。
肋骨	K63－6	2－51		1 号字四笔而成，先写连笔书写 ，后添加三横。2 号字先写三横，后写一撇。

字义	1	2	3	分　析
针	 G5－4	 K63－2		1号字和2号字虽在方向上有差别，在笔顺上也有差异。1号字两笔而成，2号字连笔书写，一笔而成。
羊	 A14－5	 G5－2		1号字在书写时先写眼睛部分，后写其他；2号字最后书写眼睛。书写顺序的差异造成1号字的眼睛在边缘，2号字的眼睛在头的内部。
鸡	 A14－3	 G5－3		1号字在书写时先写眼睛部分，后写其他；2号字最后书写眼睛。书写顺序的差异造成1号字的眼睛在边缘，2号字的眼睛在头的内部。

　　单字由于书写顺序上的不同而造成的差异相对比较细微，只有熟悉东巴文书写，才能把握好这种微观特征。若遇到两个字或者多个字杂糅在一起而形成合文，此时特征较为明显。

三、符号体态特征

　　符号体态是字呈现的外部形态，即字所占面积的长与宽，用线条展示字体的肥与瘦。此处以丽江地区的经书字体作为参照，描述东巴文的瘦长、宽窄、肥厚，字体大小等符号体态特征。

　　字体的外部形态是笔尖、墨与纸张综合作用的结果，主要依据线条的粗细曲直而判断。字体体现出**瘦长**，往往线条比较细，字的宽度较小，在长度上体现出优势。**肥厚**的字，往往线条比较粗，长宽比较均匀，多使用曲笔，总体感觉圆润。**倾斜**，是指由于书手喜欢使用笔尖的一侧，造成字体往一边倾斜。**颤抖**，是指线条多波浪线，以造成颤抖的感觉。但字的瘦与肥只是线条的差异，并不能有效体现字体的其他特征。因此，我们将字体分为拉伸型、圆润型和适中方正型。

　　拉伸型：字体向长度或者宽度其中一个方向拉伸，造成字体特别长或者宽。

其中包括细线条的拉伸、适中线条拉伸和粗线条拉伸。

圆润型：字体在转角之处多用婉转的曲线，整体呈现出浑圆之势。

适中方正型：字体长宽比例适中。

以丽江经书的字体作为参照，拉伸型字体，是指改变字体比例，主要通过拉伸主体和拉伸局部的方式来实现。表31第一行和第七行属于主体拉伸，既可以纵向拉伸，变成长的字体，也可以横向拉伸，变成极宽的字体；第二至六行属于局部拉伸，第二行的一个特色是都带有长线，在书写时故意拉长纵向的主体线条；第三行字属于动物类，通过拉伸角部、嘴部实现字体的拉伸；第四行的字也有一个共性，每个字都有一个节点，通过上下或者左右的失衡来实现。第五行字通过累增的方式，不断添加相同的部件实现字体的拉伸；第六行字通过字体头部特征的尖锐实现字体的瘦长。

表 31 拉伸型字体

序号	1	2	3	4	5
1					
2					
3					
4					
5					
6					
7					

以丽江经书的东巴文作为参照，圆润型的字体是指东巴文在书写时用笔曲折婉转，长宽的比值相对比较接近。表32中，第一行的字体都有一个共性，就

是原本可能不圆润的事物，可以通过书写，把字的形态从整体造型上写得圆润。如第一行第四个字"坡"，坡可长可短，可斜可陡，但在圆润型的书写方式中，它的整体造型看上去显得更圆润；第一行第五个字"池塘"，池塘的形状也多样，它就选取相对较圆的体态。第二行字的特点是，通过线条婉转的方式来体现圆润。在体态中，通过使用曲笔过分夸张的方式来表达，每遇到弯曲的线条时，该线条需不断向内弯，甚至造成环绕成圈的感觉；第三行字体的特色是，在书写坐着的人的身体时都用圆圈表示，坐着的下肢部分一律使用扁圆的形状。相比拉伸型的字体，它的下半身显得特别扁。第四行也有一个特色，都是人站着的形态。书写者通过上肢所在的位置和形态来体现字形的圆润。从这行字中发现，该字的上肢紧紧连着头部，且呈现出怀抱的状态。第五行的字体有一个共性，在书写需要转折时，都会写出一个比较圆或者比较扁的曲面来实现字态圆润。

表32　圆润型字体

序号	1	2	3	4	5
1					
2					
3					
4					
5					

从上可知，拉伸型的字体主要通过长宽比例失衡来表示极长或极宽的形状；圆润型的字体主要通过字形整体多采用圆润或稍扁造型，需要曲折时，通过夸大弯曲程度制造一个曲面来实现体态丰腴。这些字态的本质差异在于字体的长宽比例或者节点比例不同。同一个字不同的东巴在书写时，字体大小、长宽比例及节点比例是不同的。因此，可以将字体大小、长宽比例、节点比例作为鉴定经书的方法。

下面测量每个字体的长宽比例，或选取一个节点来测量比例。这些数值主要来自哈佛藏东巴经书中的字体，由于笔者看到的是电子版，对这些图片处理时发现这些数与真实的长宽数值不一致，电子版比实际经书大 1.5 倍左右。每个字体的真实大小可以通过经书实际尺寸来换算。但长宽比例无需换算，从图片所测数值就是字体比例的真实反映。所以我们采用比例的方式来说明字的形态特征。为了充分研究三种类型的体态，还使用了《全集》中的例子，但并不测量数值，仅作为比较对象。

例 1："蒜"，该字的字形上端是叶子，中间是大蒜，下端是根须。1 号、2 号、3 号字与其他字形比较发现，叶子很长，根须极短；4 号字根须长，叶子短；5 号、6 号字并不能明显地看出长短。若以大蒜中心主体为测量点，1 号字的节点比例是 2.77/0.62，所得值约为 4.47，字体长宽比例是 3.39/1.05，所得值约为 3.23。5 号字的节点比例是 0.71/0.95，所得值约为 0.75；长宽比例 1.66/1.17，所得值约为 1.42。6 号字的节点比例是 0.89/1.2，所得值约为 0.74；长宽比例是 2.09/1.17，所得值约为 1.79。通过对以上 6 个字的分析可知，每个字的节点比例不同和长宽比例不同，字体大小也不同。

例 2："呵气"，气体从口出，1 号字表示气体的线条往远处拉伸，字体感觉舒展，测量的长宽比例是 4/1.6，所得值约为 2.5。2 号字的线条向内卷曲，且在三个字中弯曲程度高；3 号字，该线条向内微微弯曲，有戛然而止之态，测量的长宽比例 1.65/0.89，所得值约为 1.9。1 号字的长宽比例值比 3 号字的比例值要大 0.6，通过横向拉伸，该字显得特别扁。从字体大小上来说，1 号字大，3 号字小。

例 3："女"，女子头顶有头发装饰，1 号字和 2 号字都属于拉伸型，但拉伸的部位有所差异。1 号字突显头顶的头发装饰长，该字长宽比例为 4.52/1.38，所得值约为 3.28；以头部为节点，测得节点比例为 2.05/2.47，所得值约为 0.8。2 号字主要突显下肢长，测得长宽比例 3.97/1.69，所得值约为 2.35；测得节点比例为 1.02/2.95，所得值约为 0.35。3 号字为了体现圆润，上肢环抱，而且没有画出脖子。4 号字长宽比例 2.52/1.34，所得值约为 1.88；节点比例 1.02/1.54，所得值约为 0.66。可知，1 号字的长宽比例值最大，字体的长宽体现得最为明显。4 号字的长宽比例值最小，字体长宽总体均匀。4 号字的节点比例最大，头部装饰的部位在整体字形宽度中最大；2 号字的节点比例最小，头部装饰在整体宽度中份额最小。从字体大小上来说，2号字最大，4号字最小。

例4："水"，从水源处留出三股水流，1号字和2号字属于拉伸型，整体体态较长，1号字的长宽比例是3.14/0.54，所得值约为5.81；2号字的长宽比例为4.04/0.76，所得值约为5.32；3号字的长宽比例为2.56/0.94，所得值约为2.72；4号字通过水流弯曲造成整个字的体态圆润；5号字通过两侧的水流向外弯曲，形成两个曲面，以形成圆润的感觉。1号字的长宽比例值最大，3号的长宽比例值最小，长宽比例值越大所体现的长度宽度比越失衡，所以3号字看上去字态比较均匀，并不像1号和2号的字形那样非常狭长。从字体大小上来看，2号字最大，1号字最小。

例5："神山"，地平线上的山峰，1号字和2号字使用尖锐的封顶来体现姿态的瘦长。1号字的长宽比例为4.13/1.61，所得值约为2.57；若以地平线为节点，山峰所占的比为0.51/3.62，所得值约为0.14；2号字的长宽比例为3.78/2.72，所得值约为1.39；节点比例0.79/2.99，所得值约为0.26；3号字长宽比例为3.15/2.01，所得值约为1.57；节点比例为0.87/2.28，所得值约为0.38。4号字地平线下的台阶较多，山峰的高度明显较低，山峰的转角一笔，向外形成钝角，形成一个较大的面积，形成矮扁之形态。从长宽比例上来看，1号字最大，2号字最小，所以1号字最为狭长。从字形大小上来看，2号字最大，3号字最小。

表33 东巴文长宽比例示例表

字义	1	2	3	4	5	6
大蒜	 G15-2	 51-151	 82-203	 11-97	 D61-3	 G1-1
呵气	 G15-1	 11-123	 K38-1			

字义	1	2	3	4	5	6
女	 4.52厘米 1.38厘米 G15－12	 3.9厘米 1.69厘米 G8－31	 11－112	 2.52厘米 D19－2		
水	 3.14厘米 G15－9	 4.04厘米 G6－4	 2.56／0.94厘米 B2－4	 11－98	 11－101	
神山	 4.13厘米 G7－4	 3.78厘米 G8－4	 3.95厘米 2.01厘米 D19－11	 10－5		

四、书体风格

书体风格是指从美学角度来描述东巴文的书写状况，包括书写力度、运笔特征、书写速度等。

书写力度体现在东巴纸上墨的浓淡以及字是否苍劲有力。有些字体有力均匀，有些字体力透纸背，有些字体绵长柔软。

用笔特征，主要是指通过对笔尖的控制来展现线条的粗细。在运用竹笔中，主要使用直笔和侧笔。直笔运用于平直的线条中，侧笔的运用则较为丰富。通过对侧笔的运笔速度、用力程度等变化，使东巴文中的曲线变得丰富多彩。东巴文中，除了块状的组合，基本不使用顿笔。笔尖停顿过久，墨容易渗透在东巴纸上，影响文字的美观。

东巴文的书写速度一方面体现在字间距是否较大上，另一方面体现在字迹是否潦草上，前者已经在前书描述过，后者是我们判断风格的一大标准。在东巴纸上书写出来的文字清晰美观，要使书写的东巴文字富有特色需一定时间的练习。对东巴文的熟练程度和个人使用竹笔的熟练程度直接会影响文字的运动速度。书写者需熟练掌握东巴文，迟疑等状况会直接造成墨的渗漏。文字轨迹的运动速度较快，则行文流畅；若运动速度较慢，则行文厚重。

常见的书体风格有"精致""古朴""豪放""内敛""舒展"等。对于东巴文书法上的鉴定，虽然是仁者见仁，智者见智，但也有一般的好坏评判标准。书写美观的东巴文，必须具备字迹清晰、用墨均匀、布局得当等基本要素。下面列举几例加以说明。

《全集》90﹣202，属于豪放派，书写速度快，字迹略显潦草，线条粗细分明。在整体书写中，总体线条较粗，有明显的粗细变化。且主要通过粗细变化来体现文字的立体特征。该笔笔尖削得较粗，侧面很细，通过直笔和侧笔的交替变化来书写文字，且书写很有力度，力透纸背。从布局和书写速度上来看，营造出紧张急促不安之感。《全集》98﹣131属于精致的风格，书写速度平缓，线条整体细致，并无明显粗细变化。从力度上来说，苍劲有力。整体呈现出均匀从容之态。

《全集》90﹣202

《全集》98﹣131

五、文字上色

书写完东巴文，有些东巴还要在东巴文上做一番装饰，通常是在东巴文上涂上色彩。这些色彩的种类与封面标题框内的文字上色的种类基本一致。东巴的颜料有限,主要有红、黄、蓝、绿四色。有些地方的东巴喜欢给起首部分正文的第一个字上色,有些东巴对色彩的运用广泛,一页当中给许多字上色。上色的字越多,色彩使用得越多,也就越发彰显出东巴的个性,同时也给我们经书鉴定提供了一个明显的信号。文字的上色部分与封面的色彩装饰、标题框内的文字上色具有相同的原理,此处恕不赘述。

第五节　字形鉴定法示例

东巴文是经书的必备要素,所以字形鉴定法是所有方法当中使用最为广泛的一种方法。当其他方法不起作用或特征不明显时,通过字形鉴定法容易区分经书。不同地区之间的经书利用行款布局、造型特征、符号体态特征和书体风格特征、上色情况等可以直接判断。当遇到一个区域内,或在同一个村子里,甚至他们之间有师承关系时,相对较难判断,此时需要仔细比对才能做出合理判断。

一、以"颤抖"的线条为例

在《全集》中有一批经书的字形线条引人注目,给人颤抖的感觉,如下图所示。原因在于这个书写者喜欢用波浪线来制造这个颤抖的效果。所用的波浪线弯曲程度不高,但弯曲很多。其他东巴使用直线的地方,这个书写者喜欢用小波浪线来代替。以《全集》81－313中的两个字分析,发现所用线条呈现出锯齿状。在书写的时候,只是轻微转动笔尖,幅度不大。从这些带有颤抖感的经书中发现,这种颤抖的线条不仅在东巴文上有体现,在哥巴文甚至是画稿、封面装饰上都有迹可循。有些经书通篇都是这种带有颤抖的字,有些只有几页带有颤抖的字,有些更少。从这些可知,使用这种颤抖的线条是东巴有意为之,有些东巴使用的波浪线弯曲幅度较大,有些幅度较小。因此,《全集》中这类带有颤抖线条风格的经书可分为一类，分别是《全集》77－173、77－108、81－313、81－330、84－218、85－75、85－93、86－79、89－167、91－52。

《全集》81－313

《全集》81－313

《全集》81－313

《全集》84－218

《全集》85－75

二、根据文字上色来鉴定

在哈佛藏东巴经书中，一些经书中的东巴文上涂有色彩，分别是 B3、B10、B12、B15、B21、B28、B35、B36、B46、B52、B54、B62、B63。有些整本经书都涂色，有些经书只是偶尔有一页或者几页涂有颜色。从涂色的情况看，主要集中显示出三种颜色，分别是红色、蓝色和黄色，而且以红色和蓝色为主。颇有意思的是，这些经书首页的边框所用的颜色也以红色或者红色、蓝色相间为主，封面标题框、飘带的涂色情况也是如此，三者呈现出一致性。由此可将 B2、B10、B12、B15、B21、B28、B35、B36、B46、B52、B54、B62、B63 归为一类。从经书的行款上来看，每页分为三栏，整体较为稀疏。文字大小适中，体现出丽江地区的特色。从书体风格而言，书写速度较为缓慢，用笔较轻，线条中体现出柔软之态。

B2　第 1 页

B10　第 1 页

B12　第1页

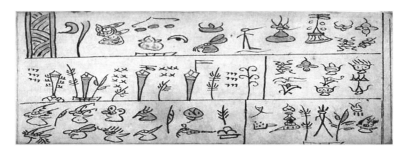

B15　第1页

B63　第1页

三、以中村英蚩为例

  同一区域内，往往行款布局、造型特征、符号形态上比较接近，需要逐个对比东巴文，通过文字相同或者相似，可以找出经书所在的区域。在《全集》18卷中有一册经书名为《祭风·给鬼开门·木牌的产生》，经书末尾书写了跋语：这本经书是中村署柯地方的英蚩所写。在《纳西东巴经分类与断代》中，认为此经书不明地望。《〈纳西东巴文古籍译注全集〉时地信息》一文认定该经书地域为丽江地区大研镇。"中村"是一个宽泛的概念，是指村的中间部分，很多地域都有中村，所以导致署名有中村的经书很难直接判定地域。

跋语　《全集》18－28、18－29

《全集》18－3

从经书的行款布局来看，属于三栏书写，字间距适中，没有密集，也没有出现"顶天立地"的特征。所以属于丽江地域无疑。丽江地区有一出名的"中村"，是洛克的东巴文教师和华亭的故乡。通过与他书写的东巴文比较发现，这两本经书的字迹比较接近，可以判断的是，《祭风·给鬼开门·木牌的产生》署名中村的经书是和华亭所在的中村，即龙蟠乡忠义村。①

表 34　G1 和《全集》经书字迹的比较

序号	G1	《全集》18－1	字本义	分　析
1			云	两字的造型一致，云的形状由三个弯曲组成，最后一笔向上微翘。
2			青蛙	两字的造型一致，形状都是圆圆的眼睛，尖尖的脑袋，舌头从嘴里出来，身体用一个小曲面表示。

---

① 关于和华亭经书的考证可以参看张春凤：《哈佛燕京学社藏东巴经两册"崭新"经书考》，《文献》2016 年第 3 期。

序号	G1	《全集》18-1	字本义	分　析
3			蒜	蒜的上端叶子部分整体呈现出尖尖的形状，根须部分都用直线表示，叶子的长度比根须的长度要短。
4			呵气	两字的造型一致，气从嘴出，气体从口中微微翘起。
5			心	两字的造型一致，心脏的造型下端的笔画非常圆，曲线从心的中间部位划到右边，曲线的曲度都非常接近。
6			金	两字的造型一致，长宽比例适中，比较接近方形，所写曲笔比较柔软。
7			肉	两字的造型一致，肉身都很短，下面曲折的部分也很短。
8			水	两字体现出一致性，三股水流组成较短较为肥硕的曲面。
9			羊	两字体现出一致性，先写眼睛，后写其他部位。上嘴很尖。
10			牛	先写眼睛，后写其他部分。眼睛在侧边。双角微微上翘，上嘴唇很尖。

四、以地名中带有"噶"字的经书为例

同一区域内，字形相近的字形很难区别，但是可以梳理其关系。若有其他可信证据，则可以断定他们之间的关系。若无直接可信证据，则可以根据关系远近梳理东巴经之间的谱系关系。

哈佛藏东巴经中有一批经书，跋语中都带有一个 字，其中 C4、C12、C37、C82 经书地名是 ，C72、C38 是 ，C42 出现了 ，粗看这几本经书的风格比较接近，都属于丽江地区风格。那么这些经书是否属于同一个地方，是否为同一人书写，则有待于考证。从封面、编号等信息来看，只能提供一般线索，但是从文字角度分析，却能更为有效和

可信地分析出这些经书之间的关系。

（一）带有  的地名

 可以翻译为"这是阿嘎村头的经书"，也可以翻译为"阿嘎古村的经书"。原因是 $\text{[kv}^{33}]$ 可以读作 $[kv^{33}]$，一般置于地名之后，表示处所；也可以读作 $[kv^{55}]$，意思是在……上方。

1. C4 和 C12

C4 和 C12 跋语二可以翻译为"这是阿嘎村头（阿嘎古村）的经书"。

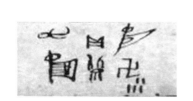
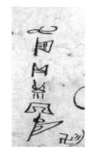

C4　跋语　　　　　　C12　跋语二　　　　　　C12　跋语一

在 C12 跋语一中抄写者标明了自己抄写时的岁数。C12 可以翻译为"在我人生三（十）三岁的时候（写的）"。这是阿嘎村头的经书。原文中应少了"十"，否则不符合纳西语的表达习惯。

从字形来看，两本经书的字迹较为统一，可判断为同一人书写。

表 35　C4 和 C12 字迹比较

序号	C4	C12	字义	分　析
1			呵气	两字字形极为统一，气体从口中出来，缓缓向上微翘，口的部分上短下长。
2			战神	字形为旗帜，两字的字形极为统一，长宽比例协调，旗帜内部都出现了，从造型上来看基本一致。

序号	C4	C12	字义	分 析
3			村寨	两字较为统一，此字的比例都是上长下短。
4			蒜	两字较为统一，蒜上的叶子和根须的比例相对比较接近，根须一致向下，叶子部分略有差异。

2. 两则标明干支的跋语 C37 和 C82

C37 与 C82 都可以翻译为"花甲火兔年阿嘎村头的经书"。

C37 跋语

C82 跋语

从这两则跋语的字迹来看，字形较为统一，可判定为同一人书写。

（二）带有 ⌇ ⺑ ⺑ 的地名

带有 ⌇ ⺑ ⺑ 跋语的经书有 C72 和 C38。

1. 唯一带有签名的 C72

李晓亮释读了 C72 跋语中的地名："⌇ 为东巴文'阿'读作［a³³］；⺑ 为东巴文'战神'读作［ga³³］；⺑ 为东巴文'蒜'读作［kv³³］。三字合起来是一个村寨的名字。据和力民通过田野考察发现，阿嘎古位于今天的丽江市古城区金山乡漾西村高士村。和力民还了解到，阿嘎古在清末有一个著名的东巴叫东巴帆，哈佛藏的这几本经书很有可能是东巴帆所写。"① 仔细看这则跋语，可以音译为"东夸"，翻译为"阿嘎古"似乎也没什么问题。整句可以翻译为：这是好地方阿嘎古的经书。

C72　跋语

2. 写得最为隐蔽的 C38

C38 的跋语写得很隐蔽，位于正文最后一页最后一句，不仔细看很难发现。可以翻译为"阿嘎古"。

C38　跋语

（三）带有 的地名

跋语中带有 的只有 C42。可以翻译为：雪山最高的地方在白沙，金沙江最宽的地方在石鼓。这本书是中济海刷噶阔村的，书不是很难懂，但要慢慢回想。嘎村的。[ly^{55}hɯ^{55}] 是指中济海，也叫中海，位于丽江古城区黄山乡中济村附近。

C42　跋语

以上七则跋语，唯一可以确定地点的是 C42，在中济海中济村附近。C4 和 C12 为同一人所写，C37 和 C82 为同一人所写。 和

① 李晓亮：《西方纳西学史研究（1867—1972）》，西南大学博士学位论文，2014 年，第 257 页。

所指的具体地名尚不清晰，三个地名之间的关系也不能确定。下面从经书中选取一些字形来证明它们之间的关系。

表 36　青蛙的字形表

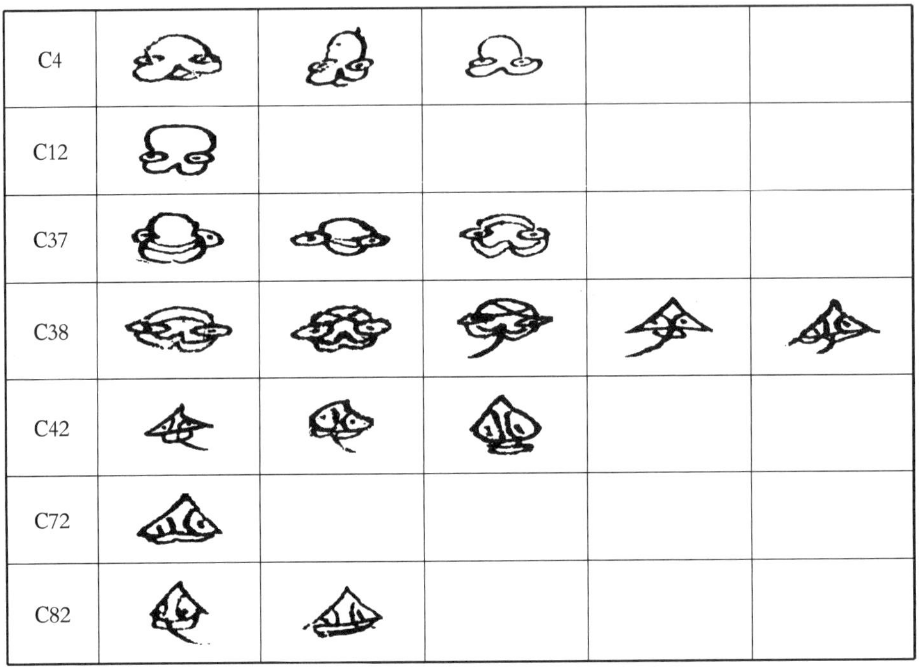

C4					
C12					
C37					
C38					
C42					
C72					
C82					

　　从该表来看，最为明显的是 C4 的三个字形与 C12 的字形是一致的，都是单线双眼、扁头无尾的造型；C37、C38 的前三个字形是一致的，都存在双线圆头的字形；C38、C42、C72、C82 都存在头部尖尖的青蛙造型，字形也较为接近。

　　下面再选取一个云字来分析：

表 37　云的字形表

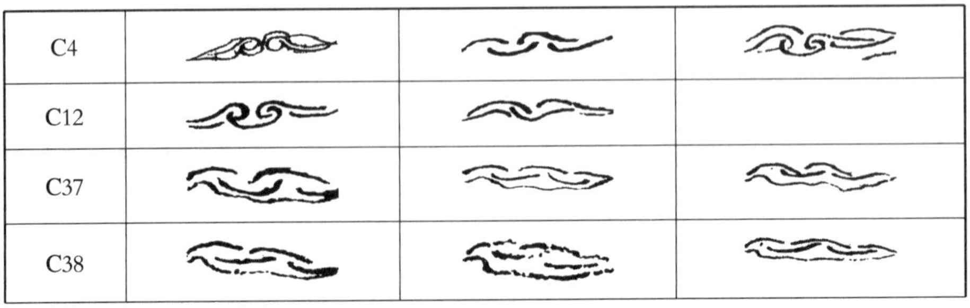

C4			
C12			
C37			
C38			

C42			
C82			

从造型来看，C4 和 C12 都存在四笔而成的简约形状的云字。C37、C38、C42 都存在形状相似的云。

从上面"青蛙"和"云"的造型分析，可得出一个信息，这些经书的地域比较接近，从文字的造型上仍然很难区分。下面选取动物和鸟类的字形书写顺序来分析这些经书之间的关系。

从下表来看，C4、C12、C72 动物和鸟类的眼睛主要在内部，最后书写眼睛；C37、C38、C42、C82 的眼睛主要在侧边，最先书写眼睛。

表38　动物和鸟类字形表

C4						
C12						
C37						
C38						
C42						
C72						
C82						

从经书的线条和书体风格来看，C4、C12、C72 的墨色较重，线条较为流畅，表示站着的人体的字形都出现了"顶天立地"的布局，书体风格相比较而言，比较舒展，这三本经书为同一人所写无疑。C42 所用墨色较为厚重，线条光滑，但是布局上没有出现"顶天立地"的情况，而且书体风格比较呆板、笨

重，与所有经书都不同。C37、C38 的墨色相对较淡，C38、C82 的布局相对比较满，这三本经书之间的关系更为密切。

C4　第 1 页

C12　第 1 页

C72　第 1 页

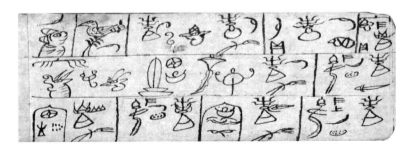

C37　第 1 页

C38　第 12 页

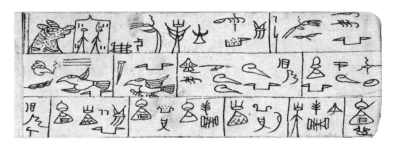

C42　第 1 页

C82　第 1 页

综合布局、造型、墨色、书体风格来看，这七本经书之间关系当是，C4、C12、C72 为同一人所写。C37、C38、C82 为同一人所写。而且以上 6 本经书之间的风格相对较为接近。C42 与以上 6 本经书的字形风格差异最大，为单独一类。用关系图来表示的话，就是：

$$\left\{\begin{array}{l}C4、C12、C72\\[4pt]\left\{\begin{array}{l}C37、C38、C82\\[2pt]C42\end{array}\right.\end{array}\right.$$

但要论证 C4、C12、C72、C37、C38、C82 之间的具体关系还需要更多的证据。

五、以东知东巴的经书为例①

就东知来说，他书写的经书在哈佛藏东巴经中占有很大的份额。他的经书字迹有较大的差异，书写风格变化也较大。丽江市黄山乡长水受汉文化影响较大，在文字分布、行款、用字用语等方面会受影响。在文字排列上最大的特征就是东巴文脱离图画文字的束缚，一个字一个字地排列整齐，甚至呈线性排列。这种现象在东知的经书中体现明显。我们根据是否整齐将经书分作两大类：整齐类和不整齐类。由于整齐类比较少，而且字迹比较统一，故分作一大类。而不整齐类占了经书的大部分，在不整齐类下再按照风格特征进行细分。

（一）东知经书分类

1. 整齐类

在整齐类当中，各种整齐的程度和整齐的模式各有不同，根据界栏中的行数我们分作：单行整齐类、双行整齐类。

（1）单行整齐类

K78

在单行整齐类中，界栏一般为 5 行，也有 6 行和 4 行，A9 中间部分、B58 后半部分、K47 大部分、K49、K76、K78 都出现单行整齐排列呈线性的情况，其中分隔符用竖线和涂红的小实心圆来表示。在这类经书中，字体的大小、排

---

① 张春凤：《哈佛所藏东知东巴经书的分类与断代》，邓章应主编《学行堂语言文字论丛》（第二辑），四川大学出版社，2012 年。

列的方式都脱离了传统意义上我们所说的东巴文的图画性的特征。这里出现的文字，可以真正意义上被称作"单字"。它们界限分明，互不相连。从语句和书写的方式来看，K49、K76、K78是属于连续的经书，有很多重复的句子，经书中每部分之下都有编号。一般来说，单行书写呈线性排列的为咒语类经书，在《纳西古籍译注全集》中也有发现。所以单行整齐类只是受文体的限制，在诸多类别中属于特殊情况，故将此排除在外。

（2）双行整齐类

K43

双行整齐类的是指经书的界栏中基本都是写两行的，如上图所示，但每栏最后的分布有两种情况，一种是一个字居中结尾，一种是两个字承前排列。但这类经书依旧和单行整齐类相似，字体大小均匀，基本呈线性排列。

2. 不整齐类

不整齐主要指字体大小不均，分布较随意，有些经书文字分布较满，有些比较稀疏，有些字迹较成熟舒展，有些字迹较纤细稚嫩，有些厚重拘谨。根据不同的特征，将不整齐类也分作以下几小类：

（1）以B49、B77、B78为代表的纤细稚嫩风格

这类风格的字体显著的特征是文字线条纤细，文字造型较为稚嫩可爱。从直线的运笔来看，这些直线整体轨迹虽然为直线，但细致地看，并不笔直，甚至有些僵硬。从轨迹的运动速度来看，此类文字运动速度较慢，笔力尚浅，线条中出现迟疑之感。从墨色上看，此类特征的文字使用墨的浓度较小，加之笔力不足，所以在东巴纸上呈现出的颜色较淡。

B77

　从整体上来说，此类文字字体较小，字与字之间的留白较少。从空间布局来看，因文字过多过密而充满不平衡之感。各个文字之间的大小悬殊，无论从画的构造还是文字的匀称性来说，均不属于上乘作品。

　（2）以 A4、A41、A43、C30 为代表的精致典雅的风格

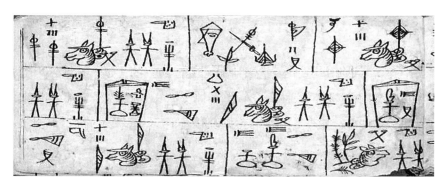

C30

　这类风格的字体显著的特征是文字构造精致，运笔娴熟。从直线的运笔来看，线条笔直，干净利落。从轨迹的运动速度来看，速度适中，整体呈现出流畅、严谨之感。从墨色上来看，墨色均匀，无渗漏之败笔。较上一类来看，墨色浓度有所增加。

　从整体上来看，此类文字的大小均衡，匀称整齐，字与字之间的留白较多。从空间布局来看，文字稀疏得当，精致平稳。文字的个体造型精致，起笔、收笔及细节部分处理得当。动物和人神的造像精致细腻，笔调流畅，规整中见稳重。字迹清晰娴熟，精致清秀，堪称精美绝伦。

（3）以 C33、C61、K73 为代表的豪放传神的风格

C33

这类风格的字体显著的特征是厚重豪放。从线条的运动速度来看，速度较快，整体呈现出厚重豪放，下笔大胆，充满自信。从墨色来看，墨色基本均匀，墨色浓度最为厚重，出现干墨的痕迹。从文字造型上来看，比较圆润。

从整体上来看，文字字体较大，字与字之间留白较少。从空间布局来看，整体非常符合事理特征。整体风格豪迈粗犷，曲线高于变化，潇洒俊逸，刚中带柔，苍劲有力，富有神韵。

（二）有明确纪年经书的特点

整齐与不整齐，单行整齐与双行整齐，纤细稚嫩、精致娴熟、豪放随意这些特征如果孤立地看，有时很难确认是一个人所写。下面通过跋语，按时间先后顺序来看字迹和风格的演变，再联系类别的特征，就能了解其演变的过程。

1. 32 岁

东知在 K6 那册经书的跋语中谈道："属蛇年猪板星当值的那天写的，东巴经书是一条路，经文一句是一个饭碗。见到富人不要巴结，见到穷人不要冷落。无论穷富都不要客气，只是一句名声罢了，事实就是这样的。江水有九条，经文没有那么多，但经文没有学完的时候，就如江水不会断流一样，认真考虑吧。东知我在三十二岁的那年写了这本书，祝愿吉祥如意，长寿富贵。"[1] 采录其中一页：

---

[1] 和继全：《美国哈佛大学燕京图书馆馆藏东巴经跋语初考》，《中央民族大学学报（哲学社会科学版）》2009 年第 5 期。

K6

东知 32 岁时，经书的字体较小，字体分布比较整齐，字与字之间的空隙较大。各个字的大小基本比较均匀。笔力尚浅，笔画中的曲线柔美，轻捷流畅。

2. 41 岁

东知在 A28 那册经书的跋语中谈道："木虎年三月二十八写的，东知我四十一岁那年写的，祝愿东巴长寿富贵吉祥。"①

A28

东知 41 岁时，其文字字体大小中等，整体风格精致娴熟，空间分布均匀整齐，但不呈线性排列。在文字造型上更注意细节部分，对事物特征的描述非常精细，典雅而庄重。

我们再看与之接近的 L21（42 岁，1855 年）和 L23（43 岁，1856 年）的经书：

---

① 和继全：《美国哈佛大学燕京图书馆馆藏东巴经跋语初考》，《中央民族大学学报（哲学社会科学版）》2009 年第 5 期。

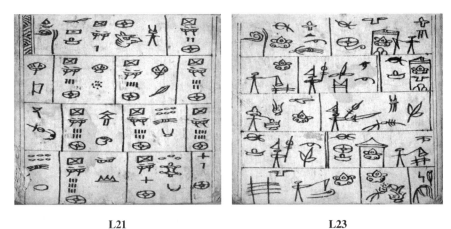

L21   L23

尽管 A28 与 L21、L23 之间存在一定差异，那是由于经书的内容性质决定
的。L21、L23 是属于占卜类经书。但从整体上而言，文字基本呈现精致娴熟的
风格，典雅庄重。

3. 60 岁

东知在 C61 那册经书的跋语中谈道："水鸡年六月初六写的，长水马鞍山
下东巴东知写的，我六十岁那年写的。写的没有任何错误，到了读的场合，如
果是会的人来读，一定会说是写的多么好的书，如果是不懂的人来读，一定会
说是写得不好。"①

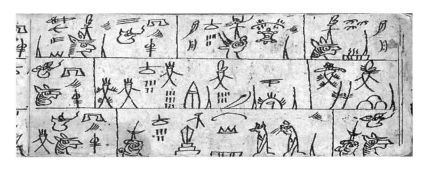

C61

C61、K73 虽是两本不同的经书，但从书写风格和具体细节上看，相似度

---

① 和继全:《美国哈佛大学燕京图书馆馆藏东巴经跋语初考》,《中央民族大学学报（哲学社会科学
版）》2009 年第 5 期。

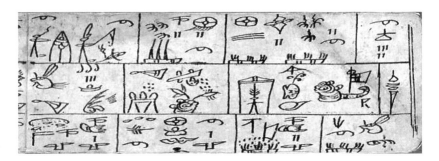

K73

非常大。60 岁时，文字字体最大，空间分布较满，字与字之间空隙较小，笔力厚重，书写相对随意，线条较粗，墨色深沉浓重。

从整体上来推测，东知东巴的书写技艺非常精湛，制作的竹笔精良，东巴纸品质优良，在 160 多本经书中，几乎很少有败笔的成分。

32 岁、41 岁、60 岁三个有确切时间的经书正好展现了演变趋势：书写风格由稚嫩转向娴熟精致继而转向豪放传神，与分类的风格基本吻合；笔力由较浅，到适中，再到厚重；字体大小经历了小、中、大的变化；布局由整齐发展为略整齐、不整齐；字与字之间的空隙由较大逐渐变小。墨色经历由浅入深，运动速度经历了由小至大的变化。除了跋语等证据可证明这些风格不同的经书是同一人所写外，也从理论上符合一个东巴成长过程的书写轨迹。故将比较可靠稳定的特征列于表 39，既展现东知书写技艺的演变，也可作为断代标准。

表 39 东知不同年龄书写特征

特征 ＼ 年龄	32 岁	41 岁	60 岁	演变趋势
线条粗细	细	适中	粗	细——适中——粗
字体大小	小	适中	大	小——中——大
墨色浓度	淡	适中	干、浓	淡——适中——浓
笔力深浅	浅	适中	深	浅——适中——深
字间空隙	少	多	少	少——多——少
空间布局	满、不整齐、不平衡	整齐	满、平衡、不整齐	不整齐——整齐——不整齐 不平衡——平衡

书写技艺的风格并非一蹴而就的，在经书中的表现也并非单一，有些经书处于过渡阶段，有多种风格并存，就不容易判断。这里只是找出典型的经书，并归纳出初步的判断文字风格和对应书写者年龄段的方法。

表 40　东知书写风格对应的年龄段

类　型	小　类	所属年龄段
整齐	单行整齐	30—60 岁
	双行整齐	
不整齐	纤细稚嫩	30 岁之前
	精致娴熟	30—60 岁
	豪放传神	60 岁之后

根据对东知经书的研究，我们发现完全相同的经书可以认定为同一人所写。若发现文字风格不同，则要根据跋语等可信信息来确定他们之间的关系。由此可知，这些风格迥异的经书是东知不同年龄段所书写的，风格经历了由稚嫩走向老练。

第六节　小　结

一、影响东巴文书写的基本要素

在书写东巴文时，首先受到书写工具的影响。书写东巴经主要使用的书写工具是竹笔，偶尔也会使用蒿秆、芦苇、动物骨头、铜、松树枝的削尖等制的笔。不同地域的竹笔，质地和制作方法有所差异，因此也造成了东巴文不同的书写风格。

影响东巴文书写的另一因素是墨，书写东巴文使用的墨主要是松烟墨。影响墨色差异的主要因素是原材料、水的配比等。不同的墨的质地，所显现的亮度不同。水的配比不同更容易在经书中体现，主要表现在墨色的浓淡上，加了太多水的墨写的经书，墨色较淡，严重的还会导致经书渗水严重，容易造成字形变得模糊。

书写东巴文的纸张主要是东巴纸，目前的东巴经典几乎都是手抄本，只有极少部分东巴文是写在砖、绵纸、石、绢帛等上面的。由于东巴纸的这些特性，可根据经书的大小、新旧、光滑程度、厚度来鉴定经书。但很多时候，研究者并不能看到实物，只能根据刊布的经书进行判断。行之有效的方法就只能是看经书的新旧、纸张的颜色。随着时代的发展，越来越多的外来纸流入纳西族地区，加上东巴纸造价较高，所以有些经书并不是东巴纸写的。书写的材料比较多样，如账本、包装纸等。从这些书写材质可判断经书的抄写时代。

作为书写的主体东巴是影响书写的最大因素。他们受抄写环境、抄写的持续性、对母本的忠实程度、个人能力四大因素的影响。

东巴经产生于东巴劳作的地方，如田地、山林、淘金的江河边，在劳作之后的火塘、庭院中，火塘是最为重要的书写场地。在书房内更容易写出较为端正的字体，在劳作之地书写的文字会显得有些随意。

经书抄写的持续性影响一本经书中字迹是否统一，墨色是否一致，断断续续的书写容易发生墨迹甚至字迹不统一的情况。有些东巴会坚守对母本的忠实，一字不改；有些东巴则根据自己的需求，会对经书做些改变。这完全取决于东巴自己的习惯。

根据不同的学识以及做法事的水平，东巴可分为不同的等级。水平高的东巴可谓是全才，书写、吟唱、绘画、跳舞、占卜等样样精通。水平低的东巴只会其中的部分，会读不会写，或会读会写不会跳东巴舞，等等。在抄写东巴经的时候，有些东巴抄写得非常漂亮，有些则水平一般。水平高低并不是决定东巴文书法的主要因素。有些东巴水平很高，但存在书写水平一般的情况。

二、方法小结

文字是东巴经最为重要的组成部分，这是在鉴定东巴经时必须使用的方法。为了更好地使用该方法，本节从总体原则、使用条例和局限三部分来论述。

（一）总体原则

1. 先观颜色

若东巴经正文之中的东巴文有上色的情况，需与封面装饰、封面上色、插画的色彩等所有有色彩的地方相比较。

2. 再看文字种类

从封面、正文、跋语处仔细寻找哥巴文、汉字、藏文或者梵文等其他文字类型。分别计算出现哥巴文、汉文、藏文或者梵文的总量。

3. 最后看字形

字形要从四个方面入手，分别是行款布局特征、造型特征、符号体态特征以及书体风格特征。

（二）具体条例

1. 根据文字种类鉴定

先找东巴经中出现的类型，观察是否有明显的哥巴文、汉字以及梵文和藏文。

（1）有哥巴文的情况

找出经书中的哥巴文，哥巴文通常出现在封面标题框内或者标题框下方，还有在经书正文或者跋语中。注意观察哥巴文出现的数量，看哥巴文属于零星出现还是成句出现。当遇到偶尔出现或者没有出现哥巴文的情况，经书有可能所处地域较为偏僻，保留了原始的特色。若遇到成句出现的哥巴文时，需要仔细分析。如果是经书中都出现了相同或者相似的句式，且字形一致时，那么可以直接系联为一组。如果没有相同或者相似的句式，则需要分析每个字的特点。可以根据有无缀饰、特殊写法甚至是笔迹来判断。

（2）有其他文字种类出现的情况

经书中如果有汉字、藏文或者梵文，首先要计算出现的次数，是否成句出现；观察他们的书写水平，是否有错字、书写是否熟练；如果数量较多，可以根据出现的字形去系联。

2. 根据字形鉴定

（1）先看行款布局

行款布局分为整体行款布局特征和局部行款布局特征。先从宏观把握整体行款布局，分栏数量、字行形态、字间距和行间距。再微观把握局部行款特征，观察起首第一个字的安排，是否有上色，是否有语气词，结尾是否有跋语等。

（2）再看符号体态

观察文字呈现出的外部形态，判断符号形态类型。常见的有拉伸型、圆润型和适中型。通过从字体大小、线条粗细、长宽比例（或节点比例）能有效区别和系联经书。

（3）再看文字造型

这一部分从繁简差异、取像差异、方向、书写顺序四个方面去分析文字造型。其中繁简关系的字形中又可以细分数量差异、整体与局部的差异、添加饰笔等。找出有个性和特殊性的文字造型更容易鉴定和区分经书。

（4）最后分析书体特征

书体特征从书写力度、运笔特征、书写速度三个方面去分析，常见的书体风格描述的语言有"精致""豪迈""内敛""舒展"等。掌握好一般的评判标准。

利用字形去判断经书时，字形相同肯定为同一人书写，字形相似，则需区分。有可能是同一人在不同的年龄段书写的，也有可能是有传承关系的人书写的。

（三）局限

1. 根据文字种类鉴定效果不一

（1）首先，并不是每本经书都能出现多种文字种类。即使根据经书中最常见的哥巴文作鉴定，也较难判断。根据在跋语部分成句出现的文字可以有效判断经书，文字零星出现的时候，只能有效区分经书。想要通过零星出现的哥巴文系联经书，一般难以实现。除非出现很有特色的书写方式。

（2）汉字或藏文、梵文在东巴经中出现得较少，使用范围不广泛。

2. 字形鉴定法针对不同经书效果也不一

东巴文是每本经书必须具备的要素，但是在具体鉴定实施过程中也会遇到麻烦。针对不同风格不同区域的经书，字形鉴定法很容易去系联和区分经书。但遇到同一区域，甚至有传承关系的系列经书时，有时难以清晰地判断它们之间的关系，需要借助其他有效证据加以判断。

本章是本书的总结部分。本书主要介绍了封面鉴定法、内页特征鉴定法、跋语鉴定法、收藏信息鉴定法、特殊标记鉴定法、内容鉴定法和文字鉴定法七种方法。鉴定经书是一个整体的过程，具体来说是要多角度地观察。因此，鉴定经书必须对东巴经宏观了解，尤其要了解每种方法的内容和特点，进而了解每种方法之间的关系。在明确东巴经的基本特征和内容的基础上，了解谱系分类方法的一般原则，才能有效鉴定经书。以下我们先概述东巴经的七种基本特征，接着总结七种方法之间的关系，最后论述使用谱系分类方法的一般原则。

第一节　东巴经文献的七种基本特征

一本完整的东巴经书通常具备封面、内页、正文内容、跋语、封底，然后进行装订并编号。本书正是依据经书的本体特征的六个方面而归纳出的经书谱系分类的方法。

一、封面特征

东巴经的封面特征包括经书形状、标题框、封面装饰、装订等。根据东巴经的长宽比例区分，可分为矩形东巴经和方形东巴经。依据标题书写的形式区分，东巴经封面主要分为横写式东巴经和竖写式东巴经。

多数东巴经书有标题，在书写标题之前往往先画好标题框。一般来说横写式中使用矩形标题框，多数情况下为双线矩形框，也有圆形标题框或者不规则标题框等。竖写式的经书中，常用矩形标题框，只画出标题框的上端和下端。

封面装饰包括吉祥物、飘带、绵纸装饰、涂色等。除了标题框之外，有些经书会在标题框的上端或者上、下端都画上飘带，在标题框上端中间画上双鱼、如意结、白海螺、净水瓶等吉祥物。一般来说，标题框正中间画有一个吉祥物，这些吉祥物来源于藏传佛教中的八宝、法器等。有些经书会对封面进行进一步加工，粘贴上彩色的轻薄绵纸，用不同的颜色对封面重新进行区域划分。有些经书还会对封面上色，有时是对标题框、飘带等上色，有时是对文字上色，有时二者都会上色。

封面的另一个重要部分是装订。东巴经的装订有两种形式，一种是左侧装订，另一种是上端装订。上端装订的经书，多为占卜类经书。不同的东巴会在装订时产生不同的打孔数量和使用不同的穿引方式。

二、内页特征

内页特征包括设计版式、预留空白、界栏、插画等，在书写过程中添加起首符号和分隔符号。

在书写东巴经之前，东巴首先要对经书进行规划设计。根据繁简程度，可分为简朴型和繁复型。简朴的内页特征简单，只需用尺打格分栏，平均将经书分为三栏、四栏、五栏，以三栏为主要形式。内页特征复杂的，可能会在页面中预留插画位置，插画通常位于页面左侧，有时也在右侧、居中或者出现两侧皆有的情况。

插画通常出现在封面、正文的首页，也有在扉页、经书内部和封底。出现最多的插画位于正文首页。插图内容大多为吉祥物、神灵鬼怪、东巴、宝物法器等。有些经书在末尾部分是画谱，常常绘有系统的神像、鬼怪、祭祀分布图等。

边框作为区分经书内页区域的组成部分，有些较为简单的只用双竖线表示，也有较为复杂的绘有各类花纹的边框。篇章开头或段落开头都有一个特殊符号，称之为起首符号。起首符号大多来源于藏文，在东巴经的书写中又有发展，其主体内容用垂条与祥云表示。也有特殊的起首符号，包括藏文符号或其他符号等。作为区分句子的分隔符号，常见的有单竖线、双竖线、圆圈、边框等。

三、跋语

经书跋语一般记录经书的时间、地点，东巴的村名、人名，写经时的年龄及相关情况等，收藏信息是指收藏者对经书的描写和记录，包括收集时间，收集地点，收藏时间，收藏地点，有关抄写者的情况，经书的尺寸等信息。

哈佛藏东巴经有 110 册经书有跋语，约占总量的 18.3%。跋语的类型有东巴文跋语、哥巴文跋语和汉字跋语三种。它们的位置有些出现在封面、封二、经书中间，更多的跋语出现在经书末尾。哈佛藏东巴经的跋语主要记录了时间、地点、人物和事件等内容。在哈佛藏东巴经跋语中有四种记录时间的方式，分别是干支纪年、皇朝纪年和年龄纪年。记录地点的跋语可以分为两类，一类是山，另一类是村庄。由哈佛藏东巴经的跋语显示，经书主要来自丽江地区和大东两大区域，分别是白沙玉湖村、古本村、玉龙村，黄山乡长水村、五台东园村、五台中和村、五台中济村附近，金山、七河补库村、米濡村、美自增，大东乡竹林村，也有一些经书来自大具、白地等。哈佛藏东巴经跋语记录了战争、天文现象如发生日食、某星宿当值等，还记录了东巴做仪式等事件。

四、收藏信息

由于经书的购买者或收藏者有时会记录下关于经书的信息。收藏信息主要分布在四处：一是集中在版本目录学书籍中，二是散见于翻译经书的书籍，三是田野调查的论文，四是记录在收藏者的日记等作品中。这些著作中在介绍经书时包含经书收集地点，或抄经人、经书尺寸等相关信息。

五、特殊标记

特殊标记包括印章、签名、标记和编号。东巴在抄写完经书之后，常在经书上盖上印章，或表示所属，或表示经书增加了法力，或增添了美观。印章上的内容包括姓名、图案、咒符或神名、藏书号、收藏机构等。印章按不同标准分类，按照文字种类来分，有汉文印章、东巴文印章、哥巴文印章、梵文或藏文印章。其中汉文印章又分为篆书印章和楷书印章。按照印章的形状分，可分为圆形印章和方形印章以及不规则形状的印章。按照印章的所属来分，可分为收藏者印章以及书写者印章。按照印章内容来分，可分为姓名印章、装饰印章、藏书号印章、咒语或神名印章等。印章的位置主要出现在经书封面、经书正文第一页或经书正文末尾。

有些东巴写完经书之后，会在经书上留下自己的签名。这些签名的内容简要，一般都是自己的名字，有时也会顺带写下时间、地点等。签名的位置通常是在封面、封二或正文结尾。签名的类型有汉字签名、东巴文签名、哥巴文签名等。所签的名字有可能是自己的学名、法号，也有可能是一个类似笔名的名字。

记号是一个概括性的称谓，有些是有意为之，有些是不经意间留下的记号。标记在经书中的位置，相比其他类型，较为随意，但也有大致的区域，主要分布在经书封面或尾页。记号类型非常多样，有可能是书写者留下的符号和文字，也有可能是收集者留下的记录。从目前刊布的经书来看，主要有以下几种类型：对联、诗句、日历、地契，也有一些关于经书的说明，还有一些图形符号或者单个文字。

编号是书写者和收藏者为经书编写的号码。只要经书进了入藏机构，这本经书就至少有一个编码。编号是编写者为了区分经书而给经书编写的号码。这些号码有些有意义，有些无意义。有意义的编号会对经书的鉴定起到作用。哈佛藏东巴经有六种系统的编号，分别是哈佛编号、洛克编号、洛克分类编号、朱宝田编号、原始编号和昆亭编号。

六、内容特征

东巴经的内容特征主要体现在两个方面。一方面是程式化，具有可重复性。东巴经的程式化主要体现在四个层面：经书的程式化、篇章的程式化、句子的程式化、短语词的程式化。另一方面是相同相似经书的差异性。相同相似经书的差异性主要体现在两个方面，一是在题目相同但仪式不同的经书中，内容有差别；二是不同区域的同仪式同题目的经书在内容的细节、句式和读法上存在差异。根据程式化不断重复的特征，可检验东巴经的重复率，得出东巴经的谱系关系。根据相同相似经书的差异性特征，可知经书的细节差异。

七、影响书写的一般要素

影响东巴经抄写的因素有书写工具、墨、书写材质和书写者。在书写东巴文时，首先受到书写工具的影响。书写东巴经主要使用的书写工具是竹笔，偶尔也会使用蒿杆笔、芦苇笔、骨笔、铜笔、松树枝制的笔等。不同地域的竹笔，质地和制作方法有所差异，因此也造成了东巴文不同的书写风格。

书写东巴文使用的墨主要是松烟墨，影响墨色差异的主要因素是原材料、水的配比等。不同的墨的质地，所显现的亮度不同。水的配比不同，墨色浓淡也有所差异。若水添加过多，经书里会出现明显的渗水，造成字迹模糊。

书写东巴文的纸张主要是东巴纸，目前的东巴经典几乎都是手抄本，只有极少部分东巴文是写在砖、绵纸、石、绢帛等上面的。由于东巴纸的这些特性，可根据经书的大小、新旧、光滑程度、厚度来鉴定经书。但很多时候，研究者并不能看到实物，只能根据刊布的经书进行判断。行之有效的判断方法就只能根据经书的新旧、纸张的颜色判断。

作为书写的主体，东巴是影响书写的最大因素。他们受抄写环境、抄写的持续性、对母本的忠实程度、个人能力的影响。

第二节　七种方法之间的比较

本书共研究了封面鉴定法、内页特征鉴定法、跋语鉴定法、收藏信息鉴定法、特殊标记鉴定法、内容鉴定法和文字鉴定法七种方法。每种方法都有各自的要素，每种方法都有自己的优点和使用局限。具体如表41所示。

表41　七种方法比较

方法	研究对象	具 体 条 例	优点	局　限
封面鉴定法	封面造型	区分横写式和竖写式，分析封面造型，确定封面造型的风格。横写式的经书，其中包含标准线条的标题框、飘带、吉祥物、绵纸装饰等。	直观、便捷、有效	封面内容并非经书的必要因素，有些东巴经没有封面，有些经书有封面但无内容；有时封面与内容并非出自同一人之手；运用此方法鉴定经书时，对颜色过度依赖；对朴素的竖写式的经书鉴定效果并不十分理想。
	标题框	标题框可分为矩形标题框、方形标题框、圆形标题框和不规则标题框。根据标题框鉴定经书时，需注意标题框形状和画标题框时是否使用工具。		
	飘带	飘带的形状、数量、朝向、弯曲程度、总体所在位置都成为鉴定的关键。		
	封面颜色	整理东巴所使用的颜色种类和用色习惯。		
	绵纸装饰	观察绵纸装饰的形态，分析粘贴层数，以及测量绵纸的宽窄。		
	吉祥物	观察吉祥物的数量、吉祥物的内容、吉祥物外圈的装饰等细节。		
	钻孔装订	先看装订的针数、所用绳子的材质和颜色，再看具体的穿线方式，最后看装订顺序。		
内页特征鉴定法	版式设计	首先观察经书正文首页的布局，插图安排。还需注意边框所在的区域、分栏等问题。	直观、便捷	多数经书内页特征简单，插图又依赖于颜色。此方法不可单独使用。
	插图	在利用插图鉴定经书时，明确插图位置之后，要确定插图的风格。插图所使用的颜色，颜色的种类，是否勾线，绘画的技巧，是否完全上色，人物表情，所佩戴饰物，等等细节，都将成为鉴定的关键。		
	边框	观察边框造型，看边框内是否还有纹饰；若有纹饰，则需分析纹饰的组成部分。还要注意边框是否上色。		

方法	研究对象	具　体　条　例	优点	局　　限
内页特征鉴定法	起首符号	分析起首符号的组成部分，判断是否属于普通起首符号。若是特殊的起首符号，需要单独分析和统计。若是普通起首符号，需要分析其组成部分的特征，如祥云的造型、祥云的弯曲程度、垂条的造型、垂条是否弯曲，是否有颜色填充，是否有勾线，等等。		
	分隔符号	分隔符号普遍为单线分隔符和双线分隔符，但也有一些很有特色的分隔符。当遇到特色的分隔符号时，要单独列为一类。		
跋语鉴定法		穷尽性地寻找跋语。把所有跋语根据一定的类型分类。先找人名，再找地名，纪年方式次之，最后再找相同的句式、相似的句子顺序等。寻找前人有关这些跋语的释义或研究。若有释义，要先进行甄别。若无，则根据跋语的一般句型，尝试翻译。	最可信、最有效	跋语并非经书的必要组成部分，跋语释读来自众人之手，需要甄别。跋语书写者和经书抄写者信息有时并不完全对称。
收藏信息鉴定法		穷尽性搜寻收藏信息。逐条整理所有著作中关于经书的信息，做成数据库。把收藏信息分解为购买地点、抄写者、卖经者、买卖信息、抄写时间和购买时间等，然后进行分类。有些经书既有跋语，又有收藏信息，这就需要互相参照，搭配使用。	可信、有效、便捷	每本经书不一定都有收藏信息。收藏信息有时过于笼统，也须鉴别。
特殊标记鉴定法	印章	寻找印章，释读印章的内容，确定印章类型。	直接、简单、相对可信	不可直接认定经书的抄写者，钤印的姓名和签名有时不是抄写者，标记也有可能是收藏人所为，编号出自众人之手。标记和编号效能有限，不可单独使用。
	签名	寻找签名的位置，识别内容，寻找签名与经书抄写者的关系。		
	标记	当标记重复出现的时候，可以根据标记系联经书，然后再对经书进行区分鉴定，寻找这批经书的共同特征。		
	编号	编号一般位于经书的封面页和封底页，先找原始编号。再寻找分类编号或其他编号，配合原始编号，还原经书的初始次序。以此为线索，较容易系联经书。		

方法	研究对象	具 体 条 例	优点	局　　限
内容鉴定法	特殊的经书	先从题目入手，判断属于哪一地域的经书，是否具有特殊性。细读经书，若该经书有译文，可参照译文细读每个句子。若无译文，则可找到经书的特别部分，遇到地名、神鬼、一些特别的情节可记录下来，与已有译文的相同题目经书进行比照，可获知大体信息。若为若略的经书，可单独列为一类。		东巴经不同区域间的特殊性研究成果有限，经书中有地名的经书数量有限，重复鉴定法效能有限。
	经书正文所述地名	先看题名和相关语段，除了《崇搬图》类、献牲献饭类经书容易出现地名外，题名中有"迎送"意的经书中也容易出现路线，从经书内容看，路线常出现在祭献、除秽、迁徙、迎送（神鬼）等语段中，对经书内容越熟悉就越容易找到路线，再找地名出现的信号词或语句，判断地名虚实与类型，最后综合分析，做出判断。		
	内容重复率计算	东巴经中的内容"重复"是指句意相近，或句式相同甚至文字与文字之间的布局相似。重复的句子以句意相近为前提，句式相同，用字略有差异，允许存在增一字或减一字的情况。遇到常见重复的句子，可把这些经书系联起来。若遇到截然不同的经书却有重复的句子时，把不同经书的重复句子进行比较。若遇到同题目，或者同仪式同题目的时候，重复部分会很多，此时应当计算重复率。		
文字鉴定法	文字类型　哥巴文	注意观察哥巴文出现的数量，判断哥巴文属于零星出现还是成句出现。当遇到偶尔出现或者没有出现哥巴文时，经书有可能所处地域较为偏僻，保留了原始的特色。若遇到成句出现的哥巴文时，需要仔细分析。如果是经书中都出现了相同或者相似的句式，且字形一致时，那么可以直接系联为一组。如果没有相似相同的句	相对有效，比较可信，可信度仅次于跋语和姓名章。每本经书都可运用此法。	并不是每本经书都出现多种文字类型。即使根据经书中最常见的哥巴作鉴定，也较难判断。除了在跋语部分成句出现的文字可以有效判断，文字零星出现的时候，只能有效区分经书。汉字或藏文、梵文在东巴经中出现得较少，使用范围不广

方法	研究对象		具 体 条 例	优点	局　　限
文字鉴定法	文字类型	哥巴文	式，则需要分析每个字的特点。可以根据有无缀饰、有无特殊写法甚至是笔迹来判断。		泛。东巴文是每本经书必须具备的要素，但是在具体鉴定实施过程中也会遇到麻烦。针对不同风格不同区域的经书，字形鉴定法很容易去系联和区分经书。但遇到同一区域，甚至有传承关系的系列经书时，有时难以清晰地判断它们之间的关系。
		汉字	经书中如果有汉字、藏文或者梵文，首先要计算出现的次数，是否成句出现；观察他们的书写水平，是否有错字、书写是否熟练；如果数量较多，则可以根据出现的字形去系联。		
		藏文、梵文			
	字形	行款布局	先从宏观把握整体行款布局，分栏数量、字行形态、字间距和行间距。再微观把握局部行款特征，观察起首第一个字的安排，是否有上色、是否有语气词、结尾是否有跋语等。		
		造型特征	从繁简差异、取像差异、方向、书写顺序、上色五个方面去分析文字造型。其中繁简关系的字形中又可以细分数量差异、整体与局部的差异、添加饰笔等。找出有个性和特殊性的文字造型更容易鉴定和区分经书。		
		符号体态	观察文字呈现出的外部形态，判断符号体态类型。常见的有拉伸型、圆润型和适中型。通过从字体大小、线条粗细、长宽比例（或节点比例）能有效区别和系联经书。		
		书体风格	书体特征从书写力度、运笔特征、书写速度三个方面去分析。		
		文字上色	若东巴经正文之中的东巴文有上色的情况，需与封面装饰、封面上色、插画的色彩等作比较。		

一本经书是一个整体，作为经书的组成部分，封面、内页、版本主体信息、内容和文字等它们之间的关系是统一的。

　　首先，封面布局、插画布局、文字的布局是一致的。假如一本经书的文字布局以"满"为特征，字符比较密集，那么它的插画也往往画得很满密，封面的标题框也会以"满"为特色。如下图所示，该经书的封面标题框占据了封面的主体，吉祥物已经画到上端，飘带又长又宽，总体感觉丰腴。该经书的内页中，在插图部分画满了人物、动物、吉祥物等，几乎再也容不下一点空间。再从文字布局上看，文字都是顶着格子写的，字体虽小，但字符密集，字间距很小，留白之处较少。

《全集》11－95

《全集》11－97

　　其次，用色上是一致的。东巴在书写完东巴经之后，上色是同时进行的。对封面上色、对插画上色、对起首符号上色，甚至对东巴文上色。所以这些上色的部分虽然不同，但是东巴使用的颜色就那么几种，因此会有相同的颜色。

　　最后，插画风格与东巴文的风格是统一的。东巴文和东巴画是书画同源的关系，一般插画中的人物特点在书写东巴经时也会出现。如《全集》11－97，插画中的东巴形象具备狭长的耳朵、肥硕的耳垂的特征，在正文中出现的东巴这个字形也具备了这样的形象。

第三节　使用谱系分类方法的一般原则

在进行谱系分类方法时，每位研究者关注的视角不同，因此使用谱系分类方法顺序会产生差异。但在谱系分类中谱系方法还是有规律可循的。一般来说，符合以下几个原则：从特殊到一般，从显性到隐性，从形式到内容，从确定参照范本到系联。此外还要处理好区域特征和个体特征之间的关系。

一、从特殊到一般

特殊性通常是指与我们常见的经书不一样的情况，如行款布局分五栏、六栏，甚至更多栏；如可能出现的一个标记，也有可能是一枚印章；也可能所用的纸张很特别。

在专题研究一"哈佛藏带双红圈标记东巴经初考"中，笔者在翻阅哈佛藏东巴经书时，发现了一个很特殊的符号双红圈多次重复出现，以此为基础进行整理研究。专题二"哈佛藏东巴经两册'崭新'经书考"中，首先吸引笔者的是纸张的颜色，非常白净，在哈佛藏经书中属于新写的经书。专题三"《全集》中和即贵东巴抄写的东巴经研究"中，在对和即贵东巴经书研究时，从他抄写的纸张和字体入手。他书写的经书很白净，也应当属于新抄的经书，还有他的字体特别，既不完全像鸣音的经书，也不完全像丽江坝的风格，专题三即以此为特殊性展开的研究。

二、从显性到隐性，从形式到内容

封面、插画、上色情况这些都是显而易见的特征，很容易根据这些特征去系联经书。在专题一整理东知经书时，除了双红圈之外，其他最大的特色就是封面特征，他的经书封面大多都有彩色绵纸装饰，而且用的绵纸颜色也较为单一；整个封面造型、飘带等特点都极其稳定，这些经书都加剧了对东知东巴经书的肯定。

三、从已知到未知，从参照到系联

鉴定时，从可信度最高的特征入手，以此为参照模本。当确定了经书的书写者、地域等信息后，还要仔细分析这些经书的其他共同点，通过其他特征来系联经书。如带有双红圈的经书还具备了封面都有绵纸装饰，颜色以橘红和墨绿为主色调，有些经书上还写了"木福光""木谓廷"等信息。通过封面特征等信息把有双红圈的经书和具备相同特征但没有双红圈的经书系联在一起，最后考证出 100 多册经书。

在考证哈佛藏两册"崭新"经书时，两本经书除了在纸张上一致之外，还发现两本经书的文字特点一致，由此判断出两本经书由同一人书写。根据封面内签和正文字迹一致。其中一本经书正文中有地名"故南瓦"等特征，推测可能是洛克的东巴经教师和华亭所写。然后在德藏东巴经中找到了一本和华亭书写的经书，以此经书为参照，进行比较研究。从封面、布局、字形等特征来看，德藏和华亭书写的经书确实与哈佛藏的那本经书一致，由此鉴定出两本"崭新"经书是和华亭书写的。

四、正确处理区域特征与个体特征的关系

从理论上来说，作为东巴书写的东巴经的个体特征符合区域特征。哈佛藏东巴经、《全集》中的东巴经大多符合这个原则。但是东巴文没有经过统一和规范，东巴经书和东巴文中经常会有例外现象出现。地域特征只是某地主流特征，也是一般特征。当东巴在地域上出现迁移，或在其他地域学习交流，较为容易出现例外。如和即贵东巴原是鸣音人，后到丽江东巴文化研究院工作，与多地东巴切磋交流，他抄写的经书不具有典型的鸣音风格。

所以在判断时，要充分找准典型和主流的现象，它将对判断起主导作用。同时也不能忽视非主流现象，找出出现例外现象的原因。因为占据非主流的经书也有一定数量，熟知例外现象将使判断的标准更为全面。因此在撰写本书时，都秉承个体优先的原则，以个体东巴的经书为主要对象进行研究。但了解地域特色往往对鉴定经书有事半功倍的效果，所以应当熟悉区域特征，但要以个体东巴经为研究对象，切不可迷信区域特征的条例直接去判断经书。

五、多种方法配合使用

一种方法往往受限于材料或者可信度，在判断经书时，凭借一个证据往往不能准确判断。符合两项或者两项以上可信度较强的证据时，经书的归属就比较肯定。跋语、印章、签名、字形都是属于可信度较强的证据。编号、标记、内页特征、装订顺序等只能进行区分，可作为辅助证据。总的来说，证据越多，鉴定的可信度越强。

专题一　哈佛藏带双红圈标记东巴经初考①

　　哈佛藏经书中有一部分存在一显著特殊标记——双红圈，带有此特殊标记的经书可以视为一个系列进行整理，确定其书写人，并根据带双红圈标记经书的其他特点，鉴别与这一系列经书同类的经书。相信这样的工作会对哈佛藏经书的进一步分类有一定促进作用。

　　经初步整理带有双红圈标记的经书总共有119册，大约占到哈佛燕京图书馆所藏东巴经的20%。带有双红圈的经书都有洛克编号，应该都是向洛克收购的这部分经书。②

一、特殊标记双红圈简况

　　哈佛燕京图书馆所藏东巴经中有部分带有双红圈标记，双红圈为等半径的圆，有的经书中有好几处，有的则只有一处；有的分布在经书的末尾，有的分布在正文之中；有时双红圈相交如B33，有时相切如B78，有时相离如B42。双红圈基本都是空心，偶有一两处是实心，看得出有涂抹的痕迹如B05。

B33

① 此文与邓章应师合作发表于《文献》2013年第3期，有改动。
② 只有一本经书K73例外，没有洛克编号。这可能是洛克忘记编号了，或者是哈佛燕京图书馆人员在修复书籍过程中不慎遗失了洛克做的卡片，具体原因不详。但根据这本经书跋语中的人物、地点的信息，可以确信与带双红圈标记的经书属于同一东巴。

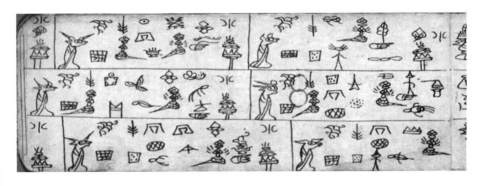

B78

B42

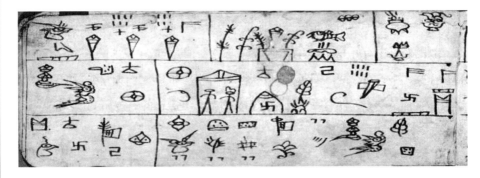

B05

以经书 B78 为例，这本经书的实际大小为 9.5 厘米×28.5 厘米，通过换算，单个红圈的直径约为 1.1 厘米，与东巴使用的圆筒竹笔的直径相当。此双红圈应为东巴用抄写东巴经的竹笔的尾端蘸红墨汁压印两次而成。从各本经书双红圈的外形、直径来看，并非完全一致，这是因为东巴使用的竹笔寿命时间一般不长，时常更换，每次使用的竹笔不太可能大小一致，故造成双红圈的外形并不完全一致。

二、双红圈经书的抄写人

（一）关于东巴文 ▯·ꞏ 和 ▯⬚ 的考辨

部分带双红圈经书有跋语，跋语中经常出现 ▯·ꞏ 或 ▯⬚，朱宝田先生在其编目中，将 ▯·ꞏ 翻译为"同治"，▯⬚ 翻译为"道光"。[①] 东巴文 ▯ [to³³] 本义为"木板"，·ꞏ [dzʅ²¹] 本义为"时间"，⬚ [dzʅ²¹] 本义为"垂滴"。[②] 这里均假借其读音，▯·ꞏ 与 ▯⬚ 读音相同，但翻译不同，可能存在问题。

再看 ▯·ꞏ 和 ▯⬚ 出现的语境，例如 K24 经书的跋语：

K24

翻译过来为"长水马鞍山脚下东巴东知写的"。ꞏꞏ [ɯ³³kʰo²¹] 地名，即黄山乡的长水。ꞏꞏ [a³³na³³dzy²¹] 山名，即马鞍山。ꞏꞏ [lɯ³³bu²¹] 东巴（ꞏꞏ [lɯ⁵⁵] 本义"牛虱"，ꞏꞏ [bu²¹] 本义"猪"，此处均借音）。在"东巴"之后不会是一个年号名。如果翻译为年号，不符合东巴经书写的习惯。年号出现的语境一般为年号+数字，如道光三十年，ꞏꞏ ꞏꞏ；或者在年号之前有 ꞏꞏ，为"可汗"（皇帝）的音译，而皇帝年号的写法大致比较固定。[③]

在"东巴"之后的往往是一个东巴的名字，表示这是某某东巴，如《纳西东巴古籍译注全集》第 40 卷《白蝙蝠取经记》的跋语："妥罗村东巴休松休短的经书（下图左）。东巴普知登所书写（下图右）。值我二十六岁时写下。愿延年益寿！"[④]

---

① 朱宝田：《哈佛大学哈佛燕京图书馆藏中国纳西族象形文经典分类目录》，哈佛大学哈佛燕京图书馆出版，1995 年，第 933 页。

② 另与李霖灿字典中 1051 号字同形同音，本义为一种植物，当借音作"时间"时，其用法相同。李霖灿、张琨、和才：《么些象形文字字典》，中央博物院筹备处南溪李庄石印本，1944 年，第 85 页。

③ 具体参见喻遂生：《〈纳西古籍译注全集〉中的年号纪年经典》，《纳西东巴文研究丛稿》（第二辑），巴蜀书社，2008 年，第 300 页。

④ 东巴文化研究所编译：《纳西东巴古籍译注全集》（第 40 卷），云南人民出版社，1999 年，第 37 页。

李霖灿在《么些象形文字字典》中对 1134 号字⬜️ 解释道，"当音为 t^ho^{33} $dz\dot{l}^{21}$ 时，仍为多巴之名，鲁甸一带写法如此"[1]。此处的 ⬜️ 是 ⬜ 和 ⬰ 的合文。⬰ 即 ⬲ 的异写。故 ⬜️ 和 ⬜️ 应当为人名，而不是皇帝的年号。

再如 C33 跋语中，⬜️ 也是出现在 lw^{55} bu^{21} 东巴之后，整句话的意思是"东巴 ⬜️ 来写的"。

C33

⬜️ 和 ⬜️ 是不同的两个人吗？答案是否定的。李霖灿《么些象形文字字典》认为 ⬰（时间）和 ⬰（水滴）可能是同源关系。[2] 洛克在其《纳西英语百科辞典》中认为是异体关系。[3] 我们可以看到如下两则用东巴文写的跋语。

K24

C61

这两则跋语的意思都是"长水马鞍山脚下的东巴 ⬜️（⬜️）写的"，除名字一为 ⬜️，一为 ⬜️ 外，其余用字大致相同，两本经书的字迹也相同，还有 C33、K73 也有相同的表达：

C33

① 李霖灿、张琨、和才：《么些象形文字字典》，中央博物院筹备处南溪李庄石印本，1944 年，第 90 页。
② 李霖灿、张琨、和才：《么些象形文字字典》，中央博物院筹备处南溪李庄石印本，1944 年，第 12 页。
③ J.F 洛克编著：《纳西语英语汉语语汇》（第一卷），和匠宇译，云南教育出版社，2004 年，第 130 页。

K73

K24、C61、C33、K73 的装帧也几乎相同，可以认定是同一东巴书写。

（二）东知其人

关于黄山长水东知东巴，李国文《人神之媒——东巴祭司面面观》有所记载："东巴东知，黄山乡长水下村人。生年不详，约民国初年去世，享年80多岁。是大东巴，善于制造东巴经书写用纸，一生抄写下很多东巴经书。"①和继全先生通过关键性的一则B24跋语杨玉科攻占鹤庆的事件来证明这个东知就是李国文先生书中提到的东知，其生年为1814年，师承白地甲告恒东巴。

在这批经书中，有部分经书在封面、封二上有"木福光"（"福"常写成错字，这是因为1949年前的东巴汉文水平一般）三个汉字，如C19、K60等。

K60

经书抄写者
签名放大图

木福光正是东知的儿子，据李国文先生的记载，"杨光东巴，黄山乡长水下村人。又名木福光，20世纪60年代去世，享年80多岁。前述东知东巴之子，但东巴经典知识只属一般。美国学者洛克曾到过他家，当时先生曾将祖传东巴经典卖与洛克。"② 经书跋语表明这是东知的经书，而经书上又有东知儿子木福光的签

---

① 李国文：《人神之媒——东巴祭司面面观》，云南人民出版社，1993年，第218页。
② 李国文：《人神之媒——东巴祭司面面观》，云南人民出版社，1993年，第218页。

名，调查表明木福光曾将其父亲的经书卖给洛克，洛克又将其卖给哈佛燕京图书馆，几者相互吻合，故可以确认这个东知就是丽江黄山乡长水的东知无疑。

（三）跋语明示出抄经人的经书

跋语尤其是署名、纪年、归属地俱全的跋语能够提供较为详细的信息。跋语应当作为鉴定经书最重要的证据。在有双红圈的经书中，明确写着跋语为东知的经书可以归为一类，如C33。

C33

东知经书中的跋语有明确纪年的摘录如表42所示。

表42　东知跋语表

朱宝田编号	跋　　语①	抄写时间	东巴岁数②
K6	属蛇年猪板星当值的那天写的，东巴经书是一条路，经文一句是一个饭碗。见到富人不要巴结，见到穷人不要冷落。无论穷富都不要客气，只是一句名声罢了，事实就是这样的。江水有九条，经文没有那么多，但经文没有学完的时候，就如江水不会断流一样，认真考虑吧。东知我在三十二岁的那年写了这本书，祝愿吉祥如意，长寿富贵。	1845年	32岁
A28	木虎年三月二十八写的，东知我四十一岁那年写的，祝愿东巴长寿富贵吉祥。	1854年	41岁

---

① 本专题跋语翻译无特殊说明外，均来源于和继全《美国哈佛大学燕京图书馆馆藏东巴经跋语初考》一文。

② 纳西族指称岁数习惯用虚岁。

朱宝田编号	跋　　语	抄写时间	东巴岁数
L21	木兔年五月十四日写的经书，由"瑞"星当值的那天写的。长水马鞍山下的东巴东知我是大东巴，但是比不上以前的大东巴了。说是容易做是难，我四十二岁那年写的，祝愿东巴长寿。	1855 年	42 岁
L23	火龙年那年长水马鞍山下的东巴东知写的。这本经书的母本，是从白地甲告恒东巴那里请来。几句经文对于没有经书的人来说是非常困难的，别人即使有成驮的经书，不要说是借给你，就是看一眼都不允许，没有经书这样的事情，真是一言难尽。	1856 年	43 岁
C33	水鸡年六月二十八日写，长水马鞍山下东巴东知写的。	1873 年	60 岁
C61	水鸡年六月初六写的，长水马鞍山下东巴东知写的，我六十岁那年写的。写得没有任何错误，到了读的场合，如果是会的人来读，一定会说是写得多么好的书，如果是不懂的人来读，一定会说是写得不好。	1873 年	60 岁
K73	水鸡年写的，长水马鞍山下东知写的，东知我六十岁那年写的。写得没有错，读时不要错了。学无止境，不懂的要努力学习，祝愿东巴长寿。	1873 年	60 年

L21、L23、L24 虽然没有双红圈标记，但仍是东知的经书。

这些跋语的花甲纪年互相之间比较吻合，时间跨度符合一个人生活的时代，没有出现矛盾的地方，这也可以证明这批经书为同一人所写。根据花甲纪年，木虎年东知 41 岁，以及李国文记载东知大致去世时是 80 多岁，我们选择最大时限 89 岁来计算，可断定东知生活于 1814 年—1903 年之间。保守估计，如东知 15 岁可以写经书的话，那么这批经书抄写年代大约在 1829 年至 1903 年（即经历道光、咸丰、同治、光绪），属于年代较早的经书。

三、带双红圈经书的特点

通过跋语中的明确记载，我们知道带双圈这一特殊标志的为东知东巴所写，但并不是东知所写的所有经书都带有此特殊标志，我们拟总结带双红圈特殊标志的经书的特点，然后再通过这些特点鉴别未带双红圈特殊标记但又属于东知书写的经书。这些特点也可以称之为鉴别属于东知经书的标准。

我们从119本带有双红圈的经书中，进行统计和总结，归纳其在封面、起首和句间标记、颜色纸张、质地等方面的典型特征。

（一）封面

1. 封面装饰

左右外侧的装饰区域为块状，毗邻的内侧两边为细条，在两侧块状区域的中心贴有菱形。左右外侧的颜色有时相同，有墨绿、橘红；有时不同，墨绿、橘红分居两侧。内侧则根据外侧进行匹配，如果外侧皆为墨绿，则内侧就是橘红，菱形的颜色也是橘红；如果外侧皆为橘红，则内侧就是墨绿；如果两外侧的颜色不同，则需要间隔分布，如：左外侧为墨绿，左内侧便是橘红；右内侧是墨绿，右外侧便为橘红；左侧的菱形为橘红，右侧的就是墨绿。菱形的出现情况比较特殊，有时两侧都不存在，有时只出现在右侧，有时只出现在左侧，只出现在左侧的情况比较少。

A19

在近600本经书中，尽管许多经书也有类似的装饰，但具体的细节还是不同。外侧与内侧的比例，以及菱形的大小在119册经书中，基本一致。

在这些经书中，也有部分是没有颜色装饰的，但数量较少。我们将有颜色装饰的作为典型特征。

2. 颜色

这些经书大多有颜色装饰，只有6册没有颜色进行装饰，6册中有2册是对标题中的字用颜色进行了美化。其余主体的经书主要使用的颜色有橘红、大红、墨绿、翠绿、红褐色，我们在经书中发现有淡红色，这大约为褪色所致，翠绿、红褐色很少使用。

从近 600 册的经书来看，用色的典型确定非常重要，有些经书的封面没有用颜色装饰，有些经书用的颜色很不同，即使都为绿色，其深浅程度也有差异。如 B63 经书的用色和这套双红圈经书有些像，但通过比对，此本经书所用的绿色较重，为藏青色。① 橘红、大红、墨绿在这套经书中占主流的地位，故这个特征也将作为显著证据。其他少量没有颜色装饰的经书，则要采取别的证据进行判断。

3. 标题书写情况

封面形制分为两种情况，一种为横写式，一类为竖写式。在这些经书中，横写式占主体，竖写式较少。在 119 册带有双红圈的经书中，只有 9 册为竖写式。竖写式的用色及颜色分布与横写式相同，但没有标题框。标题上仍有装饰物。

除了竖写式的经书外，题目都写在矩形框内。文字从上到下，由左往右。标题框上有极少部分是环状设计，有些在圆形内部，有些在圆形外部，文字也呈环状排列。

B26　竖写式

4. 标题框及相关装饰

标题框规整，在整套经书中无一例外。大部分经书的标题框属于矩形。矩

---

① 由于所见为照片，故颜色的描述与实际可能有些差异。

形框的界线都笔直，不是随意所画。矩形框的上端画有装饰物，一般较为精致。这与 B61 为代表的较为随意的标题框有着鲜明的差异。标题框两侧一般有流苏状的修饰。在这些装饰中，着重体现了对称性。这些装饰物有如意结、白海螺、双鱼图等，有着美好的寓意。有极少数标题框是环状设计，比起矩形框的界限则略显随意。我们从线条推断，矩形框可能借助别的工具所画，而环状的则没有借助别的工具，为手绘。

封面的这些特征都非常明显，都可作为判断经书的一个标准。

（二）起首和句间标记、界栏

在东巴文经书的首页首行或者其他表示段落起首位置一般会出现一个表示起首的标志。不同地区的东巴会使用不同的起首符号，起首标志有着明显的个性色彩。在《纳西东巴古籍译注全集》中鲁甸地区普知登梭，常用的起首符号为🎵。东知也有自己使用较固定的起首符号，可分作四类：

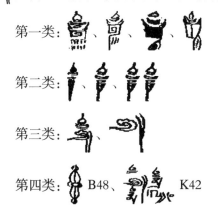

第一类：🖼️、🖼️、🖼️、🖼️

第二类：🖼️、🖼️、🖼️

第三类：🖼️、🖼️

第四类：🖼️ B48、🖼️ K42

在这些起首符号中，前三类出现频率很高，但第四类都只是出现一次，尤其是 K42 的起首符号最为特殊。这些起首符号都来源于藏文符号。我们将前三类作为这批经书的典型。

句间标记在一般的经书中是用单竖线表示，也有少量经书用双竖线。在东知经书中，较为特殊的是，除了单竖线、双竖线外，还用小圆圈表示，有时还将小圆圈涂成红色。

界栏，一般的经书一页分为三栏，但在东知的经书中，有三栏、四栏、五栏，其中三栏的情况最多。当我们遇到这些特殊的情况时，也需注意。

（三）纸张颜色、绳子的质地、洛克编号等其他标记

纸张颜色。东知是一个善于造纸的东巴，在 119 册典型的经书中，我们发现东知经书的颜色相对较白，纸张也较为精细。笔者所见虽为照片，从书写的情况以及字体的流畅性可以判断，这批经书看不出特别粗糙的痕迹。只是照片有些局限，根据照片我们只能对纸张颜色差异进行判断，在近 600 册经书中，有些经书的纸张颜色特别深，有些是沾有脏物的缘故，有些是造纸时用的材料比例不同。通过纸张颜色，也可将大批颜色特别深的经书排除在外。

经书中，装订的绳子呈现出较强的一致性。但这批经书是经过修复过的，绳子是否经过更换、经书是否经过重新装订还是需要甄别。

关于洛克编号。洛克曾经搜集了 8 000 多册经书，都一一编号。这些经书是分批次收藏的。后来洛克经济拮据分批出售了这些经书，分散在了美国、德国等地。哈佛藏的东知经书除了 K73 之外，其余都有洛克编号。东知经书中的编号虽然不是连号，但也大致是在一定的区间范围内的。具体的做法是先将 119 册经书的洛克编号根据数目的大小进行分类，确定大致的区间。所以发现与原有确定的经书连号或者比较接近，那么这本经书也有可能是属于同类。总的来说，纸张颜色、绳子的质地、洛克编号等可信度不是很强，在有其他更强的证据之后，这些证据可以成为一个辅助判断。

在经书的封面和封二等其他地方发现汉字"木谓廷"和"木福光"，虽然这在经书中出现的数量较少，但作为判断手段，也极其重要。

（四）封底

有部分经书封底上有编号，一般格式：数字+东巴文 /哥巴文 （麦子），其读音都为 dze^{21}，为汉语借词"册"的读音。数字一般都用东巴文表示，有一册的数字也用哥巴文 表示，读音为 ni^{21}，意义为二。从我们发现的经书来看，这些编号当是东巴自己的编号。可能是为了更方便使用经书而为。

一般来说，字迹也可以作为一个典型特征来描述。但事实上，东知的经书数量很大，年龄跨度也大，所以字迹风格差异相对较大。从笔迹本身来说，一

个人的笔迹在成长过程中肯定会有变化，这个变化是有个体差异的，有些人的差异较大，有些人的差别较小。如果单纯从字迹是否相似的角度去判定是否属于同一个人的经书容易造成判断失误。字迹、书写风格的判断标准需要分类型、分层次进行。故我们不将字迹与字体风格作为直接的判断特征。

四、相关经书判定

哈佛燕京图书馆所藏东知的经书，除了有跋语、带红圈特殊标记的经书外，还有一些经书在封面形制及用色、标题框等方面与带双红圈经书有很多相似点，从而断定那些经书和双红圈经书属于同一批。

（一）封面有颜色装饰的判断——以 A41 为例

A41

A41 的封面为典型的横写式，分布于左右的菱形呈淡红色与墨绿色间隔其外侧与内侧装饰的比例，以及菱形的大小与前文所述的典型特征基本吻合。矩形标题框上是神座的装饰物，上下左右各有流苏，分布对称，书写精致。标题书写由上而下，从左到右。经书中起首符号与上文所述的第一类一致。封底书有东巴文数字 7 和的字样。A41 的洛克编号为 1079，与 K21 的洛克编号 1077 非常接近。纸张颜色较白。判断这一类经书时，最直观是封面形制，再配以别的辅助证据，证据要非常可靠。相同的方法可判断 B79、B80、C14、C15、C17、C26、C36、C45、C55、C77、C78、I1、I6、I22、I28、I29、I31、J2、

J3、J4、K23、K62、K63、K66、K61 也为东知经书。需要指出的是，K66 经书右侧书页中多处写有"木谓廷"三个汉字，则判定更加可信。

有颜色装饰的封面非常直观，也占经书的主体，所以判断起来相对容易。再如 C10 的封面比较相似，但其颜色过于鲜艳，再细致观察其他特征，可判断 C10 不是东知的经书。

（二）封面无装饰的判断——以 M24 为例

M24

封面没有颜色的经书所占比重较小。没有颜色装饰的经书需对照有双红圈但没有颜色装饰的 6 册经书进行比对。M24 与 K24、K73 等进行比较之后发现，封面为典型的横写式，矩形标题框规整，上下左右的流苏分布对称，标题框上的宝瓶与其中的柏树图案精致细腻。标题书写方式由左至右，从上到下。流苏及宝瓶图案上略涂有淡褐色。经书中起首符号为 ，符合上文起首符号的第三类。K13 封面没有颜色，经书封面的标题框与东知的典型性经书相似，也非常精致，但经书的前半本与后半本在纸张颜色、起首符号上略有差异。其洛克编号为 1254，与洛克编号是 1243 的带有双红圈的 K15 连号，大约是不同时期所写的缘故。其余 G19、K46、M16、M34 也可通过相同的方法来判断是东知的经书。

L21

占卜经书比较特殊，经书大小稍有

不同。我们将有跋语明确显示东知的经书 L21、L23、L24 作为典型。将其他占卜经书和这些典型进行匹配。从封面特点、书写方式，甚至内在界栏等特征判断，L4、L5、L12、L15、L44、L49、L54、L60、L62、L63、L64、L88 也是东知的经书。

综上判断，除了 119 册有特殊标记外，还有上述 46 册也是东知的经书。所以哈佛燕京图书馆总共约有 165 册是东知的经书。①

---

① 有些经书与东知的经书相类似，但没有足够的证据，我们暂时作存疑处理。

专题二　哈佛藏东巴经两册"崭新"经书考①

在对哈佛藏东巴经深入整理的过程中，两册"崭新"的东巴经书 G1 和 K38 引起了笔者的注意。这里的"崭新"主要指纸张新，没有沾染脏污，几乎没有使用的痕迹。和继全博士也注意到了这两册经书，"有两册是抄写在名片纸上的新抄本，且书写粗陋"②，并据此把哈佛藏古籍的总数减少了两册。因此，鉴定这两册经书的抄写者及抄写年代对确定哈佛藏东巴经的古籍数量和经书的归属具有重要意义。

本专题拟从两册"崭新"经书 G1 和 K38 的关系认定、G1 和 K38 抄经人的分析及 G1 和 K38 抄经人与抄写年代的判定三个步骤来论证这两册经书的抄写者与抄写时间。文中所使用的田野调查材料为西南大学李晓亮博士、和学璋硕士及笔者共同完成，在此向两位合作者表示感谢。

一、关于 G1 和 K38 的关系认定

G1 和 K38 被认定为"崭新"经书，是出于纸张颜色的考虑。和继全博士在哈佛燕京图书馆看到了实物，认定这两册经书的纸张为名片纸。若该情况属实，名片纸与传统东巴纸在性状上有着本质的差别，很容易判断出这两册经书与其他经书的区别。从经书照片来看，这两册经书纸张的颜色黄中带白③，非常干净，可以推断出经书没有使用或者较少使用。除了纸张之外，还可以从封面造型和字迹等方面判断这两册"崭新"的经书是否存在联系。

① 原文刊于《文献》2016 年第 3 期，略有改动。
② 和继全：《美国哈佛大学燕京图书馆馆藏东巴经跋语初考》，《中央民族大学学报（哲学社会科学版）》2009 年第 5 期。
③ 由于条件所限，不能见到哈佛藏东巴经的实物，本文对纸张颜色的描述采用照片呈现颜色与比对其他东巴经纸张的方式来进行，可能不精确。

1. 封面造型

G1 封面粘贴了彩色绵纸，两侧为鲜绿色的矩形绵纸，粉色菱形粘贴于上。封面中间是双线勾画的矩形标题框，标题框的上方中间是吉祥宝物，飘带上下各两根，且左右对称。每根飘带都有两个弯曲，上下两根飘带之间都绘有祥云。K38 虽然没有彩色绵纸装饰，但是也绘有双线矩形框，其上的飘带形状、飘带数量、飘带朝向以及飘带之间绘有的祥云与 G1 完全相同。

G1 封面

K38 封面

2. 字迹

从 G1 和 K38 经书中的书体风格来看，字体平实内敛；从空间布局来看，文字之间的排列追求整齐，是典型的丽江坝风格。下面随机选取两本经书中的八个字来说明两本经书之间的关系，详见表 43。

表 43　G1 和 K38 字迹的比较

序号	G1	K38	字本义	分　析
1	𝕄	𝕄	蒜	两本经书中的字形下面三笔都是第一竖和第二竖等长，第三竖最短。

序号	G1	K38	字本义	分　析
2			女阴	两本经书中的字形都是撇的弯曲度大，交叉之间只有一个横笔，有些东巴常将此字写作，此字交叉之内有两个横笔。
3			口吐气	两个字形都是从口中伸出曲线，曲线短小，并不向远处延伸。
4			云	G1 中的云有 3 个弯曲，K38 中的有四个弯曲，虽在数量上有差别，但每个弯曲之间的连接笔画和弯曲程度一致。
5			蛋液漏	两个字由两笔完成，较为特别的是两个字的第二笔中间的夹角是较小锐角，角度几乎一致。
6			石	两字都由三个半圆和一块长条构成，其中三个半圆形状都很圆润。
7			牛	两字中牛角夹角一致，嘴巴部分上嘴唇较薄长，下嘴唇短而厚。
8			肋骨	两字可分解成和右边四横，弯曲部分并不圆润，四横部分整齐。

　　虽然此处仅举 8 例，但足以观察出字体风格。这两本经书中字形的曲笔都较为内敛拘谨，运笔并不潇洒恣意。有时曲笔之间的衔接很不自然，常有戛然而止之态。在写横笔或者竖笔时，也是小心翼翼，运笔速度缓慢，笔画之间的衔接缺乏紧密的笔意上的联系。从字体和字迹可以看出，G1 和 K38 有较强的相似度。

　　通过对纸张颜色、封面造型、字迹三个角度的分析，可知 G1 和 K38 出自同一人之手。

二、关于 G1 和 K38 抄经人的分析

　　虽然已知 G1 和 K38 为同一人所写，但经书中并无信息显示抄写者。通观

哈佛藏东巴经，可找到翻新封面的经书、洛克书签、G1 经书中的地名、和华亭曾为洛克抄写经书等证据来判定出这两册经书的抄经人。

1. 来自翻新封面经书的证据

按照纸张色彩，笔者在哈佛藏东巴经中找到了与之相同的 G3 和 K65。比较两本经书，封面标题框内字迹相近，装订方式都为四孔多线连续装订，装订的绳子都是白色。翻开书页，发现这两册经书只是封面崭新，经书正文书页破旧，如下图所示。通过对 G3 封面和正文的比较，K65 封面和正文的比较，都存在以下情况：经书正文的纸张发暗发黑且破旧，底色分布不均衡，与封面纸张有着较大差异；正文中的字迹与封面标题中的字迹有着明显差别。

G3　翻新封面

G3　正文第 3 页

K65　翻新封面

K65　正文第一页

　　G1、G3、K38 的封面所绘标题框都为矩形，飘带上下各两根，且左右对称。每根飘带都有两个弯曲，上下两根飘带之间都绘有祥云，封面造型揭示了一致性。G1 与 G3 封面的标题都包含"素米故"，且"素米故"这三个字的字迹一致。以上证据都说明了这四本经书的封面出自同一人之手，但 G3 和 K65 只是封面相同，正文并非同一人所写。

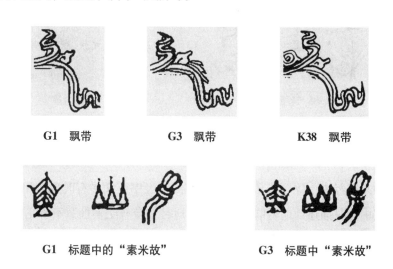

G1　飘带　　　　　　G3　飘带　　　　　　K38　飘带

G1　标题中的"素米故"　　　　　G3　标题中"素米故"

　　通过 G1 和 K38 为同一人所写，且 G3 和 K65 为翻新封面的事实，我们可以把抄经书人锁定在以下范围中：（1）经书收购前，经书的使用者或收藏者；（2）经书收购后，协助洛克研究这批经书的东巴。洛克身边曾有和诚东巴、和华亭东巴、和作伟东巴等。

2. 来自洛克书签的证据

　　洛克书签是洛克对自己收藏的经书或者接触到的经书所贴的标签。哈佛藏东巴经书中存在两种洛克粘贴的标签，一种粘贴于经书封面左上角，称为洛克外签；另一种粘贴于经书封里正中，称为洛克内签。① 其中洛克内签包含三个部分，洛克编号、东巴文题目以及洛克音标，如下图所示。有意义的是，G1 封面标题"素米故"与洛克内签中的东巴文题目字迹完全一致，同样的情况也存在于 K38 中，由此可证明 G1 和 K38 与洛克书签的东巴书写者是同一人。由于洛克标签中的东巴文部分由洛克的东巴经师统一书写，因此推断 G1 和 K38 应当是协助洛克研究东巴经的东巴所写。

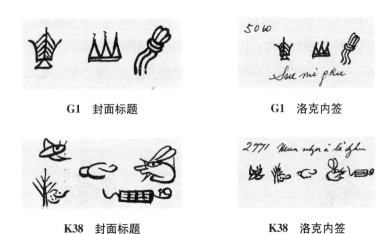

G1　封面标题　　　　　　　　　　　G1　洛克内签

K38　封面标题　　　　　　　　　　K38　洛克内签

3. G1 经书正文中揭示的地名

纳西东巴经书中除了跋语记载地名之外，经书正文中有时也会出现。"东巴经正文中有时描述到地名信息，且所述地名常带有纪实性。不管是描述人类迁徙路线，还是讲述送祖归灵路线，或是迎请各路神灵，其最初或最后一站地名即是东巴做仪式时应用东巴经的地点。"② 经书正文所述地名与抄写者的地域存在两种关系：一种是完全对应关系，即经书所述地名就是抄写者所在地域；另一种关系是不完全对应关系，经书所述地名有可能是经书使用者所在地域，也有可能是经书母本抄写者所在的地域。多数情况下，经书所述地名就是抄写者的地名。无论哪种情况，都揭示了地名与抄写者存在关联。如在《全集》中发现的一本《迎素神·素米故》中记载了一段迎请素神回家的路线，而且迎请

① 李晓亮：《西方纳西学史研究（1867—1972）》，西南大学博士学位论文，2014 年，第 254 页。
② 邓章应：《纳西东巴文分域与断代研究》，人民出版社，2013 年，第 43 页。从地名判定经书的归属更多的例子可参看该书的"从东巴经所述地名判断经书地域"部分。

路线的最后一站与该经书跋语所述地名一致，属于鲁甸的多京东巴。下面是选取的迎请素神路线（《全集》第2卷第345—348页）：

> 从祖先住的丙吕科地方，祖先站的坞托迪地方，还有祖先住的班美阁地方把素神拦下来。从居那若罗神山山顶上、山腰上、山脚下把素神拦回迎请下来。把素神的神灵招下来。从美利斯罗柯、斯罗崩古紫、崩禾垛、称尼西达埔、陈尼日盘孜、余勒盘孜阁等地把素神拦回迎请下来，把上方素神的神灵和胜利神的神灵招到下方来。从尤氏族居住地方的中间，吕本地方的托柯坡上，嘎迪村头的山坡上。……从盘依古督坞到崩姆拉衬古地方，从里刷含崩丹地方到紫里村，从托吉庆地方到各洛课地方，从剑攀地方到处科邹吉岩洞，把素神拦回迎请下来，把素神的神灵召唤到上面来。招呼来到鲁甸好地方。

该迎请路线最后一站地点鲁甸前用了  来修饰，可翻译为"肥沃地"或"好地方"。

《全集》2-347

本文需鉴定的 G1 和 K38 两册经书中虽然没有跋语，但 G1 经书名称也是《素米故》，是一本祭祀祖先、迎请素神的经书。在经书正文中出现了类似上文所举的迎请素神回家的路线，最后一站的地名是，汉语音译名为"故南瓦"，在地名之前也有""，连起来翻译为"好地方故南瓦"。"故南瓦"是一个纳西语地名，就是今天丽江市玉龙县龙蟠乡星明村所在地。

G1　正文第 11 页

专题二　哈佛藏东巴经两册「崭新」经书考

325

洛克也记录过这个地名："丽江西部扬子江河谷的一个村子。中文名为故南瓦。参见洛克编号 5060 经书（洛克自己用 R 标示，下文用 R 表示洛克编号），第 12 页第一段。参见《中国西南古纳西王国》（英文版——笔者注）第254 页，地图 3，具体位置在图中标出。"① R5060 就是哈佛藏东巴经 G1 经书，洛克所说的第 12 页正是经书正文第 11 页，地名出处正是经书 G1。与这个地名相关的东巴是和华亭和和作伟。和华亭与和作伟是舅甥关系，也是师徒关系。和华亭常去星明村做法事，和作伟是星明村人。和华亭在去世前，向洛克推荐了他的外甥和作伟。1946 年以后洛克才与和作伟一起合作翻译东巴经。此时这批经书已经入藏哈佛燕京学社，据此可推断经书可能是和华亭所写。

李国文在《东巴文化辞典》记录了和华亭的地点和事迹：

> 1882 年—？东巴经师。辞世时间不详。丽江纳西族自治县龙蟠乡人。1928 年—1936 年被美国学者洛克聘为东巴文教师，协助其搜集、整理东巴经卷。他曾在玉龙山下的雪嵩村洛克的住处教其读东巴经书，以后在丽江坝、鸣音、永宁等地随洛克搜集购买 8 000 余册。1931 年随洛克到昆明，并在昆明住了 4 年多。他用象形文字记录了从丽江到昆明的路程。他文武兼优，所跳的东巴舞蹈被摄入洛克摄制的电影中，其技艺堪称一绝。②

李理在《拯救神灵——献给发掘和抢救〈东巴经〉的智者们》一书中记录了和华亭。③ 该书作者对和华亭的儿媳和月良（1948 年和月良 19 岁时嫁给和华亭的儿子和向碧。和华亭去世后 3 年和月良才过门的）进行了访谈：和华亭是龙蟠中村人。他擅长祭风仪式，当年洛克在冷古湾看完他主持的祭风仪式后，就重金聘请他为自己的东巴教师。1932 年 5 月和华亭跟随洛克开始考察。后来洛克把他和其他东巴带到美国，之后返回昆明。和华亭旅居昆明时与杨仲鸿相识。1933 年 9 月至 12 月，洛克回美国。在这期间，杨仲鸿向和华亭请教东巴

① Joseph F. Rock. *A Na-khi-English Encyclopedic Dictionary*, *Part II*: *Gods*, *Priests*, *Ceremonies*, *Stars*, *Geographical Names*, Serie Orientale Roma XXVIII. Instituto Italiano per il Medio ed Estremo Oriente. 1972：540.
② 李国文：《东巴文化辞典》，云南教育出版社，1997 年，第 62—63 页。
③ 李理：《拯救神灵——献给发掘和抢救〈东巴经〉的智者们》，云南人民出版社，2001 年，第 90—105 页。

文。和华亭不仅倾囊相授，还从洛克收藏的东巴经中挑选了40多种重要经书给杨学习。杨仲鸿让自己的妻子把这些重要的经书抄写下来。1945年和华亭在昂噶博村（今岩羊村）主持大祭风仪式中亡故。

2012年7月15日，笔者与西南大学李晓亮博士、和学璋硕士（纳西族）一起在白沙玉湖村就和华亭事迹对和成贵作了访谈。和成贵，又名和则贵，由于西南官话中，"则"音似"贼"，故改之。1937年生，属虎，采访那年75岁。和成贵并非和华亭的嫡系后代，然而他是目前了解和华亭最清晰的人。和成贵的曾祖父叫"阿托"，育有五男四女，和成贵是"阿托"第二个儿子的孙子。和华亭则是"阿托"最小的儿子，人称"和五爷"。和华亭，原名和士荣，和华亭是他自己取的名字，去世时间不详。他们整个家族都是东巴世家，原先生活在白沙，后来和华亭才搬迁到龙蟠中村。和华亭擅长祭风仪式，洛克被他的才华深深吸引。洛克赠予和华亭的衣服，最后都被和华亭带进了棺材里。当地老人知晓洛克和和华亭的事迹，称洛克为"洛博士"。

通过文献记载、田野调查，以及经书的入藏时间，可进一步推断这两册经书为和华亭所写。

4. 和华亭曾为洛克抄写过经书的证据

作为洛克最重要的经师，和华亭是否只是为洛克释读经书，解释纳西语和东巴文呢？显然不是。从杨仲鸿晚年遗稿《从美国人洛克博士的纳西族文字教师和华亭的两则日记谈纳西族文献的丰富》中可得知，和华亭为洛克抄写过经书，且数量不少。下面是杨仲鸿日记的原文：

> 我于一九三三年七月到十二月，趁洛克回美国去的时候，把他（引按：指和华亭东巴）请到我家里住着教我纳西文，并请他把洛克请他整理的书中，借出较重要的四十余册，由我的爱人伍兰英抄写下来，以便译述。并于每星期日同他去洛克租的房里，去阅览他收来的东巴经十一大箱，虽只是去观花，也先后于三十个星期天中，共阅览了五六千册。

> 一九三三年农历二月八日，丽江旅省同乡会开会时，我忽然发现新同乡十余人来参加，穿着美式大毡帽，革履华丽。当时昆明还没有这些货色，所以引起了我的注意。后来才知道他们是随洛克到美国才

回来的，原来洛克收集了一些东巴经后，寄给一些美国的学术机构和报刊杂志，大吹特吹，博得盛誉，名利双收。并替英国皇家学会和法国的东亚图书馆，抄寄了各三、四部，共一、二十册，系和（引按：指和华亭东巴）亲手抄的。并在美国华盛顿给他们表演了"海老林肯"仪式，拍制电影片，博得观众的赞赏。①

从杨仲鸿的日记可以看出，和华亭为洛克抄写过经书，所以推断 G1 和 K38 两册经书为和华亭所抄写是完全可能的。

三、关于 G1 和 K38 抄经人与抄写年代的判定

以上证据目前都不能直接证明 G1 和 K38 两册经书为和华亭所写，只是说明了和华亭抄写的可能性。如果能找到一本明确是和华亭所写的经书与这两本经书进行比较，且各方面显示出为一个人所写，那么就可以完全证明这两册经书是和华亭抄写。

在德国马尔堡图书馆发现了一本和华亭抄本，编号是 Hs. Or. 1382，即 R2772。洛克对这本经书有这样的描述：在葬礼上为女性唱的挽歌，有关于苦难的起源。这本不是原始的纳西手抄本，是我的东巴经师和华亭抄写的，他来自丽江西部扬子江河谷的"故南瓦"②。由于没有抄写底本，和华亭根据记忆写成的，写于 1933 年。③ 这本经书的内容与 R7020 比较接近。

可以认为是一种巧合的是，经书 K38，即 R2771，与德藏和华亭经书连号，虽然两本是不同仪式的经书，使用对象有差别，但内容大同小异，记录一则"买岁卖岁"的故事：

纳西族以前没有镜子，所以每个人都没有见到过自己的容颜。这

---

① 转引自喻遂生：《〈杨著（摩些文多巴字及哥巴字汉译字典）述略〉补记》，《纳西东巴文研究丛稿（第二辑）》，巴蜀书社，2008 年，第 378 页。
② 地名当为洛克错记。当时洛克在龙蟠时，住在"故南瓦"。
③ Joseph F. Rock & Klaus Ludwig Janert. *Na-khi Manuscripts*, *Part I*, Steiner, 1965：174.

首挽歌说的是一个老妇人去井边取水，她弯腰取水的时候发现了水里的倒影，她意识到自己已经衰老，剩下不多的年华。于是，她扔下了水桶，从一个集市到另一个集市去买年岁。她发现人们在买卖任何所需的东西，但是没人买卖年岁。在回去的途中，她意识到了岁月都会流逝，万物都会消亡的道理。[①]

鉴于 K38 与 Hs. Or. 1382 内容有着相似之处，都可以翻译成《挽歌》，更具有可比性，下面从封面和纹饰、字迹、句式重复率、用字、空间布局五个方面证明这两册经书的一致性。

1. 封面、纹饰的比较

从封面造型上来看，Hs. Or. 1382 和 K38 都属于横写式封面，标准的双线勾画的矩形框，标题框正中间是如意结，上下各有两根飘带，上端的两根向如意结方向靠拢，上下两根飘带之间夹有祥云图案。每根飘带有三个弯曲，且每个弯曲的地方都非常圆润，飘带末端与最后一个弯曲之间距离很短，造型较小，整体飘带感觉并不飘逸。两则经书除了如意结的造型略有差异外，画风和线条都呈现出一致性，与前文所展现的封面中的飘带也相同。

正文首页开始书写的纹饰造型一致，都由三道横线和圆圈构成。起首符号都由祥云和向左的双线构成。稍有差异的地方是纹饰中三道横线和圆圈的数量不同。两则经书在封面、纹饰和起首符号中虽有细微差异，但相同之处更多，而且很多细微地方都相同，是其他写手无法模仿的。

Hs. Or. 1382（R2772）

---

① Joseph F. Rock & Klaus Ludwig Janert. *Na-khi Manuscripts*, Part I. Steiner, 1965：174.

K38（R2771）

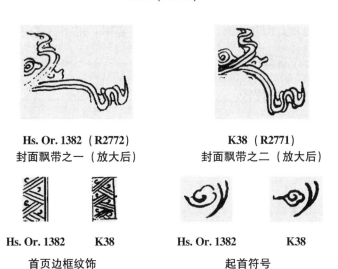

| Hs. Or. 1382（R2772） | K38（R2771） |
| 封面飘带之一（放大后） | 封面飘带之二（放大后） |

Hs. Or. 1382 　K38 　　　　Hs. Or. 1382 　K38

首页边框纹饰 　　　　　　　　起首符号

2. 字迹的比较

　　K38 与 Hs. Or. 1382 从字体风格上来说，同属于丽江坝风格，字体比较均匀，排列较为整齐，书体风格都较为平实，不及东知东巴书写得华美和精致。经书中带有曲线的笔画都较为拘谨，不具备流线型特征，具体分析如表 44 所示。

表 44　K38 和 Hs. Or. 1382 字迹比较

	Hs. Or. 1382	K38	字本义	分　　析
1			口吐气	口中的气弯曲部分顺势向上，并没有向远处舒展，这种字体给人的感觉并不流畅。
2			獐子	獐子的獠牙的曲线写得较短，戛然而止。

	Hs. Or. 1382	K38	字本义	分　析
3			飞石	飞石常写作 ✗ 或 ✗。这两字却是特殊的写法，尾部应当是石头。在 K38 正文找到另一字形 ，可知这两字都是简写形式。
4			牛蝇	两字虽方向不同，但在造型上一致，无尾，嘴部有两根须。
5			唱	两字口中的曲线书写时并未舒展，而是向上戛然而止。这几个带有曲线的字都有共同的特征，书写曲线时线条较短，比较拘谨，没有潇洒恣意的感觉。
6			东巴	该字取像来自手持节杖的东巴，只用于丧葬仪式，又常写作 。与这两字的差别在于节杖的造型，前者的形态就像是旗帜，后者的形态则是一个棍子上下各有几道横线，像竹子。而这两字都把节杖写成像旗帜的形态。

这样的例子还有很多，在表 44 可以看到这两本经书更多的字相似甚至完全相同。

3. 句式重复率的比较

东巴经主要通过互相抄写而传承。如果几本经书之间存在抄写关系或者为一人所写，在相近的内容中必然有句式的重复。句式的重复是指，以句意接近为前提，句式相同，用字允许略有差异，允许存在增字或减字的情况。句式的重复率反映了经书之间的传抄关系，重复率越高，内容相近度也越高。以下为句式重复率的算法：

$$重复率 = \frac{重复的句子}{句子总量}$$

句式的重复率高并不能说明两本经书为同一人所写，只是说明两本经书有传抄关系。但在字迹相同的基础上进行的句式重复率的比较可以证明两本经书为同一东巴所写。

鉴于 K38 用于女性丧葬仪式，Hs. Or. 1382 用于男性丧葬仪式，两本经书中除对象不同外，句式及其余用字一致的情况也算句式重复。K38 经书共有 203 句，按此计算，其中有 106 句与 Hs. Or. 1382 重复，重复率达到了 52.5%。详见表 17。

4. 用字的比较

在句式重复的 106 句经文中，其中用字完全一致的有 63 句经文，其中有 28 句存在用字差异，余下的句子存在增字或减字。存在用字差异的 28 句中，有些是用字存在重复，而不重复的用字差别仅 15 句，还有 2 句是由于两册经书的对象不同造成的文字差别，即男性和女性的差异，故不应计算入内，所以用字差别仅有 13 句。在这 13 句中，存在同音替换和同义或近义替换两种形式，同音替换 12 句，近义替换 1 句。同音替换和同义替换的例子如表 18 所示。

5. 空间布局的比较

Hs. Or. 1382 经书和 K38 经书在语序上均遵循从上至下、由左往右的阅读顺序，而且经文中大部分的句子为五言，形成比较固定的布局模式。两本经书的布局模式主要有以下三种，其中布局模式 A 是两本经书最常用的布局模式，出现 63 次；B 次之，出现 37 次；C 最少，出现 27 次。布局模式 A 的形式，即五个字中左右两边各两个，还有一个居于中间，这种布局有着阅读顺序简单、形式对称、整齐美观的特点。

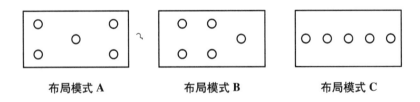

布局模式 A   布局模式 B   布局模式 C

从封面和纹饰、字迹、句式重复率、用字、空间布局五个角度来看，Hs. Or. 1382 经书和 K38 相似度较大，可以判断为一个人所写。由于 Hs. Or. 1382 已确定为和华亭抄本，因此 K38 也可判定由和华亭抄写。又因为 G1 和 K38 已鉴定出自同一人之手，所以可以判定 G1 也为和华亭抄写。

从和华亭的生卒年来看，抄写时间在 1882 年至 1946 年。洛克本人提到：1946 年他在哈佛燕京学社赞助下回到昆明开始翻译纳西经书以及完成始于 1932

年动笔的纳西文字字典。……协助他研究的老东巴去世了，非常有必要与另一个机智博学的东巴合作，这位新东巴是已故东巴的亲戚（即和作伟东巴——笔者注）。[1]

根据这两册经书崭新程度来判断，和华亭有可能是在为洛克整理东巴仪式时，为了填补缺少的经书而抄写的。抄写经书的时间可以精确到洛克与和华亭的交往时间。两人的交往时间在 1928 年至 1936 年之间，所以这两册哈佛藏经书抄写年代很有可能在 1928 年至 1936 年之间。

四、结论

根据本文的考证和分析，哈佛燕京学社收藏的 G1 和 K38 两册经书为洛克经师和华亭所抄写，抄写时间在 1928 年至 1936 年之间。在中华人民共和国成立以前的纳西东巴经都属于古籍，经书 G1 和 K38 比《全集》中许多新抄写的经书要早得多。所以，不能因为这两册经书外表新而忽略它们的年代价值。

从内容上来看，G1《素米故》并不是孤本，《全集》第 2 卷中也存在《迎素神·素米故》，内容上虽有重合之处，但从内容的编排、句式上来看，两个本子差异较大。《全集》中的版本是鲁甸地区的多京东巴所写，代表的是鲁甸风格，与和华亭的丽江坝风格形成地域差别。所以，和华亭抄写的经书 G1 补缺了丽江坝《素米故》的内容和形式。K38 经书不是孤本，洛克在《中国西南部纳西族的葬礼》（*The Zhi Mä Funeral Ceremony of the Na-khi of Southwest China*）中提到了 R7020 的经书，字迹与 K38 不同，经统计，R7020 与 K38 两本经书内容完全一致，句式高度相似，句式重复率为 94.5%。恰是这些同名同内容的经书为将来进行东巴经版本学研究提供了丰富的材料。

从书法角度看，这两册经书虽比不上东知、东拉等东巴抄写的经书精致华美，但内容完整、字迹工整，书法水平在哈佛藏东巴经中属于中等水平。

从抄写者的角度来说，作为洛克最为重要的经师，和华亭为洛克的翻译作出了巨大的贡献。从学识和技艺上来看，毫无疑问他是大东巴。尽管和华亭抄

---

① Joseph F. Rock & Klaus Ludwig Janert. *Na-khi Manuscripts*, Part I, PXII. Steiner, 1965, p. XVII.

写的经书不少，但目前鉴定的只有哈佛藏的两册经书与德藏的 Hs. Or. 1382。这几册经书的发现，为和华亭抄写的其他经书的研究整理确立了标准，具有典范作用。

从东巴文研究史来说，和华亭是一位重要的东巴。他的名字虽为人熟知，但关于他的资料记载甚少。而哈佛藏东巴经，恰好展现了和华亭为洛克整理经书，书写标签，为洛克释读东巴经书的情况，使和华亭的事迹生动跃然纸上，丰富了研究史的材料。

综上，G1 和 K38 这两册经书属于古籍范畴，应当计入哈佛藏东巴经古籍的总量，且价值不可小觑。

专题三　《全集》中和即贵东巴抄写的东巴经研究[①]

东巴经书依靠东巴之间抄写而传承。东巴经作为一种宗教文献，东巴在抄写时秉持虔诚态度抄写。对东巴经书抄写规律的研究是东巴文研究的重要组成部分。了解东巴在抄写过程中究竟对母本是忠实抄写抑或是依然保持自己书写的独立性不受他者影响，这是我们在研究东巴经分类时无法回避的一个问题。了解经书传抄过程的继承与发展是研究东巴经书传抄的主要内容，也是东巴经进行谱系分类的重要依据。本文以《全集》中和即贵东巴抄写的经书为研究个案，分析他的经书在传抄过程中的继承与发展，以观察东巴经在传抄过程中可能发生的继承与演变规律。

一、和即贵东巴其人

和即贵（1926—2002）[②]，法名东贡，乳名吉贡。2002 年的《丽江年鉴》[③]有如下记载：和即贵是丽江鸣音乡鸣音行政村鸣音自然村人，生于 1924 年。从 6 岁开始师从身为大东巴的外公和舅父，8 岁开始白天修习汉文，晚上学习东巴知识，16 岁时考上丽江省立中学，但因家贫未能到丽江入学，在鸣音读了两年附属中学，19 岁开始为鸣音及附近村寨举行了多种仪式。1984 年起接受东巴文化研究室的邀请，协助研究人员作东巴经读音记音和翻译工作直至去世，并参加多部资料片和电视片的制作。1990 年赴广州参加"中华百绝博览会"，1996 年陪同美国学者麦克汉到四川省纳西族地区做田野考察。1997 年和 2000 年分别赴瑞士和新加坡进行东巴文化交流。2001 年夏季与部分研究人员一道去北

---

① 本文曾发表于《比较文字学研究》（第二辑），西南师范大学出版社，2017 年，略有改动。
② 关于和即贵生卒年有不同说法。本书使用的是邓章应和郑长丽的观点。参见邓章应、郑长丽《纳西东巴经跋语及跋语用字研究》，人民出版社，2013 年，第 33 页。
③ 丽江地方志办公室编：《丽江年鉴》，云南民族出版社，2002 年，第 296 页。

京，对北京地区馆藏的东巴经进行编目等著录工作。和即贵先生于 2002 年 9 月 11 日去世，终年 78 岁。生前为丽江县政协委员。

《人神之媒——东巴祭司面面观》① 中记载：和积贵（即和即贵）从小被送到外公和晓那东巴家，四五岁就跟着外公学习东巴文，后拜本村大东巴依玉为师。12 岁到汉文学校念书。1984 年受聘到丽江东巴文化研究室（后改为研究院），参加了《全集》的翻译工作。

2012 年 6 月，笔者在丽江市东巴文化研究院学习期间，访问了曾与和即贵东巴合作过的学者以及和即贵之孙。② 和即贵东巴儒雅好学，经常向其他大东巴虚心学习各地经书，而且非常有耐心地向参与《全集》翻译的学者解释，有时自己发现释读错误的地方及时向翻译者说明。和虹老师告知，和即贵在东巴文化研究院期间，用东巴文写成《纳西族的古规礼仪》。在 75 岁之时，身体每况愈下，时常感到时间紧迫，传承无人。他将自己在"文革"期间未毁的东巴经书 80 册捐赠给东巴文化研究院。这些经书中，大部分为和即贵祖辈所写，有些是和长命之子相赠，也是祖传经书。

从以上信息中，我们可以看出，和即贵与自己的外公、舅父、依玉东巴存在师承关系，另在东巴文化研究院与诸多东巴交流学习，他本人有一定的汉文水平，而且意识到东巴文传承的危机，竭尽全力地想要传承东巴文化。

二、《全集》中和即贵东巴的经书概况

和即贵东巴的经书在《全集》中最为明显，根据纸张新旧、封面版式以及笔迹可确定他的经书有 29 册收入《全集》。从这些经书的纸张来看，都是新抄写的经书，没有沾染脏污，也没有使用的痕迹。在他所抄写的所有经书中，有跋语的只有 5 册，明确署名的只有一册。具体信息如表 45 所示。

---

① 李国文：《人神之媒——东巴祭司面面观》，云南人民出版社，1993 年，第 170 页。
② 感谢丽江市东巴文化研究院李英、和虹诸位老师提供的信息，感谢陈四才、和秀东、杨玉华东巴的帮助。

表 45 《全集》中和即贵的东巴经

卷.页	经 书 名 称	跋 语	备 注
2.1	《迎素神·除秽》		和即贵释读
2.49	《迎素神·烧天香》		和即贵释读
2.185	《大祭素神·为素神献饭》		和即贵释读
2.239	《大祭素神·点洒神药·抹圣油·拉福分》		和即贵释读
2.271	《大祭素神·与素神拴结·娶女托付给素神》		和即贵释读
3.1	《祭村寨神仪式·除秽·除秽的来历》		和即贵释读
3.221	《祭村寨神仪式·规程》		和即贵释读
3.291	《祭星仪式·祭星》		和开祥释读
4.1	《祭胜利神仪式·烧天香》		和即贵释读
19.1	《祭风·超度董族吊死者·卷首》		和即贵释读
35.1	《退送是非灾祸·开坛经·为卢神沈神除秽》		和开祥释读
38.1	《退送是非灾祸·十八个威毕仲金启当的来历》		字比较密，和即贵释读。
45.165	《压呆鬼·启的产生》	这本书是东杨的。这本书是东巴和即贵写的。	和耀先释读
49.196	《戈布鬼来作祟》	这本东巴经不是这个地方的东巴经，这本东巴经是我从楞启班丹（白地）术久村那布恒东巴家学来的，我们这个地方不兴有这本东巴经书。	和云彩释读
51.39	《祭水猛鬼和水恩鬼·水猛鬼与水恩鬼的出处来历》		和士成释读
51.73	《祭水猛鬼和水恩鬼·祭端鬼·顶灾》		和士成释读
51.125	《祭猛鬼和恩鬼·驱鬼·中、下卷·遣送丹鬼》		和士成释读

卷.页	经 书 名 称	跋　　语	备　注
61.179	《超度死者·先辈超度后辈》	这一本经书，是《先辈超度后辈》的书，是与《献冥食》一起诵读的书。做仪式时，需要一碗除秽水，需要九个有手纹的面团，需要九块鲜肉，要把麻布缠绕在亡灵身上。解结用的绳子，则要挂在绵羊的头角上。	和士成释读
62.225	《超度死者·讲述死者的业绩》	这是生长着冷杉树的山崖旁边的温泉村人，大祭司东那的儿子东贡写的经书，是我五十六岁那一年写的书，写时没有什么差错地写了，看时认真地去看呀！这本书是属猴那一年的十月二十七日那天写完的呀！	和士成释读
68.1	《开神路·合集》	这本经书是干支轮到属铁的那一年写的，从七月借起来，到八月十八日才开始写的，是属马的一天写完的。是乌构皋七十六岁那年写的，侄儿乌巴拿梦恒三十岁的那一年，把这本经书写完后给他了。我们家，是祖父和父亲也是做东巴的一个东巴世家。这是构都恒家族的哈巴吉家超度女能人时用的一本经书。祝东巴的嘴里出现福分，东巴的手里出现俸禄。 给侄儿拿梦恒的这本经书，很下功夫地认真地写了，写时，想比乌次吉家族的人勒补补家的经书写得更好一些。舅父乌构皋，已经是七十六岁的人了，以前没有做过什么不对的事情。如果这本经书写的水平不能超过乌次吉家族的勒补补家的经书的话，侄儿会埋怨我这个乌构皋舅父的呀！ 法杖生百节，祝东巴活到百岁。法杖生千节，祝东巴活到千岁。祭祀的人家，祝有福有禄，生活富裕，人丁兴旺。遗留福泽时，把酒敬给下面的人呀！念这本《开神路》经书时，东巴看见的字，不一定全部熟悉，用手书写学会以后，就会学得更好了。	和士成释读

卷.页	经 书 名 称	跋　语	备　注
73.299	《超度什罗仪式·接祖·除秽·粮食之来历》		和云彩释读
76.143	《超度拉姆仪式·用猪给毒鬼还债》		和云彩释读
79.49	《大祭风·给卢神沈神除秽·开坛经》		和即贵释读
80.1	《大祭风·创世纪》		封面横写，和即贵释读
87.153	《大祭风·细说死事》		和即贵释读
88.135	《大祭风·施楚鬼尤鬼食·拆楚鬼尤鬼房》		和士成释读
89.1	《超度吊死和殉情者·饶星飞奔将面偶抛到仇地去》		和即贵释读
99.321	《以乌鸦叫声占卜》		封面横写，和即贵释读
100.237	《医药之书》		封面横写，和即贵、和开祥释读

　　除了这些经书之外，其他经书中还有和即贵东巴的笔迹。在翻译《全集》过程中，他对封面残缺的经书进行修复，还对仪式中缺乏的经书进行补充，如下图所示。从中可以发现，封面纸张、笔迹与正文截然不同。

《全集》2－321

《全集》2－322

从以上信息可知，和即贵东巴在协助研究人员翻译东巴经的同时，还对东巴经书进行了整理修复。

三、和即贵东巴的经书的特点

由于和即贵东巴个人的特殊经历，他所抄写的经书与传统的鸣音经书既有继承，又有革新。郑长丽在《〈纳西东巴古籍译注全集〉跋语研究》中谈道："和即贵东巴虽是鸣音乡人，但所写经书与鸣音其他东巴相比，经书书写风格相当独特。鸣音乡的经书虽都笔画匀细、字迹工整，可其他东巴的经书字形扁长、整体布局较疏松；而和即贵东巴的经书字形方正匀称、篇章布局细密整齐，这可能是由于受聘到东巴所后一定程度上受到其他东巴的经书书写风格影响所致。"①

（一）继承

（1）封面基本保留了鸣音模式

鸣音经书封面的特点就是竖写或者以竖写居多。和即贵东巴的经书封面绝大多数是竖写的，只有少数是横写的。他写的封面非常有特色，喜欢在标题框

① 郑长丽：《〈纳西东巴古籍译注全集〉跋语研究》，西南大学硕士学位论文，2012年，第21页。

的上面画上莲花，莲花含苞待放，花瓣画得极为细致，花枝两侧有叶状饰物。标题框下面画上带有翅膀的海螺。标题框内部左侧则是一个东巴坐于高地诵经，如下图所示。

（2）保留了鸣音一些特殊字的写法

Ω dʑ̩²¹，物竖立状，假借为住。字典不载，字义得丽江市东巴文化研究院杨玉华东巴告知，据说为宝山鸣音一带的写法。此字出现在宝山吾木村的一份东巴文地契中①，也可证实这一说法。

川 各字典不载，但经书中常见。此字经喻遂生考证，读音为 se²¹，表示完结，在《鸣音民国十八年分家契约》中出现多次。② 此说正确。此字出现的经文：

《全集》2-58

川 与 🐏 位于经文末尾，🐏 为岩羊，读作 se²¹。两字正好同音，共

① 和丽峰：《宝山吾木村乾隆五十九年东巴文地契译释》，《大理学院学报》2012 年第 2 期。
② 喻遂生：《纳西东巴文疑难字考释举例》，《纳西东巴文研究丛稿（第二辑）》，巴蜀书社，2008 年，第 39 页。

同记录 se²¹ 这个语音。

（3）保留了文字比较纤细的风格

《全集》2－51

和即贵东巴书写的经书中字的线条粗细都保持一致，属于纤细型。这与鸣音经书风格仍然保持一致。

（二）改革

1. 改变了鸣音的书体特征

（1）文字造型的改变

从文字单个形体上来说，鸣音经书的风格属于细长型。我们选取标准的鸣音经、鲁甸经作为参照物，比对和即贵东巴的经书。

细长的鸣音风格：

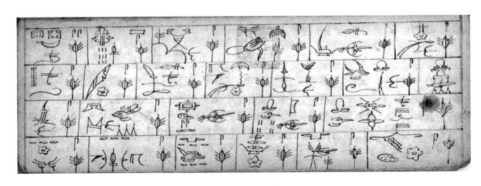

和长命的经书《全集》99－87

肥厚饱满的鲁甸风格：

多京的经书《全集》2－47

和即贵东巴的经书：

《全集》2－3

和即贵东巴书写的东巴文，从线条上来看，与传统鸣音风格有所差别，略粗；与肥厚见长的鲁甸风格相比有较大差别。总体而言，其字线条偏细。从文字形体上来看，和即贵东巴书写的文字造型虽属象形文字，但比较接近方正。

（2）行款和空间布局的改变

和即贵东巴在行款上主要模仿了丽江坝地区的经书及汉字书写的风格，形成了标准化、规格化、精细化风格。文字的大小基本统一，书写端正整齐，风格较为正式拘谨。如下图所示。

鲁甸风格的经书文字之间的空隙最少，文字密度较大。鸣音风格以满为特征，尽管文字密度不大，但文字所占空间仅比鲁甸少一些。丽江坝风格的经书文字之间的空隙最大。和即贵东巴书写的经书风格处于鸣音经与丽江坝风格之

《全集》2－24

间，与丽江坝风格更为接近。

2. 改变了字词的对应关系

（1）

o³³, tʂʰu⁵⁵ do³³ ho³³,

哦， 请 见 享用

大意是"请享受"，一字记录一音节，记词率为100%。

（2）

mɯ³³ nɯ³³ kɯ²¹ dʑ²¹ ɯ³³, dy²¹ nɯ³³ zə̩²¹ zʅ³³ hər²,

天 来 星 有 好 地 来 草 生 绿

大意为"天上星光灿烂，地上芳草碧绿"5个字记录10个音节，记词率为50%。

（3）

uæ³³ nɯ³³ bi³³ tʰv³³ lv²¹,

左 由 太阳出 暖

大意为"左边出太阳的温暖"，5个字记录5个音节，记词率为100%。

(4)

i^{21} $n\mu^{33}$ le^{21} ts^he^{55} bu^{33},

　右　来　月　光　明

大意为"右边出太阳的光明"，4 个字记录 5 个音节，记词率为 80%。

(5)

$g\vartheta^{21}$ $g\vartheta^{33}$ la^{33} sa^{33} to^{55} $k^h\mu^{33}$ $p^h\vartheta r^{21}$,

　上　的　拉　萨　垛　肯　盘

大意"住在北方拉萨垛肯盘地方"，3 个字记录 7 个音节，记词率为 42%。

(6)

gv^{33} $dz\gamma^{21}$ k^hv^{55} $ts\gamma^{21}$ μ^{33},

　藏族　岁　算　好

大意"藏族算年份算得最好"，4 个字记录 5 个音节。其中 记录两个音节，记词率为 80%。

(7)

mi^{21} i^{33} bv^{33} lu^{55} $z_{\scriptstyle\text{ʐ}}^{33}$ za^{21} $mæ^{33}$, le^{33} bv^{33} he^{33} $ts\gamma^{21}$ μ^{33},

　下方　补　鲁　日　饶　满　白族　月　算　好

大意"住在难返补鲁日饶满的地方的白族算月份算得最好"，5 个字记录 12 个音节，记词率为 71.4%。

(8)

dzi^{33} $dz\vartheta^{21}$ ly^{55} gv^{33} $u\vartheta^{21}$, $na^{21}\varsigma i^{33}$ ha^{55} $ts\gamma^{21}$ μ^{33},

　人　好　中间　村　纳　西　日　算　好

大意"在人们居住的大地中央的村寨里，纳西人测算时日推算得最好"，8 个字记录 10 个音节，记词率为 80%。

(9)

$m\mu^{33}l\mu^{55}$ $k^hv^{55}\mu^{55}ts_{\scriptstyle\text{ʂ}}\gamma^{33}d\mu^{33}$ k^hv^{55}, $du^{33}se^{21}he^{33}\mu^{33}$ $ts_{\scriptstyle\text{ʂ}}\gamma^{33}$ $d\mu^{33}he^{33}$,

　天　地　岁　好　这　一　岁　卢神、沈神月　好　这　一　月

$n_{\scriptstyle\text{ɲ}}i^{5}$ $^{5}\mu^{33}ha^{55}$ μ^{33}, zy^{21} μ^{3} $k\mu^{21}$ μ^{333} $g\vartheta^{33}$ $ts_{\scriptstyle\text{ʂ}}\gamma^{33}$ $d\mu^{33}n_{\scriptstyle\text{ɲ}}i^{55}$,

　昼　好　夜　好　宿　好　星　好　的　这　一　天

大意"在卢神、沈神确立的好月份里。在这日子好、夜晚好、宿好、星好

的这一天"，16 个字记录 26 个音节，记词率为 61.5%。

(10)

ça³³ tçʰy²¹ dʐv²¹ dʐŋ²¹ kʰɯ³³, ia⁵⁵ dər³³ dy²¹ ko² lo²¹。

大鹏　山　住　脚　吉祥　地　里面

大意"在大鹏神鸟栖息的神山脚下，在吉祥的大地上"，8 个字记录 10 个音节，记词率是 80%。

这段经文在纳西东巴经中最为常见，大部分的经书开头都是以这段开始的，为典型的"程式语"。程式语本来就容易省写，因为这段对东巴来说，记得最为牢固，常常念，常常写，有些字就不太有必要写出来。但是，这段经文的记词率还是相当之高，其中几个小节都是达到完全记录，甚至是一字一音节，平均记词率达到 76.7%。这与鲁甸地区的记词率是比较一致的，与鸣音一带的记词率差异较大。一般来说，记词率最高的是鲁甸经，其次丽江坝经，再次是鸣音经。

和即贵东巴是最后一位在东巴文化研究院离世的大东巴。《全集》中我们所见到的这些经书文字工整，上下对照整齐，文字书写精致，而且字词关系对应密切。陈四才东巴告诉笔者，这样的经书非常适合初学者学习，原因就在于只要按照经书上的字，基本可以读出整本东巴经，但对于他而言觉得有些繁琐，很多字没必要写出来。和即贵东巴在晚年时期发现东巴的传承似乎要断绝，最后懂得这些经书的人越来越少。所以他在抄写过程中，有意让字与词的关系尽量对应，让学习者更容易掌握。

3. 掺杂了哥巴文

一般来说，鸣音经书无哥巴文。和即贵东巴的经书虽然主体都是东巴文书写，但夹杂了一些哥巴文。如下图所示。

《全集》2－58

在第一行第 2 个框内的 为哥巴文。造成这种情况的原因是和即贵东巴学习过哥巴文，在写经书过程中尽量保持东巴文经典的特色，但不自觉地加入了哥巴文。和长命东巴书写的经书也存在这种情况。和长命向大研镇的和凤书学习过哥巴文，所以出现了这一例外情况。

4. 掺杂了非鸣音的语音

在这些经书中，有一些是和即贵东巴自己诵读的，这些经书基本保持了鸣音的语音，但也掺杂了丽江坝的语音。如《迎素神·烧天香》中，我们发现一个典型的鸣音读音：猴，在此经书中读作 $[z_{ι}v^{21}]$，这是鸣音、香格里拉等地的读音；丽江坝地区读作 $[y^{21}]$，或者 $[ə^{55}y^{33}]$。[①] 在此经书中，出现频率最高的句子虽诵读的都是一个句子，在文字上也没有任何差别，但在语音上的细微处略有差别，而且不是个案。如下所示。

"再烧天香"可读作 $[ts\̥u^{55}pa^{33}le^{33}be^{33}bi^{33}]$，又可读作 $[ts\̥u^{55}pa^{33}le^{33}be^{33}bɯ^{33}]$。这里的差异仅限在 $[bi^{33}]$ 与 $[bɯ^{33}]$ 的差别，就是元音前与后的差别。$[bi^{33}]$ 是鸣音读法，$[bɯ^{33}]$ 是丽江坝的读法。

四、结论

（一）母本对和即贵东巴的影响是有限的

从跋语中看出，和即贵东巴至少有两则是明确抄写别人的经书，其中有一本经书抄写了鲁甸的东杨东巴。从抄写的状况来看，封面样式受到了母本的影响，而正文的书写风格和笔迹与他的其他经书一致，并没有过多受到母本抄写者的影响。东杨东巴书写的经书是典型的鲁甸经，但这些经书的封面版式大多属于横本竖写，在标题框内会添加起首符号，有些经书还会在标题框上方添加祥云，如下面右图所示。

---

① 东巴文化研究所：《纳西东巴古籍译注全集》（第 2 卷），云南人民出版社，1999 年，第 58 页。

和即贵书写的经书（《全集》45－165）　　东杨书写的经书（《全集》1－221）

《全集》45－167

《全集》1－223

（二）师承关系对和即贵东巴有一定影响

和即贵东巴出生于东巴世家，从小耳濡目染鸣音东巴经的风格和唱腔。他虽跟随多位东巴学习东巴文，但这几位东巴都在鸣音。后来尽管他到了东巴文化研究院工作，但仍然保留了鸣音口音和读法。他在经书封面的设计书写上保持了原有鸣音风格，字体的纤细也继承了鸣音的特点。根据对《全集》跋语的研究，我们发现不同地区之间东巴互相交流的情况不少，只是没有和即贵如此特殊。

（三）交流以及传承的危机意识对和即贵东巴的影响最为重大

和即贵师承多位东巴，且在东巴文化研究院工作了18年，先后遇到将近20位东巴，在这个平台中，和即贵深受影响。在跟随诸多东巴的学习中，和即贵东巴形成了一定的书写原则与意识，也认识到了东巴文化传承的危机。这些原因造成了他书写的东巴经与鸣音东巴经风格的不同。

总的来说，和即贵东巴书写的经书自成一派，形成了独特的风格：从字词对应关系上，仿照了鲁甸经书的模式，基本趋于一字一音节；从字体的造型来看，继承了丽江坝经书的风格；从行款上来说，受汉字或哥巴文很大程度的影响。

五、启示

（一）正确对待东巴经的继承与发展

目前发现现存最早东巴经书大约在明末清初，也有几百年的历史。一部经书既反映了一个共时平面，也体现了历时的变化。东巴经的传抄在不断变化，有些地方的经书历经几百年变化不大，而有些地方则在某些时候悄然变化。这种变化与东巴个体存在紧密相连的关系。所以非常有必要深入研究个体东巴经书，对东巴个体的师承和人生际遇有所了解，这样才能更好地把握东巴经中的变化部分，同时也能找到变化的原因。

（二）利用继承与改变的特征对经书进行判断

正确意识到经书中特有的特征，是判定经书最有效最直接的方式。《全集》中虽然很多经书我们可以根据跋语、封面特征的相似性等方式鉴定经书的归属，但还有不少无从判断。我们可以根据这些已经确认归属的经书的特征进行数据分析，建立基本的地域模型，再匹配未识别的经书，这将更科学更简便地鉴定经书。这项工作的完成需要基于经书数据库的建立以及统计学、概率学的知识。

序号	朱氏编号	洛克编号	哈佛编号	朱宝田	洛克	李晓亮	和继全	跋语
1	A1	1991	337					
2	A2		511					
3	A3	1074	135	复制本				
4	A4	1740	59					第2—38页：这本书由玖登空东巴所写。
5	A5	1993	48	哥巴文经书		美自增的东注东巴写的。洛克《纳西语英语百科辞典》（下册）收录了一个地名，它位于达瓦村的南边，它现在的名字是"美自增"。《中国西南古纳西王国》中的解释为：美自增位于丽江城西部，属于下知漂里。		
6	A6	2110	47					
7	A7	1713	55		这本书属于距离丽江城几千米的长水村的杨福光东巴。			
8	A8	905	328					
9	A9	1071	335					

序号	朱氏编号	洛克编号	哈佛编号	朱宝田	洛 克	李晓亮	和继全	跋 语
10	A10	944	326					第1—169页：东柱是村头的，东王写了送给我的。若头尾像碗筷一样谐和地诵读，就不会忘记。心儿分三分瓣，慢慢想去吧。慢慢想去吧。
11	A11	1712	38					
12	A12	1761	39					
13	A13	2143	34					
14	A14	1063	325					
15	A15	1689	318					
16	A16	1978	320			水猪年写的，朴库的东得写的。以后想到。以从中找到可以从这里一本书，能否诵读呢？朴库是丽江七河乡。		第2—185页：这本书是水"朴托"，猪年写的，是阳坡的东迪写的。以后要想说好话，可以从这里找到，但是有了这一本书，能否诵读呢？
17	A17	1825	57					
18	A18	909	340					

序号	朱氏编号	洛克编号	哈佛编号	朱宝田	洛克	李晓亮	和继全	跋语
19	A19	1746	334					
20	A20		501					
21	A21	1098	339					
22	A22	907	341					
23	A23	1103	338					
24	A24	1094	330					
25	A25	1767	329					
26	A26	1733	331					
27	A27	1730	317					
28	A28	1729	316			花甲虎年写的。三月二十八日写的。东知写的的。我大约四十岁的时候写的。祝愿东巴延年益寿。	"木虎年三月二十八写我知东巴东富长寿一岁,祝愿东知长寿富贵,吉祥。"木虎年为农历甲寅1854年,该年东知41岁,根据民间以虚岁计年龄的习惯,可以推出东知的出生年为1814年木狗年。	

序号	朱氏编号	洛克编号	哈佛编号	朱宝田	洛　克	李晓亮	和继全	跋　语
29	A29	906	131					
30	A30	2000	136					
31	A31	1038	333					
32	A32	1745	332					
33	A33	1715	321					
34	A34	1716	322		第 372 页：1716（A34），最近收购的 6093 是东巴的书。			
35	A35	1700	323					
36	A36	1714	319					
37	A37	1104	134					
38	A38	1609	327					
39	A39	1979	324	哥巴文经书				
40	A40	908	132	哥巴文				

序号	朱氏编号	洛克编号	哈佛编号	朱宝田	洛 克	李晓亮	和继全	跋 语
41	A41	1079	133					
42	A42	1696	336					
43	A43	1732	430					
44	A44	1992	64					
45	B1	1400	306		第190页：1400（B1），这本经书是我23年前在丽江地区收得的。			
46	B2	1035	309		第284页：1035（B2），经书来自杨福光。			
47	B3	1382	308		第279页：1382（B3），这本书收购于接近丽江的一个村，但是不知道这是谁写的。			
48	B4	2100	312		第270页：这里翻译的经书2100（B4），来自丽江，但是哪个村，哪个东巴不得而知。从它的表面来看，这本经书来自丽江东部的东山乡，紧邻金沙江东边的支流。			

序号	朱氏编号	洛克编号	哈佛编号	朱宝田	洛 克	李晓亮	利继全	跋 语
49	B5	1010	180		第 595 页: 1010 (B5) 来自丽江西部的长水村。			
50	B6		512	用哥巴文落款				
51	B7	1385	179					第 2—369 页: 这是花甲猴年写的, 正月初四写的, 男子四十一岁写的。祝愿东巴长寿日永! 三代人看看吧。
52	B8	5058	181	无封底				
53	B9		515					
54	B10	1384	106		第 322 页: 1384 (B10) 不知是谁写的, 只知道它是丽江地区的书。			
55	B11	3155	88		第 107 页: 这本经书属于东巴三兄弟, 他们生活在明代的吉祥村。			
56	B12	1397	89					

序号	朱氏编号	洛克编号	哈佛编号	朱宝田	洛克	李晓亮	和继全	跋语
57	B13		516					
58	B14	5050	305		第 359 页：5050（B14）这是很罕见的经书，属于东拉东巴。我后来的东巴从来没有见到过这本经书。			
59	B15	1403	90					
60	B16	3164	434		第 581 页：3164（B16）是属于丽江以北 8045 米的白沙吉祥村的东拉东巴，这本经书可以追溯到明代，首页有美丽的花边。			
61	B17	1023	170		第 581 页：1023（B17）来自长水村。			
62	B18	3153	116		第 385 页：3153（B18），994（B19）属于东巴杨福光。1947 年我购得题目相同的东拉的经书。			
63	B19	994	115		第 385 页：3153（B18），994（B19）属于东巴杨福光。1947 年我购得题目相同的东拉的经书。			

序号	朱氏编号	洛克编号	哈佛编号	朱宝田	洛　克	李晓亮	和继全	跋　语
64	B20	1008	102	东知(原文为象形文字)①	第289页:1008(B20)这是一本很少见的经书,它属于丽江西部的东巴杨福光。	这卷经书是二月十五日这天写的。从马年一直写到羊年。长水东知写长寿长日水的。祝愿祭司寿长日水。		
65	B21	1398	182					
66	B22	1011	175					
67	B23	914	176		第587页:914(B23)不是丽江的书,而是来自剌宝乡,在丽江东北部,金沙江峡谷内。			
68	B24	1027	97	东支(象形文字)		花甲年十一月二十二日写的,长水东知写杨玉科攻占鹤庆的那年写的,是十一月初二攻破的,世间不知死了多少人。祝愿祭司寿长日水。	木牛年十一月二十二日,长水东知写的。是杨玉科攻占鹤庆的那年写的。	第2—467页:天干,木,牛年的农历十一月二十二日写的,是恩颢的东支写的,是余依空白族地区城被攻破那年写的,城是农历十一月初二被改破的。世间不知二被改了多少人。愿东巴延年益寿。

① 原文为象形文字,为了记录方便本书将口入译为东支,口作译为东知。

附录　哈佛藏东巴经本基信息表

序号	朱氏编号	洛克编号	哈佛编号	朱宝田	洛 克	李晓亮	利继全	跋 语
69	B25	5052	98					
70	B26	1012	92					
71	B27	1386	93					
72	B28	1392	94		第179页：1392（B28），这是很多年前我在丽江地区收的很多经书当中的一本。			
73	B29	1017	166		第261页：最近写的书，大约80年前所写，属于长水马鞍山脚下杨福光，他所有的经书都有双红圈标记。这是自从1946年重返丽江后又收得的一本装饰精美的书。			
74	B30	5055	307		第261页：5055（B30），现在翻译的这本书，装饰精美，是东拉的书，可以追溯到明代。			
75	B31	1903	314		第497页：1903（B31）经书很少见，我也只见过这一本书。我是从一个叫杨福光的东巴那里购得			

序号	朱氏编号	洛克编号	哈佛编号	朱宝田	洛 克	李晓亮	和继全	跋 语
					的,杨福光的经书是从他父亲那里继承来的,他父亲是知识非常渊博的大东巴阿知,经书写于1870年或更早。			
76	B32	999	313		第503页: 999(B32)是杨福光的书。			
77	B33	995	178	书残	第590页: 995(B33)来自丽江西部的长水村。	祭署这本经书是正月初三写的。		第1—328页: 这一本祭署经书,写于正月初三。
78	B34		497	书残,无封底				
79	B35	1532	311		第519页: 1532(B35)是多年前从丽江东巴手里收购来的。			
80	B36	1399	85					
81	B37	3152	87					
82	B38	1009	86					
83	B39	1016	95					
84	B40	1531	171					

序号	朱氏编号	洛克编号	哈佛编号	朱宝田	洛克	李晓亮	和继全	跋　语
85	B41	5054	113		第307页：有2个本内容相同的经书，这里翻译的经书是5054（B41），它属于丽江北部白沙吉祥村东拉部的书。1018（B42）属于丽江长水。东拉经书的首页画了一个东巴拿了一把剑。			
86	B42	1018	114		第307页：有2个本内容相同的经书，这里翻译的经书是5054（B41），它属于丽江北部白沙吉祥村东拉部的书。1018（B42）属于丽江长水。东拉经书的首页画了一个东巴拿了一把剑。			
87	B43		496					
88	B44	1020	439		第511页：1020（B44）这本经书属于东巴杨福光的父亲。在经书的最后一页写道："木虎年（1866）第六月的十六日，那一天属羊，这本书	花甲虎年的这一天写的，长水马鞍山脚下东知下东巴写的。写得没有错误，念又该在合适的场合。会念的会说是多么好的一本书。	木虎年五月十六属羊日写的，长水马鞍山下东巴东知写的，写得没有错误，到了读的人来读，一定是会说写得多么好的书。	第3卷第71—72页：天干，属木，虎年农历六月十六日，羊日的一天写的，是恩顾马鞍山山麓的高明东巴东文写的，没有差错。如果需要得到它

续表

序号	朱氏编号	洛克编号	哈佛编号	朱宝田	洛克	李晓亮	和继全	跋语
					的书写者是水长马鞍山下的东巴东知,写得没有错误。会读的这就是一本好书,不会读读就是一本坏书,他们怎么说都行。"	书啊,不会念的来读的一本书好的。1854年(咸丰四年)啊。1854年(咸丰四年)甲黄木虎年六月十六癸未,属羊。	如果是不懂的人来读,一定会说是写得不好。(1854年)	的话,会读的人会说,是多么好的一本经书,不懂的人来读的话,就会说,是多么不好的一本经书。
89	B45	3158	100		第351页:3158(B45)是东拉的书,装饰精美,属于16世纪的经书。			
90	B46	1406	101		1406(B46)是丽江地区的东巴,抄写时间是1870年。			
91	B47	1007	96					
92	B48	1033	183					
93	B49	1032	184					
94	B50	5051	91		第208页:5051(B50)属于白沙的东拉家族。这个家族以东巴闻名。三兄弟生活在明代,兄弟三人写经书都十分认真,而且每一本都装饰精美。他们一本经书的第一页都画			

序号	朱氏编号	洛克编号	哈佛编号	朱宝田	洛克	李晓亮	利继全	跋语
					有一个彩色的东巴或者神的形象,这些经书后来受到了造棒,还有一些散落在丽江地区。我收购了很多,这些书儿乎所有的都藏在哈佛燕京学社图书馆,1944年日本鱼雷击中丁装载我的物品的理查德·霍维号军舰,笔记和东拉的经书翻译稿有我的所有的经书都沉入大海。			
95	B51	1006	299		第187页:1006(B51),书写得也很认真,但是年代距离现在较近,大概在上世纪后半期。它属于丽江西部的马鞍山下的长水村。它前面的第一页画丁署神。			
96	B52	1390	107		第296页:1390(B52)这一本经书来自丽江南部的MUN-SHWUA-WUA村。			

序号	朱氏编号	洛克编号	哈佛编号	朱宝田	洛克	李晓亮	和继全	跋语
97	B53	3163	105		第 296 页：3163（B53）是一本非常古老的书，属于东巴三兄弟，其中最有名的是东拉。他们的追捧，因为他们的经书受到很多人的追捧，大多数的经书首页上都有一个彩色的惟妙惟肖的图画，或是神灵，或是东巴。			
98	B54	1529	423					
99	B55		172					
100	B56	1404	174		第 543 页：917（B57）、1404（B56）编号 47 的经书是东拉的经书。			
101	B57	917	173		第 543 页：917（B57）、1404（B56）编号 47 的经书是东拉的经书。			
102	B58	1004	165		第 97 页：这本经书很少见，我的东巴只有这一本或者说我只碰到过这一本。编号是 1004（B58），它属于东巴杨福光的父			

序号	朱氏编号	洛克编号	哈佛编号	朱宝田	洛克	李晓亮	和继全	跋语
					亲，他家住在丽江西部的刺沙乡长水村，本书现藏哈佛，美国马萨诸塞州。这册经书没有华美的装饰，首页只有一个华丽的花边。（第181页）			
103	B59	1005	297		这本经书很少见，这是我见到的唯一一本他的编号1005，它属于杨福光。他更有可能是他父亲。他生活在丽江西部长水村。			
104	B60		517					
105	B61		499					
106	B62	1395	112		第339页：1395（B62）光绪三年，1877年。		光绪三十	
107	B63	1402	108		第302页：1402（B63）是最近写的书。			
108	B64	921	104		第329页：921（B64）是东拉的书。			第3—333页释读者只写丁音，无法释读。
109	B65	991	109					

序号	朱氏编号	洛克编号	哈佛编号	朱宝田	洛　克	李晓亮	和继全	跋　语
110	B66	2822	111		第302页：2822（B66）是东拉的书，可以追溯到明代。			
111	B67	1014	117					
112	B68	1376	118					
113	B69	5053	103		第322页：5053（B69）是东拉的书。			
114	B70	3160	110		第318页：3160（B70）属于白沙的著名东巴东拉。			
115	B71	1377	310		第550页：这本经书很罕见，事实上，在我一生中也只见过这一本。我在丽江地区购得的。1377(B71)。			
116	B72	5057	435		第577页：5057（B72）是明代东拉的书。			
117	B73	933	436		第548页：933（B73）是丽江北部东拉东巴的书，它是我大约在25年前在白沙买来的。			

序号	朱氏编号	洛克编号	哈佛编号	朱宝田	洛克	李晓亮	和继全	跋语
118	B74	916	177					
119	B75	898	120		第 620 页：898（B75），6073 是 1947 年购得的。			
120	B76		500					
121	B77	997	185					
122	B78	1904	437					
123	B79	1208	154					
124	B80	996	155					
125	B81		519					
126	B82		498					
127	B83	1397	555					
128	C1		507					
129	C2	2677	438					
130	C3	5088	527					

序号	朱氏编号	洛克编号	哈佛编号	朱宝田	洛克	李晓亮	和继全	跋语
131	C4	5112	537			是好地方阿嘎古的经书。"阿"的东巴文意为"阿",读为[a³³];"嘎"的东巴文意,读[ga³³];"古"的东巴文意为"蒜",读[kv³³]。三字合起来是一个村寨的名字。据和力民通过田野考察发现,阿嘎古位于今天的丽江市古城区金山乡漾西村古土村。和力民还了解到,阿嘎古在清末有一个著名的东巴叫东巴帆,哈佛藏的这儿本经书很有可能是东巴帆所写。		第4—89页:这本经书是阿嘎均为这地方的。
132	C5	3001	549					第4—113页:这一本经书是朴树木的猪年这一年写的,从二月写到四月初六完成。是好日子卵星身短的日子写成的,是好日子水朴树的属鸡的好日子这一天写成的。这一本是父亲庚写的(是母亲老庚庚抄的)。

序号	朱氏编号	洛克编号	哈佛编号	朱宝田	洛 克	李晓亮	和继全	跋 语
133	C6	5103	529					
134	C7	1165	544					
135	C8	5069	409					
136	C9	5104	530					
137	C10	1496	540					
138	C11	2237	285					
139	C12	5118	535					
140	C13	2236	361					
141	C14	1163	539					
142	C15	1164	546					
143	C16	2665	548					
144	C17	1132	547					
145	C18	5097	295					
146	C19	1140	271					

序号	朱氏编号	洛克编号	哈佛编号	朱宝田	洛　克	李晓亮	和继全	跋　语
147	C20	5070	408					
148	C21	5095	553					
149	C22	5084	279					
150	C23	5116	551					
151	C24	5076	288					
152	C25	5089	273					
153	C26	1161	533					
154	C27	5065	357				光绪三十四年九月初六写的，当天星宿由"水头星"当值。	
155	C28	1378	356					
156	C29	5064	359					
157	C30	1135	355					
158	C31	1186	419					
159	C32	5102	284					

序号	朱氏编号	洛克编号	哈佛编号	朱宝田	洛 克	李晓亮	和继全	跋 语
160	C33	1134	525			花甲水鸡年写的。六月二十八日写的。长水马鞍山脚下的东巴五十岁写的。	水鸡年六月二十八日写,长水马鞍山下东巴东知写的。(1873 年)	
161	C34	5071	401					
162	C35		10					
163	C36	1176	541					
164	C37	5079	291					
165	C38		292					
166	C39		505					
167	C40		504					
168	C41	3024	290					
169	C42	5087	542					
170	C43	5086	294					
171	C44		502					

序号	朱氏编号	洛克编号	哈佛编号	朱宝田	洛　克	李晓亮	利维全	跋　语
172	C45	1131	283					
173	C46	1111	554					
174	C47	5085	282					
175	C48	5072	407					
176	C49	5092	523					
177	C50	5111	532					
178	C51	1040	2					
179	C52	5108	534					
180	C53	5074	276					
181	C54	5091	528					
182	C55	1123	281					
183	C56	1790	286					
184	C57	1915	278					
185	C58	5075	289					

序号	朱氏编号	洛克编号	哈佛编号	朱宝田	洛克	李晓亮	利继全	跋语
186	C59	1108	526					
187	C60	1129	538					
188	C61	1901	543			花甲铁鸡年的六月初六写的。长水马鞍山脚下的东知写的。东巴我六十岁那年写的。东巴我写得不错也不念错。哪个会的儿子一定会念好。哪个好村寨一定会念好，哪个村寨不好肯定会遇到困难。东巴我做了一个祭司难上加难，需要慢慢地学习。祝愿东巴寿长日水。	水鸡年六月初六写的，长水马鞍山下东知写的，我六十岁那年写的，写得没有任何错误，到了读诵的场合，如果会是写得多么好来读，一定会是写得不会好，如果是不懂的人来读，一定会说是写得不好。（1873年）	
189	C62	5114	550					
190	C63	5109	531					
191	C64		518					
192	C65	1495	268					
193	C66	5100	270					

序号	朱氏编号	洛克编号	哈佛编号	朱宝田	洛克	李晓亮	和继全	跋语
194	C67	5090	296					
195	C68	5022	410					
196	C69	5115	536			人生21岁那年写的，均鲁科的东力……雪嵩村。		
197	C70	1374	412					
198	C71	5078	293					
199	C72	5077	287					
200	C73	5080	272					
201	C74	5082	274					
202	C75	5110	524					
203	C76	5117	552					
204	C77	1150	277					
205	C78	1167	280					
206	C79	2654	354					
207	C80	1919	415					

序号	朱氏编号	洛克编号	哈佛编号	朱宝田	洛 克	李晓亮	和继全	跋 语
208	C81	1116	99		第560页：1116（C81），这本经书很少见，在我的收藏中仅此一本。			
209	C82	5075	275					
210	D1	4039	404					
211	D2	1625	375					
212	D3	1984	394				白沙村头和鸿日写的。人月初六日写的，雪山上没有千丈高的树，村中间没有活百岁的人。举行延寿仪式，可以让人延年益寿。懂的人看到这本书，会放在心上，不懂的人看到也会不以为然。我给别人了，这几句，说给别人了，我不会的那几句，没有地方可以学。男儿活一世，会把名声留于后世。	第4—259页：崩史村头的和虎写的书，是人月十五写的。在雪山松林带，不长千时高的树。在广大的村庄里，没有活到百岁的人。世间大地上，做"延寿仪式"，是作仪式后可延年益寿。内行之人看了，会装在心头，外行人看了，则会不知所日。我所知道的两三句，已教给别人了。而不懂的两三句，却无处求教了。好男儿去世了，名声要留于后世。

序号	朱氏编号	洛克编号	哈佛编号	朱宝田	洛克	李晓亮	利继全	跋　语
213	D4	1939	393					
214	D5	1954	240					
215	D6	1945	65					
216	D7	1947	67					
217	D8	1942	392					
218	D9	1968	81			花甲土兔年出生的男子写的。八月二十日写的。村头拉若初的叶鸿寨和鸿我五十八岁写的。(1877年)		第1—413页：这册经书是盘勒滞梅萨的嫩不塔写的。写丁么有可能漂亮，也可能不漂亮；有可能好看，也可能不好看。做比说要快，嘴上说与写手上做要铭记在心。怎么写就要铭记在心。怎么写得怎么好看，这是心爱之人说的话。识得山名，但不越此山，这是相处和睦，互相帮助之人说的话。太好，太好，太漂亮了。太好，太好看了。东巴萨嘎捅应好好地铭记铃丁。请后面是板铃了。

序号	朱氏编号	洛克编号	哈佛编号	朱宝田	洛　克	李晓亮	和继全	跋　语
219	D10	1987	82					来跟我学吧！就像说来容易做到难一样，就像答应容易深入难一样。要慢慢思量。
220	D11	2052	63					
221	D12	1978	255					
222	D13	891	257					
223	D14	1941	252			白沙村头的叶嘎拉得我六十七岁那年写的。（1886年）		
224	D15	1950	372					
225	D16	2062	383					
226	D17	3795	389					
227	D18	3794	388					
228	D19	1956	381					

序号	朱氏编号	洛克编号	哈佛编号	朱宝田	洛克	李晓亮	和继全	跋　语
229	D20	1957	377			花甲土兔年出生的男子写的。三月写的。村头拉若初的叶嘎寨和鸿我五十一岁写的。		
230	D21	1969	61					
231	D22	1988	62					
232	D23	3792	241					第4—331页：二月初一蛇时发生日食。是年属兔年属狗那天写的书。第4—370页：是兔年正月二十七日写的。是请老师写的。愿做祭祀的东巴祭司长寿而头发白，愿东巴祭司的儿子长寿而齿黄。愿是东巴祭司之家能生儿，七世相传的祭能生儿能育女！
233	D24	1975	253			四月初九日写的。兔时开始写，羊时写完的。五十八岁那年写的。（1877年）	四月初儿写的，兔时开始写的，羊时写完的。	

序号	朱氏编号	洛克编号	哈佛编号	朱宝田	洛克	李晓亮	和继全	跋语
234	D25	1980	379					
235	D26	1967	380					
236	D27	1959	386					
237	D28	2061	73		*我六十一岁写完的。*	我六十一岁写完的。（1880年）	我六十一岁写的。	第4—478页：我活到六十一岁时写的，慢慢又学吧！皇帝住的地方，皇帝跟前，有金山和银山。金山和银山，也有用完时。我所教的两三句，丢书这玩艺呢，永远也读不完。我到处去吧。世间大地上，是蒙古语的。雪山上的银花，是推崇山花的。……是推崇海花的。我这弟子的姐姐，是个粗鲁之人。世间大地上，不说呢则了了，说呢则心烦。
238	D29	2047	387					
239	D30	1952	258					

序号	朱氏编号	洛克编号	哈佛编号	朱宝田	洛克	李晓亮	和继全	跋语
240	D31	1979	72					
241	D32	1943	68					
242	D33	4038	382					
243	D34	4037	395					
244	D35	1973	243				白沙村头的我在玉湖举行大祭风仪式时写的，考虑到很多中波澜起伏，心事情。山上的银花是大的面子，海中的鸟是大海的面子，人活在世上，只是一句名声，说不尽的世事啊。	
245	D36	1948	74					
246	D37	1974	76					
247	D38	1977	78					
248	D39	1949	77					

序号	朱氏编号	洛克编号	哈佛编号	朱宝田	洛 克	李晓亮	和继全	跋 语
249	D40	1046	222					
250	D41	1082	224					
251	D42	795	223					
252	D43	1946	374			村头拉若初叶嘎兔年生的和鸿六十一岁那年写的。(1880年)		
253	D44	1751	221					
254	D45	2459	207					
255	D46	1791	83					
256	D47	1982	84					
257	D48	1960	390					
258	D49	1962	69					
259	D50	1961	391					
260	D51	1963	373					
261	D52	1944	413					

序号	朱氏编号	洛克编号	哈佛编号	朱宝田	洛克	李晓亮	和继全	跋语
262	D53	1940	399					
263	D54	1966	384					
264	D55	1632	79					
265	D56		520					
266	D57	1938	75					
267	D58	1964	371					
268	D59	1976	398					
269	D60	1986	376					
270	D61	1958	70					
271	D62	1972	80					
272	D63	1985	66			光绪三年属牛那年写完的。七月初七,蕊尾星当值那一天写的。(1879年)		
273	D64	1965	378					

序号	朱氏编号	洛克编号	哈佛编号	朱宝田	洛 克	李晓亮	和继全	跋 语
274	D65	1955	71					
275	D66	1970	418					
276	D67	1981	396	丽江县长水村		花甲土兔年出生的男子写的。正月十一日写的。村头拉若初的叶嘎我五十一岁写的。		
277	D68	1983	397					
278	D69	1951	385					
279	D70	514	514					
280	D71	1953	414					
281	D72	4036	370					
282	D73		513					
283	E1	2320	13					
284	E2	1099	18					
285	E3	1773	158					

序号	朱氏编号	洛克编号	哈佛编号	朱宝田	洛 克	李晓亮	和继全	跋 语	
286	E4	1599	229						
287	E5		503						
288	E6	1283	12						
289	E7	2789	227						
290	E8	1576	228						
291	E9	2074	219						
292	E10	1770	226						
293	E11	1704	21						
294	F1	1218	147						
295	F2	2156	150						
296	F3	2652	149						
297	F4	2868	348						
298	F5	2869	349						
299	F6	2340	425						

序号	朱氏编号	洛克编号	哈佛编号	朱宝田	洛克	李晓亮	和继全	跋语
300	G1	5060	196					
301	G2	2661	215					
302	G3	1276	195					
303	G4	818	213					
304	G5	814	203					
305	G6		211					
306	G7	2605	209					
307	G8	819	212					
308	G9	821	210					
309	G10	2363	198					
310	G11	2607	208	道恩,丽江县长水				
311	G12	2598	441	布得道恩,丽江县长水				

序号	朱氏编号	洛克编号	哈佛编号	朱宝田	洛克	李晓亮	和继全	跋语
312	G13	827	199					
313	G14	813	205				大具头台头石头寨母猪山下写的,写于二十六年三月。	
314	G15	2606	202					
315	G16	822	200					
316	G17	844	440					
317	G18		510					
318	G19	1225	42					
319	G20	1092	126					
320	G21		506					
321	H1	3066	36					
322	H2	3057	364					
323	H3	5073	405					
324	H4	3085	58					

序号	朱氏编号	洛克编号	哈佛编号	朱宝田	洛克	李晓亮	和继全	跋语
325	H5	3049	56					
326	H6	3050	41					
327	H7	3053	16					
328	H8	3069	51					
329	H9	3046	53					
330	H10	3060	49					
331	H11	3061	35					
332	H12	3048	32					
333	H13	3039	365					
334	H14	3038	368					
335	H15	3041	45					
336	H16	3024	15				猪年三月初六星宿由"水尾"星当值的那天写的。猪年三月初六（九）星宿由"吉曼"当值的那天写的。	

序号	朱氏编号	洛克编号	哈佛编号	朱宝田	洛 克	李晓亮	和继全	跋 语
337	H17	1226	353					
338	H18	3034	54					
339	H19	3042	14					
340	H20	3037	37					
341	H21	3086	46					
342	H22	3063	52					
343	H23	3089	362					
344	H24	3088	60					
345	H25	3032	363					
346	H26	3087	366					
347	H27	3064	367					
348	H28	3036	40					
349	H29	5126	350					
350	I1	1321	119					

序号	朱氏编号	洛克编号	哈佛编号	朱宝田	洛 克	李晓亮	和继全	跋 语
351	I2	1677	197		第648页：1677（I2），1947年收购到的6058来自吉祥村。			
352	I3	1624	269		第656页：只有一本经书在我的收藏中，1624（I3）是东拉的书。1947年我又得到两本经书，6069很旧，6070属于东巴东立。			
353	I4	5044	204					
354	I5	1620	242		第788页：1620(I5)是我1930年从丽江一个东巴手里收购来的。			
355	I6	1315	249		第792页：1315(I6)来自长水村写于1870年。			
356	I7	5048	260		第792页：5048(I7)是一本非常老的书，可以追溯到明代，这是东拉的书。三兄弟生活在白沙吉祥村。			

序号	朱氏编号	洛克编号	哈佛编号	朱宝田	洛　克	李晓亮	和继全	跋　语
357	I8	5043	259		第 643 页：这里翻译的 5043（I8）是 1947 年我得到四本内容相似的经书，6054 是东拉的书，6055,6056 来源不详,6057 东巴字写得很漂亮。			
358	I9	1303	248		第 781 页：1303（I9）来自长水。			
359	I10	570	17					
360	I11	5049	261		第 979 页：5049（I11）属于东拉。			
361	I12	3166	254		第 667 页：3166（I12）有花边。			
362	I13	3178	250		第 667 页：3178（I13）属于东拉的书。			
363	I14	5046	244					

序号	朱氏编号	洛克编号	哈佛编号	朱宝田	洛克	李晓亮	利继全	跋语
364	I15	5047	267		第781页：5047（I15）是东拉的书。			
365	I16	611	201		第670页：611(I16)是一本年代比较老的书，来自剌宝乡，也就是古代的宝山，金沙江峡谷里。			
366	I17	3170	263					
367	I18	1322	218		第729页：1322（I18）是长水马鞍山脚下阿知东巴的书。	花甲虎年写的。三月二十四日写的。祭司东知我四十岁的时候写的。这本经书从汝南化玛目布家抄来的。祝愿祭司我延年益寿。	木虎年三月二十四日写的，东知我四十岁。这本书是从兹化麻朱书请家来。祝愿东巴长寿富贵。（1854年）	
368	I19	3165	265		第729页：3165（I19）是白沙东拉的书。	坞鲁科的经书，坞鲁科，纳西语意为"雪山脚下"，汉名为雪嵩村，位于丽江最北部，玉龙山脚下，也是丽江坝上海拔最高的村子。		
369	I20	1328	247					

序号	朱氏编号	洛克编号	哈佛编号	朱宝田	洛 克	李晓亮	和继全	跋 语
370	I21	5446	262		第760页: 5446 (I21) 是东拉的书。第774页: 5446 (I21) 是东拉的书,可以追溯到明代,来自白沙吉祥村一个东巴家庭,一个男性后代还活着,但是已经不是一个东巴了。			
371	I22	1326	246					
372	I23	5045	239		第723页: 3172 (I24)、5045 (I23),这两本都是东拉的书,首页画有东巴什罗的像,什罗坐在莲花宝座上,背后有红印,身体是绿色的。			
373	I24	3172	206		第723页: 3172 (I24)、5045 (I23),这两本都是东拉的书,首页画有东巴什罗的像,什罗坐在莲花宝座上,背后有红印,身体是绿色的。			

序号	朱氏编号	洛克编号	哈佛编号	朱宝田	洛 克	李晓亮	和继全	跋 语
374	I25	3167	25					
375	I26	2824	264					
376	I27	1311	344	东知，和洞泉，长水村。	第767页：1311（I27）属于长水。	这本经书是长水东知写的啊。困难是会有的啊，像长江水一样长流不息，写这本经书说易做难。祭司寿长。		
377	I28	1331	217	复制本				
378	I29	1325	245	复制本	第764页：1325（I29）属于长水。			
379	I30	1459	216		第716页：1459（I30），这册经书每页都分成四行，而不是正常的三行。在这本经书中有很多重复，很多内容在其他经书中都提到过。			
380	I31	1250	315					
381	I32	1920	400					

序号	朱氏编号	洛克编号	哈佛编号	朱宝田	洛克	李晓亮	和继全	跋语
382	I33	1307	256		第979页：1307（I33）属于长水。			
383	I34	3190	266		第748页：米潘村，在丽江南部。竖立着白塔的那个东南坡是通往七河乡的路，属于民家地。	是好地方米潘村的经书。洛克《纳西语英语百科辞典》（下册）收录了这个地名，它位于丽江南边，东元乡和七河乡的交界处。		
384	I35	5067	237					
385	I36	1537	231					
386	I37	893	298					
387	I38	2794	443					
388	I39	584	214		第691页：584(I39)这本经书是用好的笔写的，经鉴定这本书来自丽江北部的剌宝，在金沙江峡谷里，距离丽江四天的路程。另外一本经书618已经不在我的收藏之中了，其副本藏在美国国会图书馆。			

序号	朱氏编号	洛克编号	哈佛编号	朱宝田	洛　克	李晓亮	利继全	跋　语
389	J1	1346	304					
390	J2	1357	303					
391	J3	1336	302		第763页：1336（J3）属于长水杨福光。			
392	J4	1360	301					
393	J5	3868	300					
394	K1	1698	20					
395	K2	1417	163					
396	K3	1848	168					
397	K4	1602	194					
398	K5	2125	23					

序号	朱氏编号	洛克编号	哈佛编号	朱宝田	洛克	李晓亮	和继全	跋语
399	K6	1754	19	同治三十二年①		花甲蛇猪板星当值这一天写的。经书就是一条路，一句经文就是一碗饭。不要见了富人就巴结，见了劳人就鄙视。有名声都要客气，本事是最重要的。江有九条，经文有九段，九段经文是学不完的，九条江也不会断流。慢慢地想一想。祭司东知写这卷经书的时候祝愿福泽富三十二岁。祝愿祭司延年益寿。据推断应为"木蛇年"。	属蛇年猪板星当值的那天写的，东巴经书是一条路，经文一句是一个饭碗。见到富人不要冷落，无论劳富都不要罢了。只是一句名声。江水有九条，但经文没有那么多，就如江水没有学究断流一样，认真考虑不会断流一样，认真考虑吧。东知我在三十二岁的那年写了这本书，祝愿吉祥如意，长寿富贵。(1845年)	
400	K7	1749	189					
401	K8	3763	160	东知三十七年		是白地的地方，猴年那年写的，37岁那年写的。		
402	K9	1710	25					

① 原文如此。——作者注

序号	朱氏编号	洛克编号	哈佛编号	朱宝田	洛 克	李晓亮	和继全	跋 语
403	K10	3663	186					
404	K11	1711	28	东知				
405	K12	1750	27					
406	K13	1430	44					
407	K14	1254	187					
408	K15	1253	188					
409	K16	1708	26					
410	K17	1702	29					
411	K18	877	169					
412	K19	880	192					
413	K20	3668	164					
414	K21	1077	190					
415	K22	1557	167					

序号	朱氏编号	洛克编号	哈佛编号	朱宝田	洛克	李晓亮	和继全	跋语
416	K23	1690	157					
417	K24	1769	159	东知，丽江县长水村。		长水马鞍山脚下的祭司东知写的。东巴那五我四岁那年写的。四月十五日写的。	马鞍山下长水东知写的，写这本经书时我已经有五十四岁了，四月十五那天写的。(1867年)	
418	K25	2756	193					
419	K26	1453	22					
420	K27	1555	24					
421	K28	2274	30					
422	K29	1558	162					
423	K30	799	161					
424	K31	1233	191					
425	K32	1753	421					
426	K33		508					
427	K34	1215	445					

序号	朱氏编号	洛克编号	哈佛编号	朱宝田	洛克	李晓亮	利继全	跋语
428	K35	1921	446					
429	K36	2596	466					
430	K37	2760	403					
431	K38	2771	406					
432	K39	835	235					
433	K40	1922	156					
434	K41	5066	232					
435	K42	1247	411					
436	K43	1251	238					
437	K44	5131	352					
438	K45	2253	402					
439	K46	1256	450					
440	K47	1741	123					

序号	朱氏编号	洛克编号	哈佛编号	朱宝田	洛克	李晓亮	利继全	跋语
441	K48	2790	351					
442	K49	1724	124					
443	K50	834	236	和凤书				
444	K51	5121	417					
445	K52	5062	220					
446	K53	1726	431					
447	K54	1743	428					
448	K55	1727	427					
449	K56	1051	1					
450	K57	1060	7		第590页：？1060（K57）来自剌宝乡地区。			
451	K58	1048	3					
452	K59	1064	5					

序号	朱氏编号	洛克编号	哈佛编号	朱宝田	洛克	李晓亮	和继全	跋语
453	K60	1047	6	东知,丽江县长水村。		这卷经书是长水的祭司东知写的。祭司寿长日久。		
454	K61	1065	4					
455	K62	1093	8					
456	K63	1263	151					
457	K64	2597	442					
458	K65	5063	233					
459	K66	1115	347					
460	K67	1881	432					
461	K68	1076	429					
462	K69	1243	129					
463	K70	1227	130					
464	K71	1096	127					
465	K72	2254	31					

序号	朱氏编号	洛克编号	哈佛编号	朱宝田	洛克	李晓亮	和继全	跋语
466	K73		578	东知，道光十六年。按：时间有误。		花甲水鸡年写的。长水马鞍山脚下的东巴东知我六十岁的那年写的。东知写的的没有错误。写得也没有错误，念得时不要错了。经文是学不完的，不知道的，慢慢学习啊。祭要教育，慢慢学习益寿。	水鸡年写的，长水马鞍山下东知写的的，东知我六十岁的没有写那年写错了。学无止境，不懂的要努力学习，祝愿东巴长寿。(1873年)	
467	K74	3059	50					
468	K75	567	225					
469	K76	1723	121					
470	K77	1585	128					
471	K78	1718	122					
472	L1	2841	461					
473	L2	2387	481					
474	L3	2642	483					
475	L4	1842	456					
476	L5	1841	588					

序号	朱氏编号	洛克编号	哈佛编号	朱宝田	洛 克	李晓亮	全继礼	跋 语
477	L6	2831	589					
478	L7	2629	563					
479	L8	2843	582					
480	L9	2845	346					
481	L10	2844	345					
482	L11	2834	580					
483	L12	1832	453					
484	L13	2631	562					
485	L14	2616	559					
486	L15	1838	455					
487	L16	2839	464					
488	L17	2836	452					
489	L18	2626	574					
490	L19	2636	477					

序号	朱氏编号	洛克编号	哈佛编号	朱宝田	洛克	李晓亮	利继全	跋语
491	L20	2609	557					
492	L21	1835	585			花甲兔年那年写的，五月写的。尾星当值的这天写的。长水马鞍山脚下的大东巴东知木，以前的东巴不会有什么病都不会有。说容易做得容易，祭司四十二岁延年益寿。	木兔年五月十四日写的经书，由"端"星当值的那天写的。长水马鞍山下的东巴东知木是以前的大东巴，但是比木上以前的大东巴我东知是容易，说是容易做做是难。我四那二岁那年写的，祝愿东巴长寿。(1855年)	
493	L22	2770	522					
494	L23	1836	592	东知木火年，同治1862—1873，丽江县长水村。（张按：时间有误）		花甲火龙年那年写的。长水马鞍山下的东巴知木胸下的东巴。这本经书是甲恒那里高那从白地的东巴甲恒那里抄来的。有经书是很容易的，没有的就觉得很困难。别人会有很多错误出现。不要说是借给你，就是看一眼都不行。祝愿东巴延年益寿。	火龙年那年长水马鞍山下的东巴知写的。这本经书是东知木的母亲，是从白地甲告恒东巴那里请来。几句经文对于没有经书的人来说是非常困难的，别人即使是有成效的经书，不要看一眼都不允许，没有经书这样难事的情，真是一言吉祥东巴吉祥。(1856年)	

序号	朱氏编号	洛克编号	哈佛编号	朱宝田	洛克	李晓亮	和继全	跋语
495	L24	1830	594	东知，丽江长水村。		长水东知的这本经书是买来的。是从白地的甲哨恒那里抄来的。天空迎接人类的诞生。大地上的人类是由卵孵化而成的。一切都挽留挽留不住。	这本经书是长水东知从恒东巴那里转买来的。是从白地甲告之卵是天生的，而孵化的。人类是大地所孵化的，无奈啊，一切都挽留不住啊。	
496	L25	2622	558					
497	L26	2835	595					
498	L27	2297	521					
499	L28	2611	571					
500	L29	2619	567					
501	L30	2640	561					
502	L31	2610	564					
503	L32	2558	560					
504	L33	859	486					
505	L34	2627	573					

序号	朱氏编号	洛克编号	哈佛编号	朱宝田	洛　克	李晓亮	和继全	跋　语
506	L35	2634	472					
507	L36	2637	489					
508	L37	2624	492					
509	L38	2647	487					
510	L39	2761	598					
511	L40	2643	566					
512	L41	2614	494					
513	L42	2837	463					
514	L43	2334	470					
515	L44	1828	586					
516	L45	2646	354					
517	L46	2615	575				竹林村的东巴写于水兔年12月，当年九宫数由"一"当值。（1903年）	
518	L47	2617	476					

序号	朱氏编号	洛克编号	哈佛编号	朱宝田	洛克	李晓亮	和继全	跋语
519	L48	2557	469					
520	L49	1831	590					
521	L50	2832	596					
522	L51	2296	473					
523	L52	2518	576					
524	L53	2613	471					
525	L54	1833	593					
526	L55	2618	484					
527	L56	2644	490					
528	L57	2628	568					
529	L58	2645	491					
530	L59	2515	493					
531	L60	2840	591					
532	L61	2638	572					

序号	朱氏编号	洛克编号	哈佛编号	朱宝田	洛　克	李晓亮	全继绳	跋　语
533	L62	1840	459					
534	L63	1839	458					
535	L64	1834	584					
536	L65	2635	480					
537	L66	2612	569					
538	L67	2562	462					
539	L68	2625	565					
540	L69	2621	485					
541	L70	2641	474					
542	L71	2502	577					
543	L72	2846	457					
544	L73	2763	467					
545	L74	2556	468					
546	L75	2833	581					

序号	朱氏编号	洛克编号	哈佛编号	朱宝田	洛 克	李晓亮	和继全	跋 语
547	L76	2523	478				竹林村的东昂写于铁牛年。（1901年）	
548	L77	2649	342					
549	L78	2633	556					
550	L79	2639	570					
551	L80	2561	465					
552	L81	2620	479					
553	L82	2560	495					
554	L83	2842	454					
555	L84	2830	587					
556	L85	2630	576					
557	L86	2632	482					
558	L87	2555	597	（哥巴文）				
559	L88	1837	343					

序号	朱氏编号	洛克编号	哈佛编号	朱宝田	洛 克	李晓亮	全继利	跋 语
560	L89	2795	448					
561	L90	2599	152					
562	L91	2559	488					
563	L92	2838	460					
564	L93	2388	475					
565	M1		9					
566	M2		509					
567	M3	625	451					
568	M4	2653	449					
569	M5	2673	140					
570	M6	2675	143					
571	M7	2678	142					
572	M8	2088	234					

序号	朱氏编号	洛克编号	哈佛编号	朱宝田	洛克	李晓亮	和继全	跋语
573	M9	3197	545			初构督的东发写的。坞吕肯的东其写写给他的。有没有都不要说。愿祭司寿长日久。在这册经书的封面内页有"天王清"三个字。		
574	M10	2689	145					
575	M11	1089	125					
576	M12	5129	447					
577	M13	931	444					
578	M14	1252	153			花甲火猪年八月二十八日写的。念的时候不要有差错。		
579	M15	932	369	宣统二年,和泉,丽江县玉龙村。		玉龙小村文选氏笔,宣统二年(1910)五月十一日。玉湖村位于白沙北部,雪嵩村南面。"皇朝二年那年五月写的,尼满突堆古东巴东余写的。雪嵩村的东拉给丁的东狗那		

序号	朱氏编号	洛克编号	哈佛编号	朱宝田	洛克	李晓亮	利缙全	跋语
580	M16	1728	426			年的五月十一日的属兔。东巴寿长寿"写的。"堆古"是玉龙村的纳西语名。		
581	M17	2670	138			这本经书是达鲁村东吉家抄来的，从三寨六地迎接六本经书。祭司长寿。		
582	M18	2676	146					
583	M19	2673	141					
584	M20	2674	148					
585	M21	2655	139					
586	M22	1782	137		第607页：只有一本经书在我的收藏中，但是不幸的是它是不完整的。尽管如此，我的东巴的这一本经书是完整的，他不希望分开他的藏书。			

序号	朱氏编号	洛克编号	哈佛编号	朱宝田	洛克	李晓亮	和继全	跋语
587	M23	2826	420			是朴美局课的经书。据《光绪丽江府志》记载:"又南为天马山,在城西三十里,俗名朴美山,此支南为文笔蔡山。"据和力民考蔡发现,朴美局课位于今天的丽江市古城区金山乡漾西村的西面。		
588	M24	2149	416					
589	M25	1804	230					
590	M26	2178	11					
591	M27	2688	144			长水马鞍山下东巴东劳的经书。蔡寿司寿长日永。		
592	M28	2608	422					
593	M29	2453	360					
594	M30	1050	33					
595	M31	2076	43					

续表

序号	朱氏编号	洛克编号	哈佛编号	朱宝田	洛克	李晓亮	和继全	跋语
596	M32		424	藏文三页				
597	M33	1451	433					
598	M34	1829	583					

注：朱宝田的信息来自《哈佛大学哈佛燕京图书馆藏中国纳西族东巴教象形文经典分类目录》，洛克的信息来自《纳西族的纳加崇拜及其相关仪式》(The Na-khi Naga Cult and Related Ceremonies)，李晓亮的信息来自《西方纳西学史研究(1867—1972)》，和继全的信息来自《美国哈佛大学燕京图书馆藏东巴经跋语初考》，最后一栏"跋语"的信息来自《哈佛燕京学社藏纳西东巴经书》(第一至四卷)。

一、著录书、工具书类

［1］东巴文化研究所. 纳西东巴古籍译注全集［M］. 昆明：云南人民出版社，1999—2000.

［2］李霖灿，张琨，和才. 么些经典译著九种［M］. 台北：台湾编译馆中华丛书编审委员会，1978.

［3］中国社会科学院民族学与人类学研究所，丽江市东巴文化研究院，哈佛燕京学社. 哈佛燕京学社藏纳西东巴经书（第一至四卷）［M］. 北京：中国社会科学出版社，2011—2012. 中国社会科学院民族学与人类学研究所，丽江市东巴文化研究院，哈佛燕京学社. 哈佛燕京学社藏纳西东巴经书（第五、六卷）［M］. 北京：中国社会科学出版社，2018. 中国社会科学院民族学与人类学研究所，丽江市东巴文化研究院，哈佛燕京学社. 哈佛燕京学社藏纳西东巴经书（第七至九卷）［M］. 北京：中国社会科学出版社，2021—2022.

［4］方国瑜，和志武. 纳西象形文字谱［M］. 昆明：云南人民出版社，2005.

［5］李霖灿，张琨，和才. 么些象形文字标音文字字典［M］. 台北：文史哲出版社，1972.

［6］李霖灿，张琨，和才. 么些象形文字字典［M］. 石印本. 宜宾：国立中央博物院筹备处，1944.

［7］李锡，木琛. 纳西象形文字［M］. 昆明：云南人民出版社，2003.

［8］［美］洛克. 纳西语英语百科辞典（上，下）［M］. 罗马：东方研究所，1963，1972. 上册中译本改名为：J. F. 洛克. 纳西语英语汉语语汇（第一卷）［M］. 和匠宇，译. 昆明：云南教育出版社，2004.

二、专著类

（一）外文

[1] Anthony Jackson. *Na-Khi Religion: An Analytical Appraisal of the Na-khi Ritual Texts* ［M］. Hague：Mouton Publisher，1979.

[2] Duncan Poupard. *Translation ／ Re-Creation*：Southwest Chinese Naxi Manuscripts in the West ［M］. New York：Routledge，2022.

[3] J. Bacot. *Les Mo-so*. Ethnographie des Mo-so，leurs religions，leur langue et leuréctriture ［M］. Leiden：E. J. Brill，1913.

[4] Joseph F. Rock. *The Ancient Na-khi Kingdom of Southwest China*：Vol. I and II ［M］. Cambridge：Harvard University Press，1947.

[5] Joseph F. Rock. *The Na-khi Naga Cult and Related Ceremonies*：Serie Orientale Roma IV（Part I）［M］. Rome：Instituto Italiano per il Medio ed Estremo Oriente，1952.

[6] Joseph F. Rock. *The ^{2}Zhi ^{3}mä Funeral Cerenmony of the ^{1}Na-^{2}khi of Southwest China* ［M］. Vienna — Modling：St. Gabriel's Mission Press，1955.

[7] Joseph F. Rock. *A Na-khi-English Encyclopedic Dictionary*：Part I，Serie Orientale Roma XXVIII ［M］. Rome：Instituto Italiano per ilMedio ed Estremo Oriente，1963.

[8] Joseph F. Rock，Klaus Ludwig Janert. *Na-khi Manuscripts*：Part I and II ［M］. Wiesbaden：Steiner，1965.

[9] Joseph F. Rock. *A Na-khi-English Encyclopedic Dictionary*：Part II：Gods，Priests，Ceremonies，Stars，Geographical Names，Serie Orientale Roma XXVIII ［M］. Rome：Instituto Italiano per ilMedio ed Estremo Oriente，1972.

（二）中文

[1] 邓章应. 西南少数民族原始文字的产生与发展 ［M］. 北京：人民出版社，2012.

［2］邓章应. 纳西东巴文分域与断代研究［M］. 北京：人民出版社，2013.

［3］邓章应，郑长丽. 纳西东巴经跋语及跋语用字研究.［M］. 北京：人民出版社，2013.

［4］黄思贤. 纳西东巴文献用字研究［M］. 北京：民族出版社，2010.

［5］和发源，王世英，和力民. 滇川纳西族地区民俗宗教调查［M］. 昆明：云南民族出版社，2008.

［6］李静生. 纳西东巴文字概论［M］. 昆明：云南民族出版社，2009.

［7］李霖灿. 么些研究论文集［M］. 台北：台北故宫博物院，1984.

［8］李国文. 人神之媒——东巴祭司面面观［M］. 昆明：云南人民出版社，1993.

［9］王元鹿. 汉古文字与纳西东巴文字比较研究［M］. 上海：华东师范大学出版社，1988.

［10］王元鹿. 王元鹿普通文字学与比较文字学论集［M］. 上海：上海古籍出版社，2012.

［11］喻遂生. 纳西东巴文研究丛稿［M］. 成都：巴蜀书社，2003.

［12］喻遂生. 纳西东巴文概论［M］. 重庆：西南大学研究生教材，2003.

［13］喻遂生. 纳西东巴文研究丛稿（第二辑）［M］. 成都：巴蜀书社，2008.

［14］云南省社会科学院东巴文化研究所《纳西族东巴教仪式资料汇编》课题组. 纳西族东巴教仪式资料汇编［M］. 昆明：云南民族出版社，2004.

［15］曾小鹏. 俄亚托地村纳西语言文字研究［M］. 北京：民族出版社，2014.

［16］朱宝田. 哈佛大学哈佛燕京图书馆藏中国纳西族象形文经典分类目录［M］. 剑桥：哈佛大学哈佛燕京图书馆，1995.

［17］周汝诚，许鸿宝，王恒杰. 纳西族史料编年［M］. 昆明：云南民族出版社，2011.

三、学术论文类

（一）外文

［1］Anthony Jackson. Mo-so Magical Texts［J］. *Bulletin John Ryland Library*，1965，48（1）：141－174.

［2］Anthony Jackson. Tibetan Bon Rites in China ［J］. *Ethnos*, 1973, 38（1 – 4）：71 – 92.

［3］Anthony Jackson. Naxi Studies: Past, Present and Future ［J］. *C. CHIAO and N. Tapp*（eds.）, 1989：133 – 148.

［4］Joseph F. Rock. Hä-la or the Killing of the Soul as Practised by Na-khi Sorcerers ［J］. *Journal of the West China Border Research Society*, 1936, 8：56 – 59.

［5］Joseph F. Rock. The Birth and Origin of Dto-mba Shi-lo, the Founder of the Mo-so Shamanism according to Mo-so Manuscripts ［J］. *Artibus Asiae*, 1937, 7：5 – 85.

［6］Joseph F. Rock. Studies in Na-khi Literature. I. The Birth and Origin of Dto-mba Shi-lo, the Founder of the Mo-so Shamanism according to Mo-so Manuscripts. II. The Na-khi Hä Zhi P'i or the Road the Gods Decide ［J］. *Bulletin de l'Ecole Francaise d'Extrême Orient*, 1937, 37（1）：1 – 119.

［7］Joseph F. Rock. The Zher-khin Tribe and their Religious Literature ［J］. *Monumenta Serica*, 1938, 3：171 – 190.

［8］Joseph F. Rock. The Romance of K'a-mä-gyu-mi-gkyi ［J］. *Bulletin de l'Ecole Francaise d'Extrême Orient*, 1939, 39：1 – 152.

［9］Joseph F. Rock. The Mùan-bpö Ceremony or the Sacrifice to Heavenas Practised by the Na-khi ［J］. *Monumenta Serica*, 1948, 13：9 – 160.

［10］Quentin Roosevelt. In the Land of the Devil Priests ［J］. *Natural History*, 1940, 45：197 – 209.

（二）中文

［1］邓章应, 张春凤. 哈佛燕京图书馆藏带双红圈标记东巴经初考 ［J］. 文献, 2013（3）：35 – 45.

［2］邓章应. 李霖灿收藏刘家驹所获东巴经略考 ［J］. 中国国家博物馆馆刊, 2012（10）：90 – 97.

［3］邓章应. 东巴文字符形态个性化风格探析 ［J］. 中央民族大学学报（哲学社会科学版）, 2012（5）：133 – 139.

［4］和力民. 法国远东学院东巴经藏书书目简编［J］. 长江文明，2010（3）：66-77.

［5］和继全. 美国哈佛大学燕京图书馆馆藏东巴经跋语初考［J］. 中央民族大学学报（哲学社会科学版），2009（5）：125-132.

［6］和继全. 李霖灿"当今最早的么些经典版本"商榷——美国会图书馆"康熙七年"东巴经成书时间考［J］. 民间文化论坛，2010（2）：51-54.

［7］和继全. 东巴文百年研究与反思［J］. 思想战线，2011（5）：34-41.

［8］［美］洛克. 与纳西武器起源有特殊关系的"武士祭"［G］//白庚胜，杨福泉. 国际东巴文化研究集粹. 昆明：云南人民出版社，1993.

［9］［美］洛克. 论纳西人的"那伽"崇拜仪式［G］//白庚胜，杨福泉. 国际东巴文化研究集粹. 昆明：云南人民出版社，1993.

［10］［美］洛克. 纳西族巫师"吕波"和达巴［G］//白庚胜，杨福泉. 国际东巴文化研究集粹. 昆明：云南人民出版社，1993.

［11］［美］洛克. 纳西人驱逐使人致病之恶魔的仪式［G］//白庚胜，杨福泉. 国际东巴文化研究集粹. 昆明：云南人民出版社，1993.

［12］李晓亮，张显成. 哈佛大学燕京学社图书馆藏和鸿东巴经抄本研究［J］. 中南民族大学学报（人文社会科学版），2015（1）：65-68.

［13］李晓亮，喻遂生. 洛克论著对哈佛东巴经整理翻译的价值和意义［J］. 中西文化交流学报，2013（7）：142-149.

［14］李晓亮. 哈佛大学燕京学社图书馆藏中国纳西东巴文献的价值和意义［J］. 重庆第二师范学院学报，2013（4）：13-16+174.

［15］杨仲鸿. 略谈美国人洛克博士学习和收集么些文的一些情况——附洛克的么些文教师和华亭用么些族象形文字写的两则日记.［未刊稿］

［16］杨亦花. 和世俊东巴研究［J］. 丽江师范高等专科学校学报，2009（3）：49-59.

［17］杨亦花. 和文质东巴研究［J］. 丽江师范高等专科学校学报，2009（4）：51-57.

［18］杨亦花，和学璋. 东巴文纪年方式的地域差异［G］//张显成. 继承与创新——庆祝西南大学汉语言文献研究所建立三十周年论文集. 重庆：

西南师范大学出版社，2014：386-399.

[19] 张春凤. 哈佛所藏东知东巴经书的分类与断代 ［G］//邓章应. 学行堂语言文字论丛（第二辑），成都：四川大学出版社，2012：340-356.

[20] 张春凤. 哈佛燕京学社藏东巴经两册"崭新"经书考 ［J］. 文献，2016（3）：60-72.

[21] 张春凤.《东巴古籍译注全集》中和即贵东巴经书研究 ［G］//西南大学汉语言文献研究所. 比较文字学研究（第二辑）. 重庆：西南师范大学出版社，2017：55-70.

四、论文集类

[1] 白庚胜，杨福泉. 国际东巴文化研究集粹 ［G］. 昆明：云南人民出版社，1993.

[2] 白庚胜，和自兴. 玉振金声探东巴——国际东巴文化艺术学术研讨会论文集 ［G］. 北京：社会科学文献出版社，2002.

[3] 郭大烈，杨世光. 东巴文化论集 ［G］. 昆明：云南人民出版社，1985.

[4] 郭大烈，杨世光. 东巴文化论 ［G］. 昆明：云南人民出版社，1991.

[5] ［德］米歇尔·奥皮茨，［瑞士］伊丽莎白·许. 纳西、摩梭民族志——亲属制、仪式、象形文字 ［G］. 刘永青，等译. 昆明：云南大学出版社，2010.

五、学位论文类

[1] Anshi Pan. (1995). *Reading Between Cultures: Social Anthropology and the Interpretation of Naxi（Na-khi）Religious Texts* ［D］. Edinburgh：The University of Edinburgh，1995.

[2] 白小丽. 纳西东巴文文字单位与语言单位对应关系演变研究 ［D］. 上海：华东师范大学，2013.

[3] 李晓亮. 西方纳西学史研究（1867—1972） ［D］. 重庆：西南大学，2014.

〔4〕 和继全. 白地波湾村纳西东巴文调查研究〔D〕. 重庆：西南大学，2012.

〔5〕 杨亦花. 白地和志本东巴家祭祖仪式和祭祖经典研究〔D〕. 重庆：西南大学，2010.

〔6〕 杨亦花. 纳西族东巴文祭祖经典调查研究〔D〕. 重庆：西南大学，2013.

〔7〕 曾小鹏. 俄亚托地村纳西语言文字研究〔D〕. 重庆：西南大学，2011.

〔8〕 钟耀萍. 纳西族汝卡东巴文研究〔D〕. 重庆：西南大学，2010.

〔9〕 郑长丽. 《纳西东巴古籍译注全集》跋语研究〔D〕. 重庆：西南大学，2012.

六、网络资源类

〔1〕 美国哈佛大学燕京学社图书馆. 东巴经照片〔EB/OL〕.〔2016 - 6 - 1〕http：//oasis. lib. harvard. edu/oasis/deliver/deepLink?_collection = oasis& uniqueId =hyl00002.

〔2〕 沈津. 沈津博客〔EB/OL〕.〔2016 - 6 - 1〕http：//blog. sina. com. cn/s/ blog_4e4a788a0100es53. html.

〔3〕 法国巴黎东方语言文化学院〔EB/OL〕.〔2016 - 6 - 1〕https：//bina. bulac. fr/s/bina/searchWelcomeBina?q =naxi&rft =record.

　　第一次接触到哈佛藏东巴经的时候，是在西南大学汉语言文献研究所的课堂上。当时喻遂生老师讲课时提到"做跋语文章的最高境界"是和继全的《美国哈佛大学燕京图书馆馆藏东巴经跋语初考》一文，这也就是本书中引用次数最多的文章。后来和师兄向我们讲述了他与妻子在哈佛燕京学社的读经经历，展示了哈佛燕京图书馆馆藏东巴经书的照片。从此，这批经书的美妙记忆深深地留在我的脑海里。

　　在 2010 年的某个午后，我在浏览网页的时候发现哈佛燕京图书馆网站的经书是如此惊艳！在不断地浏览后，我发现了一个奇特的符号"双红圈"，然后花了一个月的时间不断地整理和书写哈佛藏东巴经系列的第一篇论文，那段时间每天除了吃饭睡觉就是在看经书，书写处女作的心情无比激动，因为新发现的东西总让人觉得无比寻常。喻师还特地帮改了三稿，并在一次课上点评了这篇文章，这给我很大的激励。后来我才知道，洛克和杰克逊早在很多年前在他们的著作中描述过双红圈这个特殊标记。这也给我沉重的一击，未完全阅读前人的成果造成考证上的浪费和结论的不精确。之后随着毕业，暂时告别了整理经书的日子。

　　我辗转来到华东师范大学跟随王元鹿老师读博士，与他商量起博士论文选题时，王师起初反对我做哈佛藏东巴经的研究，他认为这批材料尚未完全翻译，有些条件不成熟。在不断商量磨合中，最终我与王师达成了共识，王师说，材料整理固然重要，但在攻读博士学位期间理论水平提高也很重要。于是，我选择了一个材料与理论结合的题目，开始了这本书的创作之旅。

　　我整理完东知东巴经书后，当时有一个感觉，就是整理经书很容易。预计一个月可以完成所有经书的整理。我在大刀阔斧地整理中，形成了许多系列的草稿，但都没有成文。原因在于，发现简单，然而要精密考证难度却很大。这里面主要有几个困难之处：第一，对跋语的释读和甄别。第二，总结出来的条例并非完美，每次总会出现例外情况。在无数次点击这些经书做标注时，无数次面对这批经书做出决断时，常有疲惫之感。这些苦恼加上连续几年积累的审美疲劳让我灰心丧气，决定要远离这批经书一段时间。

硕士研究生毕业之后，只身一人来到丽江市东巴文化研究院，开始为期一个半月的游学生涯。每天清晨推开窗户，看到巍峨的玉龙雪山上金光闪耀，看着院里的高山杜鹃、兰花、向日葵一点点长大。爬象山，漫步在黑龙潭公园，看着黑龙潭由干枯到积水。在研究院的日子很充实：跟随张磊老师读经，训练用国际音标记录纳西语；跟随李英老师系统学习国际音标以及纳西语语法；跟着院里的每位老师学习纳西语；和秀东东巴给我演示了吟唱经书，跟着陈仕才东巴画画，抄写东巴经，制作竹笔，他还时常给我演奏弦子，让我录制视频。他现在已经是丽江知名的歌曲创作家和演唱家了！

院里领导带着我去泸沽湖田野调研，体验了纳西族的端午风情，与李晓亮师兄、和学璋师弟一起走访了白沙等地。与喻遂生师、邓章应师走访鲁甸新主村。当我站在象山上眺望，看到了像马鞍形状的马鞍山；行走过程中，路过了黄山长水村，那里曾经生活着大东巴东知；在白沙玉湖村，看到白色石头堆砌的房子，洛克曾在那里生活了好多年。此时顿悟洛克所说"与其躺在夏威夷的病床上，不如死在玉龙雪山的花丛中"。同时也领悟到东巴文研究一定要与田野调查相结合的真谛！

后来李晓亮师兄也整理哈佛的经书，且鉴定出了和鸿东巴的经书。他赠阅我他的文章，让我先睹为快。后来他的博士研究生毕业论文写完之后也是第一时间赠阅我，让我无比感激。他还常发来一些相关材料，让我受益匪浅，少走了很多弯路。在与师兄的不断交流中，整理经书的道路少了些苦涩和孤独。

有时觉得哈佛藏经书离我很近，因为每天可以看到；有时觉得很远，它们毕竟保存在大洋彼岸。2014年开学后，我申请了哈佛燕京学社的访问学者的项目。如果能目睹经书，亲自触摸这些纸张，经书给人的感觉会更生动，同时鉴定也会变得更简单和可信。理想总是充满着光辉，激励着人披荆斩棘。9月通过了学校的初选，成功申请到候选人。第二个步骤是向哈佛燕京学社申请，我也幸运地通过了初选进入了面试阶段。2015年伊始，我参加了面试，竞争依然激烈，几个月后我收到了淘汰的通知。这次经历与经书的距离并没有缩短，让我遗憾的是没有亲自触摸这批经书，给论文的撰写和准确度增加了困难；让我满足的是这是我第一次用英语向外国专家介绍了纳西东巴文。

虽然一直无缘见到哈佛藏东巴经的真迹，但在今年的外出交流弥补了这一缺憾。2023年8月我前往德国柏林国家图书馆进行东巴经调查研究。德国柏林国家图书馆藏东巴经最初来自马尔堡图书馆，所有的东巴经向洛克购买而来。哈佛藏东巴经中我鉴定的和华亭东巴修复的东巴经在柏林藏东巴经中也普遍存在，照片中的显示信息与实际的东巴经相衔接。但纸张的粗糙程度，薄厚，装订形式，这种无法在照片中显示的信息，只有在实际的触摸中才能真切感受到经书的立体性。这也让我清醒地意识到，鉴定经书看照相版只是一种权宜之计，在实际操作中需要思考东巴经的实体信息。

在我学习东巴文中，有三次经历让我心灵为之一振。第一次是上"东巴文概论"课程，喻师书写东巴文，让我感觉到东巴文很灵动。我时常写得很慢，他会停下来一笔一画地教我们书写。这像儿时最初学汉字的经历一样，这些笔画一辈子都会牢记在心里。第二次，是读经的经历，和继全师兄教我们读《点油灯》，刹那间感觉国际音标活了，国际音标与纳西语实现了完美对接。第三次是在东巴文化研究院，和秀东东巴给我吟唱《烧天香》，陈仕才东巴教我画木牌画、制作竹笔。平常与和秀东东巴交流中，我发现他是一个不拘小节的人。但和秀东东巴在给我读东巴经的时候，在酷暑难耐中依旧穿上了厚重的做仪式的东巴服装，正襟危坐，虔诚吟唱。这次感觉到经书活了。文字是静止的，但书写、朗读、吟唱赋予了文字生命。

本书还凝结着导师王元鹿先生的心血，尽管当时先生已经身体不适，仍然致电帮助我逐句修改论文。先生为人宽容，做事追求极致。求学路上先生对我影响深刻，追寻美食，追随学问，感悟语言与修辞。在校对本书之初，恩师王元鹿先生驾鹤西去，东巴文研究中失去了一位领路人！希望自己能够以微薄之力继承老师的衣钵，继续在纳西学领域中坚守！

本书的写作还离不开师友的帮助。感谢西南大学的杨亦花师姐，她逐字修改了本书的雏形，尤其是跋语翻译部分。感谢西南民族大学的和继全师兄、丽江博物院和丽宝东巴、丽江市东巴文化研究院张磊老师，他们帮助我翻译或校对其中的跋语。

这本书的出版经历了很多坎坷，最终迎刃而解。感谢我的领导臧克和先生，他始终鼓励我早些修改，早日出版，没有他的鞭策，恐怕此书至今未能付梓。感谢华东师范大学出版社，没有出版资助，至今我还要为无米之炊苦恼。感谢喻遂生先生、邓章应先生赐序，感恩他们一直呵护我的治学理想，不断给予我在东巴文研究中的前进动力。感谢匿名评审专家，给我的博士论文提出很多宝贵意见，让其更为严谨、规范。再读博士论文，行文和论证显得稚嫩，目前的研究现状以及自身的学识修养无力大动干戈，因此本书仅在博士研究生毕业论文基础上做了细微改动。本书仍有不少需要精进之处，但东巴经的谱系分类也并非一己之力，一时之间可以完成，期待将来自己通过研究更多的东巴经，对本书中的理论进行更为细致验证，不断修正其中的理论。在本书的撰写中，黄天树先生的《殷墟王卜辞甲骨文的分类与断代》是我写作时阅读最频繁的一本参考书，给予我很多启发，在此深深表示感谢。本书若有不当之处，还请读者和同行批评指正。

2023 年 10 月 8 日

于樱桃河畔

出版后记

425